제4의 길

제4의 길 1

초판 1쇄 인쇄 2012년 11월 09일
초판 1쇄 발행 2012년 11월 16일

지은이 김 진 수
펴낸이 손 형 국
펴낸곳 (주)북랩
출판등록 2004. 12. 1(제2012-000051호)
주소 153-786 서울시 금천구 가산디지털 1로 168, 우림라이온스밸리 B동 B113, 114호
홈페이지 www.book.co.kr
전화번호 (02)2026-5777
팩스 (02)2026-5747

ISBN 978-89-98268-33-6 04340
ISBN 978-89-98268-32-9 04340 (전2권)

모계적 가치로 구현하는

제4의 길

1

김 진 수 지음

book Lab

머리말

21세기를 살아가는 오늘날의 인류는 파레토법칙인 20대 80 사회를 넘어서 신자유주의발 1대 99라는 절대적 양극화사회에서 '풍요 속의 빈곤'이라는 고통을 받고 있다. 더불어 과소비로 인한 환경오염과 생태계 파괴, 지구온난화로 인한 농작물 감소, 산성비, 동식물의 남획, 난개발, 오존층 파괴로 인한 질병의 증가, 인간성 황폐화로 인한 흉악범의 폭발적 증가, 절대다수의 빈곤으로 복지수요의 기하급수적 증가 등 이루 헤아릴 수 없을 만큼 많아지는 부작용을 감당할 수 없는 위험한 사회에서 살고 있다.

이는 아마도 부계사회가 등장한 이후부터 10대 1 수준의 오랜 성차별과 부계적 가치가 주류를 이룸에 따라 의식이 변화하지 못한 결과로 볼 수 있다. 즉 첨단과학기술로 이루어진 지구촌시대를 만든 인류는 신인류가 되었음에도 불구하고, 아직도 부계적 분배양식에서 벗어나지 못하고 있다. 물론 즉시 바뀌어야 하지만 의식은 적게는 수십 년, 수백 년에 걸쳐 바뀌는 것처럼 생활양식이 쉽게 바뀌지 않기 때문일 것이다.

다시 말해서 지구촌시대를 사는 신인류는 새로운 모계적 분배양식으로 '존재의 삶'을 살아야 함에도 불구하고, 수천 년 전부터 공고화되었던 '소유의 삶'에서 벗어나기 어려움을 말하는 것이다. 물론 문화적 존재로서 지혜로운 인간은 배금주의로 인하여 험악한 역사적 경험을 갖게 되었으며 물신주의로 소외된 자신을 마냥 놔두지 않을 것이다.

하여 필자는 1991년 광역의원 선거에 참여하여 위대한 한민족 정체성이나, 포스트자본주의로서 적극적 복지국가 구현을 위한 모민주의 정치경제제도, 남녀평등지수 5대 5를 위한 새로운 모계적 분배양식, 양성의 균형을 이루는 권력구조, 자연법사상의 확장으로 '천부소유권' 보장, 탈 양극화사회를 위한 '소유상하한제', 모계적 가치를 근간으로 민주주의의 공고화, 온전한 민주주의로써 경제민주화를 구현하는 모계민주주의 등을 제시하였다.

즉 부계적 가치의 결정판이라 할 수 있는 제3의 길인 신자유주의의 위험성을 경고하며, 지구촌시대를 살아가는 신인류는 소위 '제4의 길'로써 모계적 가치를 근간으로 하는 체제가 세계화되어야 함을 주장했던 것이다. 다시 말해서 여성이 복지의 객체가 된 소극적 복지국가(수정자본주의)에서 여성이 복지국가의 주체가 되는 적극적 복지국가(포스트자본주의)를 구현하는 모계적 가치를 근간으로 하는 새로운 분배양식을 세계화하는 정치경제제도(체제)를 정당화한 것이다.

즉 지구촌시대를 살아가는 신인류는 인류의 이상인 적극적 복지사회에서 행복한 인생을 살아야 함을 주장했던 것이다. 다시 말해서 신인류의 남녀평등지수가 5대 5가 되어야 지속가능한 삶을 살 수 있다고 생각함에 따라, 부계주의의 종말을 의미하는 새로운 모계적 분배양식을 근간으로 하는 모민주의(Maternal Democracy)

의 세계화를 선언했던 것이다. 물론 유비쿼터스 시대를 열게 한 첨단과학기술로 가능케 되었다.

이는 아마도 구원의 여신인 대모신의 영감과 도움이 있었기 때문에 가능했을 것이다. 왜냐하면 마고 대모신(모계절대존재)을 믿었던 모계신본주의사회의 유습을 이은 고대 한국의 동이족의 후손인 한민족은 대모신의 권고인 '해혹복본'(解惑複本)의 신념을 수증(修證)하는 일에 근면한 사실을 알게 되었기 때문이다. 뿐만 아니라 순환·진보로 다생을 산다고 믿었던 한민족은 '홍익인간 사상'의 실천을 삶의 궁극적 목적으로 생각한 사실과 3국 1체제로 고조선(삼조선)이 상호간 경쟁과 보완을 하는 포트폴리오 전략으로 오늘날까지 살아남아 '홍익인간', '선비정신'을 인류에게 전달하고 있음을 알았기 때문이다.

다시 말해서 부계적 특징이 뚜렷했던 지난날은 수직질서로서 절대주의가 보편적이었지만, 복잡성과 전문성이 요구되는 지구촌(글로벌)시대는 공적인 것이 중요하게 됨에 따라, 협동이 중시되는 사회로서 수평적 네트워크사회, 적극적 복지사회로 '역사 발전'해야 하는 당위성을 제시하는 시공을 초월한 사상임을 말하는 것이다. 하여 '소유의 삶'을 강화하여 경제적 동물로 살게 하는 신자유주의를 넘어 '상생의 삶'으로 인간의 선함을 배양하는 모민주의 분배양식의 세계화를 구현하는 것은 신인류의 과제임을 알 수 있다.

마지막으로 수천 년 전까지 중기 모계사회였던 모계신본주의사회가 인간을 모계유일신의 후손으로 영적 존재로 믿었던 사실이나, 모계사회가 평화롭고 풍요했던 사실을 인류학자들에 의해서 밝혀지고 있음에도 불구하고 인류는 잊어버렸다. 하여 부계사회의 등장으로 인하여 패배주의에 물든 여성에게 희망을 이야기해도 본인 스스로 결정을 하지 못하는 경우가 많았다.

하지만 말로 하는 민주주의에서 바로 자신의 손으로 결정하는 가장 쉬운 방법인 투표로써 정치참여를 하여 간단히 세상을 바꿀 수 있게 되었다. 아주 쉬운 일이며 실제 세상을 위해 실무적인 일은 대표자가 한다. 일을 시켜라! 자신들의 결정으로 좋은 세상을 함께 만드는 것은 참으로 선한 일이며 보람찬 것이다. 이는 여성 주체의 국제녹색환경생명운동 NGO의 활동에서 이해할 수 있다.

부족한 부분은 속편에서 좀 더 구체적인 논변이 있을 것이다. 제1권과 제2권은 총론이며, 각론으로 제3권(정치 편) 제4권(종교 편) 제5권(경제 편)으로 추후 발간될 것이다. 물심양면으로 도움을 주신 어머니와 기다려주었던 가족에게 감사하며, 격려와 지도편달을 해주신 많은 분들과 출간을 도와준 출판사 임직원들에게 감사드린다.

2012년 10월

김 진 수

차 례

제 1 부

신모계주의사회를 생각하며

Ⅰ. 모권사회

Ⅱ. 모계신본주의사회

Ⅲ. 부계사회

『대지』의 저자 펄벅(Pearl Buck, 1982~1973) 여사는 인류의 반인 여성들이 남녀 차별로 인한 불행한 인생을 산다는 것은 인류 전체가 불행한 일이라고 지적했다. 물론 오랫동안 부계적 가치가 인류의 의식을 지배한 결과일 것이다. 이는 베벨의 글에서 잘 이해할 수 있다.

즉 "여성이 그릇된 윤리나 교육을 강요받아 왔고 동시에 자유도 제한을 받아 왔기 때문이다. 그러나 보다 더 큰 이유는 수세기 동안 이어온 억압적 상황을 진리처럼 받아들이도록 강조하는 우리의 현실 자체에 있다. 여성들이 요즘에도 자신들이 부당한 지위를 당연시하면서 그대로 받아들이는 것은 바로 이 때문이다."(1) (아우구스트 베벨, 이순예 역, 『여성론』, 까치, 1987, p.15)

그리고 베벨경은 "여성은 노예의 일에 종사한 최초의 인간이었다. 즉 노예제도가 존재하기 전부터 이미 노예로 존재했었다. 사회적 억압과 종속은 모두 압제자에 대한 '경제적 종속'에서 비롯된다. 그런데 여성이 훨씬 오래전부터 이 같은 상태에 빠져 있었음을 인류사회 진보의 역사가 증명한다."라고 했다.(2) (같은 책 p.16) 하여 남녀 평등지수가 5대 5가 되는 사회로 진보하기 위해 인류문명의 근간이 되는 수만 년간 모계사회를 이해하는 것으로부터 시작할 것이다.

I

모권사회

1. 원시시대의 가족 형태

서구 인류학자의 견해에 따르면 원시시대에는 인구가 매우 적었으며, 수렵과 채취로써 생활하면서 일정한 가족의 형태가 없는 혈연공동체로서 원시공산제 생활을 하는 가운데 다산을 중시하여 일반적으로 혼교를 하였을 것으로 추정하고 있다. 즉 "모간은 오랜 연구끝에 야만시대 초기에는 혈족단체 내부에서 성관계가 이루어 졌다는 결론을 얻었다. 모든 여자가 모든 남자에게 속하는 일반적인 혼교 즉 난혼의 상태가 실제로 존재했었다고 주장한다. 그때에는 모든 남자들이 다처제 속에서 모든 여자들이 다부제 속에서 살았다.

모든 남녀들이 서로 다함께 하나의 커다란 공동체를 형성하고 있으면서 자식들까지도 이 공동체에 속한 공유로 간주하였다. 스트라본(Strabon AD 66년)도 아라비아 사람들은 형제가 자매들과 심지어 어머니와도 성관계를 맺었다고 보고한 바 있다. 인간이 종족을 번식시키는 첫 단계에서는 근친상혼이 아니고서는 불가능하였을 것이다. 성서에서처럼 최초의 남녀 한 쌍으로부터 인류가 시작되었다면 더욱 그렇다.

모간은 이렇듯 무차별한 일반적인 혼교의 성관계 형태 즉 자신의 '혈연가족'이라 명명한 형태로 이행하였음을 밝혀냈다. 여기에서는 성관계 집단이 세대 단위로 구분되었다. 즉 한 친족단체 내에서 조부모들은 서로의 공동 부부가 되고, 그 자식들은 그들대로 모두의 아내이며 모두의 남편이 되었다.

그리고 그 다음 자식들 또한 적령기가 되면 선친들처럼 서로 공동 집단을 이루어 성관계를 맺었다. 구성원들이 모두 무차별하게 성교를 맺었던 가장 낮은 단계의 혈족단체에서와는 달리 '세대가 다른 남녀가 성관계를 맺는 것은 엄격하게 금지되었다. 따라서 이후부터는 형제자매들 그리고 같은 항렬인 사촌들 사이에서만 성관계가 이루어졌다. 서로 서로 형제자매이면서 동시에 남편이요 아내였던 것이다.

모간은 이 혈연 가족에 뒤이어 보다 진화된 세 번째 단계의 가족 형태가 발생하였다고 주장하면서 그것을 '푸나루나 가족'(Punaluafamilie)이라 명명하였다. 여기서 푸나루나란 친애하는 동료라는 뜻이다."(3) (같은 책 p.23~p.25)

이처럼 모간의 연구 결과로 볼 때 사회조직의 구심점이 모계였다는 사실을 쉽게 이해할 수 있다. 즉 모계사회로서 인간을 재창조하는 능력이 있는 여성은 생로병사를 주관하는 위치였으며 모성이 되면 신성한 존재로 여겨 씨족의 보호와 존경을 받았음을 말하는 것이다. 이는 '모계유일신'을 숭배한 중기 모계사회의 '모계신본주의사회'에서 여성이 씨족사회의 제사장 겸 추장으로서 신성적인 지위였다는 사실에서도 이해할 수 있다.

참고로 인류의 근간을 이루는 모계사회를 태고로부터 시작된 모계사회를 초기 모계사회로, 수만 년에서 1만년 사이 간빙기가 끝나고 선사시대로서 문명의 시원을 이룩한 중기 모계사회인 마고(모계유일신) 시대를 모계신본주의사회로, 신석기와 청동기시대에 걸쳐 등장한 부계사회에 의해 모계사회의 쇠퇴와 더불어 형성된 부족국가의 성립으로 정교분리가 이루어진 사회(약 5천 년 전)를 말기 모계사회로 필자 나름대로 구분하였음을 밝혀둔다. 그리고 모계신본주의사회는 인간스스로 대모신의 후손으로 믿었던 사회로서 모계인본주의사회와 동일한 의미이다.

즉 모계신본주의는 인간을 신의 후손으로 믿으며, 후일 인간이 만물의 주체라고 한, 동양적 인본주의의 근원이라 할 수 있는 것이다. 아울러 고대 한국에서는 마고삼신(대모신)으로 일컬어지는 모계유일신을 숭배한 모계신본주의사회는 삼한시대 초기 신라 눌지왕 때 충신인 박제상(AD 363-AD 419)에 의해 정리한 고대 역사서인 『부도지』(김은수 역, (주)한문화멀티미디어, 2002년)에서 근거하고 있음을 밝혀둔다. 또한 인간의 본향으로 되돌아가기 위해 나눔을 실천해야 함을 의심하지 말고, 믿으라는 의미인 '해혹복본'은 『부도지』의 핵심을 이루고 있다. 이는 종교 편에서 다시 한 번 구체적으로 논변이 있을 것이다.

또한 원시사회에서 여성의 지위를 서진영은 다음과 같이 쓰고 있다. 즉 "많은 원시사회에서 여성들이 주술사나 제사장, 주술로 병을 고치는 의사의 역할을 했다는 것은 잘 알려진 사실이다. 여성은 영적인 세계, 천계, 초월적인 힘의 중재자였다. 이러한 역할을 하는 여성들은 높은 존경을 받았고, 부락의 일에 대해 많은 권한을 가졌다." (4) (서진영, 『여자는 왜』, 동녘, 1991. p.15)

아무튼 모간은 씨족사회의 인구가 증가하지 못한 이유를 혼교로 보고 있으며, 이로 인해 푸나루나가족으로 발달하였을 것으로 주장하고 있다. 하지만 이러한 관점은 진화론적 인간관으로 볼 수 있다. 왜냐하면 태고의 모계사회를 이해할 수 있는 중기 모계사회로서 모계신본주의사회가 인간을 모계유일신의 후손으로, 영적 존재로서 믿었을 뿐만 아니라, 넓은 범위에 걸쳐 주류를 형성하고 있었던 사실과 다르기 때문이다. 즉 불현듯 지구에 나타난 인간은 태생적으로 문화적인 존재임을 말하는 것이다. 물론 모계신본주의사회 같은 문명사회도 있었던 반면, 변방의 미개한 사회에도 있었을 것이다. 이는 서구학자들의 견해와 많이 다른 부분으로, 종교 편에서 다시 한 번 구체적 논변이 있을 것이다.

2. 원시사회의 모성

원시사회는 모권사회로서 마치 정체된 사회처럼, 수만 년 동안 출산양육을 중시하며 완만한 삶을 했을 것이다. 물론 인류가 빙하기를 거치면서 멸종의 위기에 있었던 경우나, 여타의 환경에서 일부종족의 경우 혼교가 있었을 것이다. 또한 당시의 여성들은 출산 중에 일어났던 수많은 죽음을 통해 삶의 궁극적인 의미나 '생로병사'에 관한 의문과 탐구는 내면세계를 이해할 수 있었을 뿐만 아니라, 결과물로써 영혼불멸의 순환적인 삶을 알게 되었을 것이다. 따라서 인간은 스스로 질서를 만들어 가는 문화적 존재임을 이해할 수 있다.

예를 들어 우주 저편의 본향을 떠나 지구에서 살게 된 인간은 다시 본향으로 되돌아가야 한다고 믿은 모계신본주의사회의 '해혹복본' 신념을 생각해볼 때, 원시모권사회는 모성의 재창조능력만을 존경한 것이 아니었던 사실에서 이해할 수 있다. 또한 태고로부터 수만 년간 주류가 된 모계사회는 출산, 양육, 채취기술, 천문학, 의학의 지식이나 농업생산기술 등 거의 모든 분야에서 모계가 주체가 되어 출산된 생명의 유지와 발전을 위해서 헌신하고 탐구하며 축적한 결과, 부계사회가 등장할 수 있었다. 이는 태생적으로 인간은 문화적 존재로서 동물과 비교할 수 없는 부분이기도 하다. 따라서 비 혈통적이었던 모계씨족사회가 인접한 씨족 간의 교류가 빈번했던 사실로 미루어 볼 때, 모성은 근친상간이나 혼교를 본능적으로 거부하였음을 이해할 수 있다.

아울러 일부일처제가 오늘날에 보편적인 가족구조임에서 알 수 있듯이 여성은 혼교를 거부하는 생태적 본능이 있음에 따라, 당시의 사회에서도 일부일처제가 일반적이었다고 추정할 수 있다. 이는 모계사회에서 혈족간의 혼교가 없었던 사실을 모계유일신 신앙을 원용한 부계유일신종교인 유대교에서 혈족 간의 혼인 금지를 한 사실에서 이해할 수 있다.

즉 "오늘날 유대인들은 이렇듯 혈족 내부의 결혼을 금지시킨 고대 씨족 법률이 정한 진정한 의미에 대해서 알지 못하며 더욱 이에 대한 자신들의 미신에 대해서도 더 이상 생각하려 하지 않는다. 같은 혈족 간의 혼인 금지는 동종생식의 퇴보적 결과를 방지하려는 것이 그 목적이었고, 이를 규정한 유대인들의 씨족 법률이 수세기 전에 이미 폐기되었음에도 그에 관한 전설은 미신이 되어 남아 있다."(5) (같은 책 p.28)

따라서 모계신본주의사회에서 모계유일신의 후손인 인간이 지구에 불현듯 나타나 육화되었다고 한 것과, 후일 서구의 부계유일신에 의해 피조물로 창조되었다는 것이나, 근대과학의 진화론적 입장에서 인간을 이해하는 것 등은 각각 다른 시각임을 이해할 수 있다. 물론 여성들이 정교일치로 수만 년을 지배했던 모계사회가 어떻게 변천되었는가를 종교 편에서 다시 한 번 살펴볼 것이다.

또한 구약성경의 창세기에서 여성의 지위를 폄하한 것은 사실이지만, 일부일처제와 모계계승의 기록이 있음을 볼 때, 실생활에서는 모계의 유습이 어느 정도 이어졌음을 알 수 있을 뿐만 아니라, 모계유일신을 원용한 부계유일신종교로 변모하였음을 이해할 수가 있다.

즉 "모계계승에 관한 기록은 모세 4서 민수기 32장 41절에도 있다. 즉 야이르는 분명히 므낫세의 아들이라고 불리고 그 대를 이었다고 기록하고 있다. '느헤미아' 제7장 63절에서도 고대 유대인의 모계계승에 관한 기록을 찾아볼 수 있다. 그 기록에 따르면, 유대의 한 부족 바르질래의 딸을 아내로 맞아들인 사제의 아들들이 모두 아버지의 성을 따르지 않고 어머니의 성을 따라 바르질래의 아들이라 불렀다는 것이다."(6) (같은 책 pp.28~29)

아무튼 모계계승에 관한 기록을 볼 때 모계씨족사회는 부계와 비교적 평등한 가운데 평화로운 사회였음을 추정할 수 있다. 이는 모계신본주의사회에서는 나눔을 실천함에 따라 진리가 되었고, 성속의 구분이 없는 영적 존재로서 생활을 하였다고 전해지고 있기 때문이다. 즉 모계신본주의사회는 공유제사회로서 나눔을 삶의 궁극적인 목적으로 믿음에 따라, 행복지수가 높은 평화로운 사회였음을 말하는 것이다.

이는 다음 베벨의 글에서 이해할 수 있다. 즉 "모권제하에서는 비교적 평화로운 상태가 지속되었다. 사회관계는 대체로 협소하고 일면적이었으며 생활도 단순하고 소박하였다. 종족별로 고유영역을 존중받고 있었으며, 다른 종족의 공격에 대해 남자들은 방어의 의무를 지켰고 여성들은 전력을 다해 그들을 도왔다"고 했다. (7)(같은 책 31p) 따라서 모권사회는 모성애를 근간으로 한 사회로서 봉사, 친절함, 온유함, 관용 등을 중시한 사회임에 따라, 여제사장과 여성사제가 중심을 이루는 모계동일체사회로서 모성의 지위는 부계보다 약간 우월했음을 알 수 있다.

3. 모권사회

풍요한 사회

모건은 여성 지도자들에 의해 형제자매 간의 성의 금지로 인해서 출산율의 증가와 새로운 방식의 사회적 형태였던 혈연집단의 씨족이 발생하였다고 주장하고 있다. 이는 원시음양론을 근간으로 한 모권사회에서 성교권이 여성에게 있었을 뿐만 아니라 식량 사정에 맞추어 수태를 조절한 사실과 근본적으로 다름을 알 수 있다. 아무튼 베벨은 모권에 대해서 확신을 갖고 이렇게 쓰고 있다.

즉 "씨족별로 한 사람의 종모(Stammutter)가 있었으며 그녀로부터 세대가 내려가면서 여성 후계자가 나온다. 남자들은 처의 혈연집단 다시 말해 처의 씨족에 속하지 않고 여자 동기의 씨족에 속한다. 그렇지만 그 자식들은 어머니 즉 처의 가족에 속한다. 모계에 따라 그 혈통이 계승되기 때문이다. 어머니가 가족의 우두머리로서 '모권'(Mutterrecht)이 발생하였고, 이것이 오랜 기간 동안 가족관계와 상속관계의 기초를 이루었다. 뿐만 아니라 여성들이 모계혈통이라고 인정이 되는 경우, 씨족평의회의 의석과 투표권을 가졌으며 자헴스(Sacheme, 평상시 대표)와 전쟁의 수뇌를 선출하고 파면하였다. 과거 한니발이 로마에 대항하기 위하여 갈리아인과 동맹을 맺었을 때 그는 동맹국들 간의 분쟁에 대한 중재권을 갈리아의 늙은 귀부인에게 위탁을 하였다. 여성의 공평무사함을 깊이 신뢰하고 있었기 때문이었다.

그 당시 사람들은 Patrimonium(재산, 아버지의 재산)이라고 하지 않고 Matrimonium(결혼, 어머니의 재산)이라고 말하였으며, Paterfamilias(아버지의 가족)가 아닌 Materfamilias(어머니의 가족)라는 단어를 쓰고, 출신 국가를 사랑하는 어머니의 나라(Mutter Land)라고 불렀다. 씨족도 그 이전의 가족 형태에서와 마찬가지로 재산의 공유 즉 공산제적 경제방식에 기초하였다. 여성은 가족구성원의 지도자, 선도자로서 집 안팎의 일이나 종족에 관계되는 대소사에서 깊은 존경을 받았다. 분쟁의 중재자이며 재판관이었고, 사제로서 예배의식까지 맡아 보았다. 고대사회에서 여왕과 여군주가 자주 등장했던 것이나 이집트에서처럼 왕자가 통치하는 경우에도 모후가 두드러진 세력을 떨쳤던 것 등은 모두 모권의 결과라 하겠다."(8) (같은 책 pp.30~31)

그리고 고대 한국의 삼한시대에서도 모계의 유습이 확실하게 남아 있었던 신라의 경우, 신라 건국의 시조인 박혁거세를 탄생시킨 신도성모가 제사장으로서 모계유일신을 모시던 신궁(神宮)에서 제사를 주관하였을 뿐만 아니라, 국가적인 중요 제의를 한 사실과 아울러 초기 신라에서 나이든 남성조차 어린 소녀에게도 존대를 하는 관습이 있었으며, 모성이 출산할 경우 지역에 산재한 신궁에서 하였던 사실을 기록으로 전해짐에 따라, 모계신본주의의 정통성을 이은 나라로 이해할 수 있다. 참고로 신궁으로 추정되는 장소인 나정을 경주시 탑동에서 2002년에 발견하였다.

또한 서진영은 한민족이 모계의 유습을 이은 민족이었음을 다음과 같이 쓰고 있다. 즉 "우리나라의 경우 신라 상대의 석씨와 김씨 제왕이 박씨인 혁거세의 제사를 지낸 것은 혁거세가 그들의 외조나 외조의 외조가 되기 때문이었으며, 신라 하대의 박씨 왕이 김씨와의 제사를 행한 것도 같은 이유였는데, 이는 모계의 유습이다. 이러한 모계의 유습은 고려시대와 조선시대까지 남아 있었으며 거의 완전히 부계로 바뀐 것은 조선시대의 후기에서였다."(9) (서진영, 동녘, p.26)

그리고 전통 한국의 실생활에서는 데릴사위제도가 오랫동안 관습으로 있었다는 사실에서 모계의 유습이 비교적 잘 보존된 사회였음을 알 수가 있다. 아울러 이러한 일련의 내용들을 볼 때, 모계신본주의를 이은 고대 한국이 인류에게 상당한 영향을 주었을 뿐만 아니라, 태고 원형종교를 이은 무교를 통해 모권사회를 이해할 수 있다. 하여 모권사회에서 남녀는 비교적 평등하였지만, 남성의 경우 다른 씨족으로 보내지거나, 씨족의 생계와 안위를 위한 노동력을 제공하며 모계에 종속적인 관계였음을 이해할 수가 있다.

예를 들어 1909년 오스트리아 빌레도르프에서 고고학자 조셉스 좀베시에 의해 발굴한 일명 빌레도르프의 비너스(25,000~28,000년 전)는 구석기시대의 농경사회의 풍요의 여신을 형상화한 작품으로서 풍부한 몸매에서 이해할 수 있듯이 인간을 재창조할 수 있는 능력을 존경하고 인간의 출생을 경이로운 것으로 생각하였던 사실에서 이해할 수 있다. 하여 모성애를 근간으로 하는 사회로서, 출산양육을 중시한 행복지수가 높은 성선설적인 사회였음을 이해할 수 있다. 이는 모계신본주의사회 당시의 생존방식은 완전한 농경이 아닌 자연에 의존적인 수렵채취 수준으로 수확량이 이미 결정된 사회로서 생존 환경이나, 식량 사정에 맞추어 출산이 조율되었기 때문이다.

하지만 중기 모계사회가 '성교권'을 독점한 여성에 의해 인구 조절이 가능했던 반면, 부계사회의 등장하면서 형성된 부계혈통주의로 인한 무분별한 강제출산이 인구를 폭증케 함에 따라, 만성적인 빈곤층을 형성하게 되었다. 이어서 식량 사정과 인구는 불균형한 상태가 지속됨에 따라, 출산의 의미는 약화되었고, 약육강식문화가 공고화되었다. 하여 부계혈통주의 사회가 등장하면서 부족국가의 성립과 더불어 인구의 폭발적인 증가로 인간은 소모적인 존재로 변모함에 따라, 여성의 지위가 낮추어짐과 동시에 식량사정의 악화로 만성적인 재화 부족현상을 겪고 있음을 이해할 수 있다.

즉 부계사회가 등장하면서부터 기아의 공포가 만연하게 되었고, 생명경시풍조로 출산하는 여성의 지위가 하락하게 되었던 것이다. 다시 말해서 죽기를 각오한 여성의 출산은 무시당했을 뿐만 아니라, 부계에 종속되고 성적 존재로 전락되었던 것이다. 이는 태고의 모계사회가 수만 년에 걸쳐서 거의 모든 분야에서 사회적 기초를 이룩했던 결과와 상반되는 배신이라고 할 만큼 참담한 것으로 볼 수 있다.

즉 개구리가 올챙이 시절을 생각할 수 없다는 속담처럼, 모성애로 이룩한 문명의 시원에 의해 부계사회가 등장할 수 있었음을 잊었던 것이다. 따라서 모계사회는 인간을 신뢰한 인본주의사회로서 사회변화에 능동적으로 적응하면서 자신들의 모든 경험과 지식을 부계에 평화적으로 이전하였던 사실을 존중하여 남녀평등을 이루어야함을 알 수 있다.

공유제 분배양식

모성애를 근간으로 형성되고, 만들어졌던 모계사회의 신앙이나, 삶의 양식, 공유제 분배양식 등은 인류문화의 원형으로 볼 수 있다. 이는 모태에서 출생한 인간은 가장 먼저 모성을 통해 신의 본질을 체감함과 아울러, 신생아는 모성애를 통해 무의식중에 인간을 선한 존재로 인식하여, 오늘날까지 선한 인간을 육성하고자 하는 태도나, 나눔을 통해 행복해하는 등은 변함이 없기 때문이다. 예를 들어 모계신본주의 유습을 이은 고대 한국(단국)의 '곰 신앙'(고맙다, 감사하다는 의미를 내재하고 있는 신앙)에서 이해할 수 있다. 그리고 고대 한국의 모계유습을 이은 전통 한국에서 마고삼신할미가 생명(태)을 주관하고, 항상 함께하는 친근한 존재로 인식되어 있으며, 실제 오늘날까지도 태몽으로 신생아의 특성을 알려주고 있음을 생각해 볼 때, 모계유일신은 인간에 대해서 관용적인 사실에서 모계사회의 특징을 이해할 수 있다.

참고로 곰 신앙은 모성에 의해 재창조되는 생명의 경이로움과 양육에 헌신하는 모성애에 대한 고마움을 아는 것에서부터 유래되었다는 설도 있다. 예를 들어 우리가 태몽을 통해서 잘 알고 있는 삼신할매(대모신)의 점지에 의해 태어난 것을 고맙게 생각하여 나눔을 생활화한 신앙으로서, 고조선의 국시였던 '홍익인간'으로 나타나고 있다. 하여 고대 한국의 곰은 모성을 상징하고 있으며, 생명존중을 특징으로 하고 있음을 알 수 있다.

또한 동양의 창세신관에서 모계유일신의 후손으로서 중간신이라고 할 수 있는, 모계의 여와신과 부계의 복희신이 음양의 균형을 이루고 있다는 사실에서 이해할 수 있다. 따라서 모계신본주의사회에서 인간의 순환진보 중심에 모성이 있음을 긍정하는 '곰 신앙'의 측면에서 볼 때, 출산된 남녀의 생태학적 특성을 존중하는 분배양식인 공유제가 보편적이었음을 알 수 있다.

즉 모권사회의 공유제가 양성 모두 모성의 태 속에서 생명이 구체화되면서 형성되는 모성애에서 연유하고 있는 것이다. 이는 모계사회가 공유제사회로서 인간을 위한 지식과 기술 등을 나누었던 사실에서 이해할 수 있다. 따라서 모계씨족사회는 인간의 불완전한 점을 인정하여, 부족한 부분을 나눔에 따라, 행복지수가 높았던 사회로 볼 수 있다. 이는 종교 편에서 모계유일신인 '대모신'에 관해서 다시 한 번 논변이 있을 것이다.

여제사장 사회

베벨은 다음과 같이 쓰고 있다. 즉 "그 시대의 신화는 아스타르테(Astarate), 데메터(Demeter), 케레스(Ceres), 라토나(Latona), 이시스(Isis), 프리가(Frigga), 프라이아(Freia), 게르다(Gerda) 등 주로 여신의 이야기이다. 여성은 신성불가침하였으며 더구나 모친 살해는 극악의 범죄로 모든 남자들에게 꼭 복수를 해야만 할 의무로 간주되었다. 살인자에 대한 복수는 종족 남자들의 공동 임무였으며, 모두가 다른 종족이 그의 가족구성원에 가한 부정에 복수할 의무를 진다. 그리고 여성들이 남자를 옹호하면 남자들은 고무되어 최고의 용기를 가졌다. 고대 민족에게는 이처럼 모권의 영향력이 모든 생활 영역을 지배할 만큼 강력한 것이었다. 그 모습은 바빌로니아인, 아시리아인, 이집트인, 영웅시대 이전의 그리스인, 로마제국 설립 이전의 이태리민족, 스키타이인, 갈리아인, 이베리아인, 칸타브리인, 게르만인 등의 모든 생활 영역에서 찾아볼 수 있다."(10) (베벨, p.31)

이 인용문에서 모계신본주의사회를 근간으로 성립한 태고의 고대 한국과 깊은 연관성이 있음을 알 수 있다. 왜냐하면 인류 최초의 국가의 원형이라 할 수 있는 모계유일신의 종교대제국이 중동을 포함한 유럽까지 광범위하게 펼쳐져있었기 때문이다. 이는 모계로부터 생성된 인류의 원본신앙을 바탕으로 모계씨족을 네트워크로 결합한 대제국을 형성할 수 있었을 것이다.

물론 부계혈통주의적인 부족연합국가가 중앙집권적이라는 점과, 모계적 가치인 분권적이며 네트워크적인 연합체와 근본적으로 다르지만, 모계대제국이라는 용어를 적합할 것이다. 예를 들어 오늘날의 NGO나 중세유럽의 부계신본주의를 근간으로 성립한 가톨릭의 교황제와 유사한 체계였다고 이해하면 될 것이다. 지면 관계상 종교 편에서 일괄적으로 논변이 있을 것이다.

또한 서진영은 다음과 같이 쓰고 있다. 즉 "우리나라에서도 여성이 제사를 주관하였으며, 무속신앙에서 나오는 산신, 삼신, 풍신, 용신, 태양신 등과 신라의 일급 호국신인 나림(奈林), 혈예(穴禮), 골화(骨火)의 3산의 신도 여성이었다. 또 삼신할머니, 청실홍실할머니 등의 이야기는 원시시대에 씨족 내의 대소사에 여성들이 중요한 역할을 하였음을 전해준다. 제주도에 전해오는 한 민담은 당시 사람들이 여성을 우주창생의 어머니로 생각했음을 보여준다.

이런 설화들은 모계사회의 지도자로서 어머니에 대한 친근감 있는 경외심을 표현하고 있다. 모계사회의 모권은 가부장제 사회의 부권과는 전혀 다른 것이었다. 어머니는 폭력이나 강제, 부에 기초하지 않은 자연적 권위를 가진 존경과 애정의 대상이었다. 그러나 이러한 사회의 형태에서 여성의 억압과 착취를 가져오는 새로운 힘이 생겨나고 있었다."⑾ (서진영, 『여자는 왜』, 동녘, p.35)

또 하나의 예로써 이규보의 『동명왕편』에서 "주몽이 위험에 빠져서 남으로 망명을 할 때 신모(神母)가 오곡종자를 싸주었으나 이별의 슬픔에 잊어버려서 신모는 비둘기를 보내서 주몽에게 주었다." (12) (김철준, 동명왕편에 보이는 신모의 성격. 『한국고대사연구』, 지식산업사, 1975, p.37) 즉 고구려를 건국한 주몽은 신이며 신을 탄생케 한 모성은 신의 어머니였다는 의미이다. 따라서 수만 년에 걸쳐 인간의 의식을 지배했던 모권사회의 여제사장이 신과 인간 사이의 중보자였음을 상기해볼 때, 모성은 존경의 대상이었음을 알 수 있다.

다시 말해서 태고의 모권사회는 제정일치의 종교사회로서 군림하되 통치하지 않는 여제사장이 중심이 됨에 따라, 남성보다 약간 우월한 지위였음을 말하는 것이다. 즉 모권사회가 성교권을 독점하여 남성은 혼인이나 성행위에 있어서 수동적이었음을 말하는 것이다. 물론 부계사회처럼 경제적 이유로 해서 매매혼이 없는 사회였다. 이는 아직도 모권사회가 중국의 원남성 루그호의 모소족 등 소수부족으로 남아서 유습으로 이어지고 있다는 사실에서 근거하고 있다. 하여 태고의 모계신본주의 사회가 스스로 수태 조절과 심신을 연마하여 인간다운 외모를 만들어 갔다고 전하고 있는 것은 사실임을 이해할 수 있다.

물론 인간의 대상으로서 지구는 과학에 의해 실체가 밝혀지고 있지만, 주체로서 인간은 어떠한 생명체와 비교할 수 없을 만큼 걸작임에 따라, 자연사를 통해 인간창생을 추정하는 데는 한계가 있으며, 오히려 현재의 우리를 통한 통찰력으로 이해하는 것도 좋을 것이다. 왜냐하면 수만 년에 걸친 인류 역사는 신화와 상징으로 압축하여 전달된 유습을 현재에 맞게 해석해야 하기 때문이다. 즉 불충분한 고고학적 유물이나 문헌일지라도, 이를 근거로 해서 풍부한 상상력이 보충되어야 함을 말하는 것이다.

직관이 발달한 종교사회

모권사회는 인간을 만물의 주인공으로서, 우주를 해석하는 경이로운 존재로서 이해함에 따라, 당연히 모성의 사회적 지위가 높았다. 이는 스스로 삶을 재창조하고, 생명의 경이로움을 감동하는 이성적인 존재로서, 인간이 물질적으로는 대자연의 부분이지만, 대우주 전체를 포괄할 수 있는 상상력과 재창조 능력이 있기 때문이다. 즉 인간은 대자연의 부분이면서도 전체를 느끼는 특성이 있기 때문이다. 다시 말해서 인간은 물적으로는 우주와 비교할 수 없을 만큼, 먼지와 같은 작은 존재이지만 전체를 마음으로 담을 수도 있고, 충족할 수 있는 영적 존재임에 따라 모성을 존중할 수 있었던 것이다. 하여 지구의 동물과는 비교할 수 없는 영적 존재이기 때문에 모권사회가 수만 년간을 지배했음을 알 수 있다.

다시 말해서 모계사회는 사물을 있는 그대로 보는 직관적인 사회이면서, 우수한 여성들이 있었기 때문에 태고로부터 인류를 이끌어올 수 있었던 것이다. 이는 모계신본주의사회가 나눔으로 풍요하고, 행복한 삶을 살았으며 지구에서 윤회되어 진보가 어느 정도 되면, 지구를 떠나 인간의 본향(다른 차원, 다른 별)으로 되돌아간다고 믿었던 사실을 상기해볼 때 이해할 수 있다. 즉 모계신본주의사회는 대모신의 후손인 사람이 지구에서 육화되어 나눔을 익히고, 본향인 낙원으로 되돌아오라고 하는 대모신의 유지인 '해혹복본'을 신념으로 한 사회였던 것이다.

참고로 대모신의 '해혹복본'은 나눔은 진리로서 의심하지 말고 실천하여 인간의 본향으로 되돌아 올 것을 권고하였던 것이다. 물론 인간이 태생적으로 갖고 있는 종교적 심성이 모성애에 의한 발현된 초기 모계사회부터 상상력과 영적감응에 의해 이해했다고 추정할 수 있다.

즉 지구에서 인간으로 육화되어 나눔을 통해 신선으로 발전한다는 단순한 신념으로서, 나눔을 교리로 한 단순한 종교였던 것이다. 또한 현재를 사는 인간은 주체가 되고 신선과 조상의 음덕을 감사할 뿐, 신에게 종속된 입장이 아니라 오히려 잡신은 자연처럼 대상으로서 인간의 필요에 따라 조정한 인본주의 종교였다고 할 수 있다. 이는 태고로부터 현대에 이르기까지 모성의 태에서 인간은 재창조되고 있으며, 태어나면서 처음 모성을 보고 접촉하는 가운데 모성애를 통해서 사랑을 느끼고 체험하면서 인간의 종교적 심성이 발현되고 배양되면서 신을 인식한다고 생각하기 때문이다.

물론 태고의 여성이 잉태와 출산양육이라는 특수한 경험으로부터 인간의 깊은 내면의 세계를 어렴풋이나마 깨닫는 것을 체계화하여 만든 종교로서 사람이 주체가 되고, 신이 객체가 된다는 점에서 인본주의 종교라고 하는 것이다. 예를 들어 모계신본주의 사회에서 여제사장들은 마치 배우처럼, 여러 제사와 행사에서 인간의 본향의 삶을 상징하는 화려한 복장과 상징적 도구에 의해 인간의 본향인 낙원의 모습을 보여주었고, 인간의 고뇌를 위로하는 가무와 행렬 등을 통해 순환진보의 삶을 보여준 한민족의 고유 신앙인 무교에서 이해할 수 있다. 따라서 모계신본주의사회에서 인간을 신의 후손으로 생각함에 따라, 삶 자체가 수행으로 생각했음을 이해할 수 있다.

물론 오늘날 첨단과학기술시대를 살고 있음을 볼 때, 인간이 신의 후손이라는 모계신본주의사회의 믿음은 긍정적으로 받아들일 수 있다. 또한 인류학자 모간(Morgan)의 분류대로 인류역사가 변했다고 할지라도, 모성애는 태고나 현재나 항상성을 유지하고 있다는 사실에서 인간의 구심력임에 틀림없을 것이다. 다시 말해서 사람들이 비록 부계적 가치를 근간으로 하는 사상이나 사회제도에서 살아갈지라도, 모성애를 인간의 본질로 이해하고 있다는 의미이다.

아무튼 모계신본주의 사회에서 모성은 인간 상호간의 갈등을 해결하는 재판관으로서, 또는 제사장이나 사제로서 역할을 하였으며, 모계추장의 경우 씨족 평의회 의장으로서 관리자를 임명하거나 파면권이 있었다고 전하고 있다. 이는 아마도 영혼이 순환 진보하는 유일한 창구가 모성이라고 생각했기 때문일 것이다. 하여 내면세계를 탐구했던 모계신본주의사회를 단지 오래되었다는 이유로, 오늘날까지 미개한 사회로 남아 있는 오지의 고립된 원시적인 사회와 단순 비교하면서, 모계신본주의 사회를 미개했던 사회로 본다는 것은 편견으로 볼 수 있다. 이는 인류의 대부분 역사에서 야만성과 미개함, 문명적인 것이 정도의 차이일 뿐 함께 공존하였던 사실에서 이해할 수 있다.

물론 모간은 직선적인 역사관으로서 인류의 역사를 야만, 미개, 문명의 세 단계로 나누었고, 모간은 마르크스와 엥겔스가 기초한 변증법적 유물사관의 관점에서 당시의 생활양식과 생활수단의 획득 등을 통해서 이해하려 함에 따라, 내면을 탐구하며 인류문명의 기초를 형성했던 모계신본주의 사회를 알 수 없었을 것이다. 참고로 과학의 발달로 생태계나 물질 등에 대한 연구와 활용 실적은 상당한 수준에 도달하였으며, 아인슈타인 이후 곡선적인 시간개념을 이해한 것은 사실이지만, 과학은 내면세계의 일부분만 이해할 뿐이다. 물론 반물질까지 발견하여 모계신본주의사회가 믿은 순환·진보 사상을 어렴풋이나마 이해하게 되었다.

여성우월사회

모권사회는 마치 도교처럼, 자연친화적인 생활로 유유자적하며 자율적인 사회로서 넓은 범위로 산재한 씨족 상호간에도 자유로운 이동을 한 것으로 전하고 있다. 즉 모계사회가 직관적인 사회로서 단순하면서도 자기 책임의 원리에 의해 스스로 통제하였던 열린사회였던 것이다. 물론 인구수가 적었던 이유도 있겠지만, 모성애를 근간으로 하는 모계사회는 독점을 금기시한 공유제사회였기 때문에 가능했을 것이다. 따라서 중기 모계사회가 현실세계에서 약간 부족한 삶을 당연히 생각하여 만든 공유제가 부분의합보다 더 큰 결과물을 만들어 장애인이나, 노약자 등을 부양하였기 때문에 수만 년간 평화롭고, 안정된 삶을 살았음을 추정할 수 있다.

물론 모계신본주의사회처럼 안정된 사회도 있었지만, 당시의 사회에서도 반기를 들고 뛰쳐나온 집단도 있었을 것이며, 변방의 척박한 환경에서 야만부족도 있었을 것이다. 이는 아마도 후일 떠돌이로서 주변 지역의 남성들이 세력을 형성한 결과, 부계사회가 등장하게 된 원인이 될 것이다. 또한 모계사회는 씨족별로 한 사람의 최고의 모성(비 혈연의 여제사장, 여자추장)에 의해 초경을 하는 소녀들을 모아 모신께 고하고, 여제사장과 함께 기거하며, 신화나 제의, 생활양식, 성교육, 몸가짐, 금기사항 등 성인으로서 필요한 기본적 사항을 일러준 초야의식(성인식)을 가졌음을 기록이나, 오지의 모계소수민족에서 알 수 있다.

또한 인류학자들에 의하면, 종모는 여성과 남성들을 훈육하고 가장 유능한 여성 후계자를 임명하여 씨족사회를 이끌어 갔다고 한다. 물론 모계의 초야의식과 서구 부계사회가 행했던 초야권과는 전혀 다른 것이다. 이와 같이 모계사회의 초야의식은 씨족의 복지를 위해 봉사를 다짐하고, 씨족의 안정을 도모하기 위해 여성의 고유한 권리로서 성교권을 주지하는 성문화가 정립되어 있었음을 이해할 수 있다.

이는 모권사회에서 모성이 남녀를 출산함에 따라, 남녀의 생태적 특성을 이해했기 때문으로 볼 수 있다. 즉 모계사회에서 생명의 순환(보존본능)을 위한 나눔을 교감하는 의례의 측면이 함축되어 있는 절제된 성교로 독특한 쾌락을 즐기는 사회였던 것이다. 이는 인도에 있는 밀교의 성문화에서 이해할 수 있다. 물론 허락하지 않은 성폭력을 하였을 경우, 처벌로써 씨족에서 쫓겨나서 떠돌이로 미개한 생활을 하였다고 전하고 있다. 따라서 모계사회의 성교는 여성에 의해서 절제된 까닭에 남성에 의한 성폭력, 성매매, 초야권 등은 생성될 수 없는 구조였음을 알 수 있다.

아무튼 유목민으로 살았던 모계시대 사람들은 식량 사정과 우수한 사람을 출산하기 위한 방편으로 여성이 성을 주도하는 사회였음을 알 수 있다. 이는 모계사회에서 초경 이후 성인식의 통과의례를 마친 후부터, 성교가 자유로운 가운데 남성을 선택을 하였던 반면, 남성들은 선택을 받아야 할 입장에서 온갖 치장과 힘겨루기나, 귀한 물건을 선물하는 것 등을 하였던 사실에서 이해할 수 있다.

그리고 무능해도 혈통주의에 의해 부계로 상속된 부계사회와 달리 신체적, 정신적으로 건강한 우수한 여성들 가운데, 합의제 민주주의처럼 비 혈통주의에 의한 제사장을 추대한 것은 모계사회의 성문화는 우수한 사람의 재창조를 통해 인간 진보를 구현코자 했던 사실에서 이해할 수 있다. 예를 들어 고대 한국의 삼한시대가 성립할 당시에 고주몽이 씨름대회에서 우승한 후, 여제사장으로 부호였던 연상의 과부 소서노가 고구려를 창건하여 추모 왕으로 추대했던 경우가 될 것이다. 예를 들어 모계씨족사회가 인근의 다른 씨족의 우수한 남성을 자신들의 씨족의 일원으로 받아들였던 사실에서 이해할 수 있다. 물론 근친혼을 거부하는 여성의 생태적 본능으로 볼 수 있다.(종교 편 참고)

II

모계신본주의사회

일반적으로 여성 상호간에 배타적인면이 있는 것은, 정치로부터 소외된 여성이 과거의 혹독한 세월이 뼛속 깊이 유전화되어 정서로, 문화로 남아 있기 때문이다. 즉 남녀평등을 이룬 모계사회와 달리 부계사회가 비대칭적으로 발전한 결과, 모래알과 같은 상태로 변모케 된 것이다. 다시 말해서 전체주의를 근간으로 하는 부계사회가 이미 수천 년 동안 공고화되어 있음에 따라, 여성이 조직화를 할 수 없음을 말하는 것이다. 예를 들어 여성이 구조적으로 뿌리를 내릴 수 없음을 암시하는 비유로서, 여성의 삶은 부초(浮草, 물에 떠다니는 꽃)와 같다고 한 사실에서 이해할 수 있다.

이처럼 정치를 독점한 부계사회에서 여성을 폄하하고, 수모를 줄지라도, 소외되어 있음에 따라, 자기변명의 기회조차도 없었던 가련한 인생이었음을 알 수 있다. 따라서 여성이 이웃을 위한 결사할 의지가 있음에도 불구하고 모래알처럼 뿔뿔이 흩어져 있었던 것은 부계주의가 주류를 이루고 있는 데서 원인이 있음을 알 수 있다. 하지만 인본주의 근원이 되는 모계적 가치(모계주의)를 근간으로 하는 민주주의가 보편적인 가치가 되면서 여권신장이 획기적으로 변모함에 따라, 여성 상호간에 모래알이라는 편견은 사라질 것이다. 물론 지구촌시대가 요구하는 민주주의의 공고화는 여성이 주도해야 함을 정치 편에서 논변이 있을 것이다.

1. 중기 모계사회

모계사회의 몰락

인간의 민주성(독립성)을 존중한 모권제가 부권제에 의해 철저히 무너졌음에도 불구하고, 수만 년 동안 세계 각지의 소수민족이 문화로서 모계유습이 아직도 면면히 이어져오고 있다는 사실을 볼 때, 모계사회가 미개하다기보다 원만하고, 직관적이며, 자연스럽다는 사실을 이해할 수 있는 근거가 되고 있다. 그리고 다음의 예처럼 모권의 유습을 이은 사회가 근세까지도 존재했고, 아직도 세계 도처나 동양에서도 모계사회가 존재하고 있다는 사실과 모계적 가치가 부계적 가치로 흡수되어 작용되고 있음을 다음 인용문에서 알 수 있다.

즉 근대 독일지방에 있었던 모계사회를 보자면 "지벤베르거의 치고이네르족과 오랜 세월 살다가 마침내 그중 한 종족의 데릴사위가 된 하인리히 풀 불리스로키 박사의 보고에 따르면, 치고이네르의 네 종족 중에서 박사가 같이 살았던 그 당시까지 아직 옛 법률을 그대로 지켰던 종족은 야사니와 찰레 두 종족이었는데 이들은 모계계승에 따랐다고 한다. 다른 지방을 떠돌아다니던 치고이네르인이 결혼을 하게 되면 그는 완전히 치고이네르식의 가족조직을 갖춘 아내의 혈연군으로 들어가야만 한다. 재산은 아내의 소유이고 따라서 아내 혈족의 것이다. 남편은 이방인일 뿐이다. 모계계승의 법칙에 따라 자식들도 어머니 혈족의 일원이 된다. 심지어 독일에서 지금까지 계속 모권이 영향력을 행사하고 있는 곳이 있다. 「서부독일 리뷰」제2권에 따르면(1902년 6월 10일자) 베스트팔렌의 할테른 교구에서는 재산 상속 시 여전히 태고의 씨족모권제가 적용되고 있다는 것이다. '자식은 어머니로부터 상속을 받는다,'고 한다."(13) (베벨, p.54)

그리고 최근 중국의 원남성의 오지 루그 호(호수)의 인근에서 모여 사는 모소족의 모권사회는 전 세계의 보편화된 가부장제와는 전혀 다른 형태로 살아가고 있으며, 가장으로서 모성의 민주적 권위를 존중하고, 아울러 자연과 부합되는 생활을 함으로써 갈등이 없는 평화로운 생활을 하고 있다. 즉 할머니, 어머니가 중심이 된 대가족으로서 자식들은 함께 살아가고 있으며, 모계씨족사회처럼 여성이 주도하는 절제된 성교를 통해서 남녀의 구분이 뚜렷한 가운데 진지한 삶을 살고 있다. 이는 통찰력으로 이해했던 태고의 모계사회를 유지 존속하고 있다는 사실이 경이로운 것이며, 모계사회의 관습이나 가치관을 실증하고 있게 됨에 따라, 인류학적으로 매우 중요한 사례로 볼 수 있다.

그들은 결혼이라는 개념이 없으며 부계사회라는 용어도 없을 뿐만 아니라, 13세 정도가 되면 성인식을 남녀가 함께하고, 옷으로 성별을 구별하고 있으며, 3년간 남녀의 상대를 찾고 만약 찾게 되면, 3년간 남성과 교제를 하고 합방을 원하면, 여성의 친정집으로

간다. 그리고 여자는 남자가 싫을 경우 방문을 닫아서 거부감을 표시하고 있다. 이들은 마치 고대 한국의 모계신본주의사회처럼, 물욕이 없으며 자연과 인간, 인간 상호간의 조화를 이루기 위해 노력하고, 남녀 간 이성을 존중하고 있다. 따라서 어머니와 늘 함께 한다는 특징을 통해서 모든 생활의 중심에 모성이 있었던 모계신본주의 유습을 이은 고대 한국과 유사함을 알 수 있다.

이는 태고의 고대 한국의 정통성을 이어받은 고조선(삼조선)이 고대 중국을 최초로 통일한 진시황(BC247-BC210)에 의해 약화된 다음 기원전 108년경 한나라에 의해 멸망한 후, 삼한으로 승계한 나라들 중의 하나인 고구려의 데릴사위 제도와 흡사하다. 즉 "고구려 건국신화에서 해모수와 유화 아씨가 야합하는 대목을 보면 서민은 서민과 결혼해야하나 남자는 반드시 여자의 부모에게 가서 폐백을 드리고 사위됨을 제거 삼걸한 뒤에 그 부모의 허락을 얻어 결혼하며, 결혼한 뒤에는 남자가 여자의 부모를 위하여 그 집에 머슴이 되어 3년간의 고역을 다하고 딴살림을 차려 자유의 가정이 되는 것이다." 라고 하였다.(14) (서진영, p.27)

하여 모계사회에서 남녀는 쌍무적인 관계로 인식했음을 알 수 있다. 또한 모권사회는 공유제를 특징으로 하고 있다. 이는 태생적으로 종교적 심성이 내재되어 있는 문화적인 존재인 인간에게 적합한 분배양식임을 알 수 있다. 이는 최근에 고고학자들은 모계사회를 풍요하고 행복지수가 높은 사회라고 논증함에 따라, 현대문명사회보다 행복지수가 매우 높았다고 하기 때문이다.

예를 들어 오늘날 인류복지라는 과학기술의 본래 목적에서 벗어난 생명을 위협하는 가공할 무기체계나 과잉경쟁으로 환경오염, 자원낭비로 인한 부존자원 고갈, 양극화 등으로 인한 위험한 사회가 형성된 사실에서 이해할 수 있다. 하여 신의 후손으로서 인간의 개체성(민주성)을 존중하여 대자연과 조화로운 생활을 하였던 모계신본주의사회처럼 느림보사회가 되는 것이 바람직함을 이해할 수 있다.

모계유일신사회

태고 모계사회는 중기 모계사회처럼, 사물을 있는 그대로 보는 직관이 발달한 사회로서, 나름대로 풍부한 상상력과 초능력자가 많았던 사회였을 것이다. 왜냐하면 몇 번의 간빙기와 자연재해를 극복한 후, 등장한 중기 모계사회에서 인간은 스스로 대모신의 후손으로 생각하면서 본향으로 되돌아가기 위한 과정으로 생각했기 때문이다. 이는 태고로부터 전해지는 압축된 내용으로서 상징체계를 이해할 수 있는 근거가 되고 있다는 점에서 의미가 크다. 왜냐하면 중기 모계사회의 마고(모계유일신)시대를 이은 고대 한국(12환국, 단국檀國)이 동양과 서양의 일부와 중동을 아우르는 대제국을 이룩하였다고 주장하는 것과 일치하고 있기 때문이다.

참고로 '부도지'에 의하면, 선사시대였던 구석기 말 마고시대를 이어 신석기인 약 8천 년 전에 있었던 환인천제(桓因天帝)시대를 12한국(환국, 단국)시대라고 한다. 그리고 상고사시대인 환웅시대는 약 6천 년 정도이며, 후기 신석기와 청동기시대와 철기시대를 함께했던 단군의 고조선시대는 BC 2333년에서 BC 108년까지이다. 그리고 환인(桓因)은 환(桓)은 둥글고 환하다(밝다)는 뜻과 원인(근본)의 뜻인 인(因)으로 볼 때, 마고시대의 모계신본주의사회를 이은 사회였음을 알 수 있다. 또한 몽고어에서 하늘을 뜻하는 탱그리(Tengri)와 단(檀)과 한자의 천(天, 텐)이 같으며 하나님이라는 의미인 환(桓)과 동일한 의미로서, 단군(檀君)(Tangun)은 모계하나님(유일신)을 숭배하는 제사장 중의 제사장이었음을 알 수 있다. 이는 우리나라 토속신앙인 무교의 당골(무당, 여제사장)과 같은 뜻이다. 따라서 고대 한국은 수만 년에 걸쳐 일관성 있게 모계유일신을 숭배한 종교제국이었음을 이해할 수 있다. 자세한 것은 종교 편을 참고하기 바란다.

아무튼 태고의 모계사회를 알 수 있는 중기 모계사회로서, 모계신본주의사회는 인본주의사회였다. 예를 들어 고대 한국(단국)의 환웅시대의 갑골문자로 만들어졌다고 하는 '천부경'(天符經)(대우주와 연동된 소우주 인간이 순환한다는 사실을 압축하여 알려주는 81자로 이루어진 경)이나, 태고의 모계유일신 신앙은 인간의 종교적 심성이 모성애에 의해 촉매가 되어 발현된 원형 종교라는 점에서 이해할 수 있다. 물론 인격신으로서 모계유일신이나, 후손으로 조상신 등을 숭배하며 세상의 주체가 인간이라고 생각했던 지역 외, 다른 지역에서는 자연신으로서 태양신이나, 대자연 속의 인간으로 생각한 자연을 숭배하는 토템신앙 등 여러 종류의 신앙이 있었을 것이다.

즉 모계사회가 인류문명의 초석을 다진 후, 등장한 신석기시대는 조상신으로서 중간신의 등장과 함께 만물에 영혼이 있다고 믿는 정령신앙(精靈信仰)인 애니미즘(Animism)이나 다른 부족과 구분하기 위한 지역의 강한 동물인 곰이나 호랑이 등등으로 부족의 성격을 상징으로 한 토테미즘(Totemism) 등이 있었던 것이다. 이는 아마도 정교 분리를 이룬 부계사회는 잦은 전쟁과 약탈 등으로 사람들이 곤경에 처하게 되면서 다양한 종교가 만들어졌기 때문일 것이다. 즉 모계사회보다 훨씬 복잡한 사회가 됨에 따라, 유발되는 갈등을 극복하기 위한 다양한 신앙이 필요했던 것이다.

이는 부계사회의 신앙체계가 관념적으로 변모한 사실을 종교학자 카모디의 다음 글에서 이해할 수 있다. 즉 "성은 모든 인간 행위의 맥락이고 가장 중요한 의미이다. 사냥, 농사, 길쌈, 금속, 세공과 같은 고대의 모든 노동은 성과 관련이 되어 있다. 예를 들어 수렵인들은 아내가 임신했을 때에는 최소한 필요한 만큼만 사냥하기도 한다. 이들은 인간이든 동물이든 식물이든 생명은 성스러운 것이고 동일한 것이라 믿는다. 임신은 성스러운 사건이기 때문에 임신과 관련이 있는 사람이 생존에 필요한 것보다 더 많은 사냥을 하는 것은 좋은 일이 아니다. 이와 마찬가지로 대부분의 농경민들은 수확을 하기 전에 작물에게 용서를 빈다."(15) (P.L 카모디, 강돈구 역, 『여성과 종교』, 서광사, 1992, p.25)

이처럼 인간은 타고난 종교적 심성을 타고난 인간은 공존을 중시하는 사려 깊은 존재임을 알 수 있다. 이것이 인간이 문명사회를 이룩할 수 있었던 이유로 볼 수 있다. 하여 모계신본주의 사회가 대모신의 후손으로 인간은 다른 곳(본향, 다른 차원)인 지구에 불현듯 나타났다고 생각한 것은 받아들일 수 있다. 이 문제는 종교편에서 다시 한 번 논변이 있을 것이다. 일단 종교학자 카모디의 견해를 알아보자.

"소규모사회인 고대사회는 인류의 가장 오래된 초기부터 현대까지 이어져 왔기 때문에 고대의 종교적 심성은 시간적으로 350만년 정도 존재해 왔다고 할 수 있다. 게다가 선사시대이든 현대든지간에 이러한 사회는 기본적으로 문자를 가지고 있지 않기 때문에 우리가 살펴볼 고대 종교적 심성은 문자로 된 기록물을 거의 남겨놓지 않았다. 다시 말해서 가장 오래된 인간의 심성은 문자가 아니라 말과 예술을 이용하였다. 모든 고고학적 유물들에서 인간의 문화적 발달을 예시해주는 종교적 상징물을 찾아 볼 수 있다.… 고대인의 세계관은 매우 간결하기 때문에 고대 종교의 특징인 성(聖), 풍요, 다산, 신화와 제의 그리고 샤만으로 정리해 볼 수 있다."(16) (같은 책 p.26)

순환·진보를 믿은 사회

이와 같이 인간은 태생적으로 종교적 심성이 내재되어 있음을 이해할 수 있다. 즉 인간에게 내재되어 있는 영적감응장치에 의해서 성스러움과 영적교감을 할 수 있는 시스템을 가능케 하는 마음이 있는 것이다. 이는 아마도 인간이 출생과 동시에 모성을 통해서 신을 인식하게 되고, 모성은 태몽으로 삼신이 영혼의 육화과정에 함께 함을 인식되고 있음을 상기해 볼 때, 자연스럽게 형성이 되었을 것이다. 따라서 잉태, 출산, 양육을 하는 모성이 인간의 종교적 심성을 열게 하고, 배양하고 있음을 볼 때, 모성애가 인격신종교의 뿌리임을 알 수 있다. 즉 인간은 스스로 신을 인식할 수 있는 존재이기 때문에 종교를 만들 수 있는 것이다.

예를 들어 고대 한국의 유습을 이은 종교인, 무교에서 무당(여제사장)이 영적 체험을 할 때 어린애처럼 되는 경우가 많은 것은, 모성애를 통해 신을 인지하지만 성장하는 과정에서 만들어진 수많은 상처로 인해 신과 대화를 나누었던 행복했던 모성의 품으로 되돌아가고자 하는 연령 퇴행의 심리학적 현상이 나타나고 있다는 사실에서 이해할 수 있다. 참고로 오늘날에도 무교의 영적교감은 실재하고 있을 뿐만 아니라, 인간의 영적 체험이나 '전생론' 등은 최근에 심리학에서도 일부 인정하고 있다. 물론 인간이 매일매일 꿈을 꾸면서 미래를 예측하거나 독특한 태몽 현상을 현대과학에서 섣불리 단정을 짓지 못하고 있다. 뿐만 아니라 학자나 과학자의 경우에도 영감에 의해 발견이나 발명을 한 예가 무수히 많은 것도 사실이다.

마지막으로 모계신본주의사회에서 여제사장은 모계유일신이 권고했던 '해혹복본'을 구현하기 위해 중심적인 역할을 하였으며 사람들로부터 존경을 받았다. 이는 모계신본주의사회의 유습을 이은 초기 신라에서 잘 나타나고 있다. 즉 일반 여성들에게 상당한 존경을 표시하였고, 심지어 나이가 어린 여성에게도 나이 많은 남자가 존칭을 하면서 허리를 굽혀 인사를 하였다는 사실이나, 만약에 함부로 대하면 주위 사람들에게 징벌을 받았다고 고대 중국의 사신들에 의해 전해졌음을 기록하고 있다. 예를 들어 신라의 신궁은 대모신을 숭배하고 조상신과 함께 문제를 풀고 국태민안을 제사하던 곳으로 남성들은 접근을 할 수 없었던 성소로서, 독립적이었다는 사실에서 여성의 지위가 상당했음을 이해할 수 있다.

물론 대모신, 중간신(조상신)에게 제의를 하고 소통한 신성한 장소였던 신궁에서 산모가 훌륭한 인재의 잉태와 출산을 염원하였음을 볼 때, 고대 한국의 정통성을 이어받은 신라를 통해서 모계신본주의 사회가 어떠한 유형의 사회라는 것을 이해할 수 있는 근거가 되고 있다. 예를 들어 원효대사의 모친이 경산진량에 있었던 신궁에서 원효대사를 낳고 며칠 있다가 돌아가셨다는 기록이 있음을 볼 때, 모성의 지위가 특별했음을 알 수 있다. 따라서 인간에게 본향으로 되돌아오라는 모계 하나님의 권고인 '해혹복본'을 생각해 볼 때, 유물론적인 인간관으로서, 창조론이나, 진화론과는 다른 영적 존재임을 이해할 수 있다. 이는 종교 편에서 다시 한 번 논변이 있을 것이다.

2. 유일신 원형종교

태고는 모계씨족사회로서 모성들 중에 가장 뛰어난 자가 제사장으로서 씨족을 대표하였던 것은, 남녀가 평등하지만 여성이 인간을 재창조하면서 한 단계 업그레이드된 모성의 생태적 능력을 존중하였기 때문이다. 즉 모계사회가 단순하고 직관이 발달한 사회로서 실존을 중시하여 본질을 왜곡치 않았던 것이다. 다시 말해서 모성의 출산과 모성애는 아무리 흔한 것이라 할지라도 경이로운 것으로 가치의 중심에 있었음을 말하는 것이다. 이는 모계사회에서 출산을 매우 중시하여 여아의 출산은 경사였으며 모성을 대우하였던 사실에서 이해할 수 있다.

이는 아마도 생명을 재창조하는 과정을 통해서 내면세계를 이해할 수 있었으며, 사물의 원리를 깨달아 축적한 모계의 지혜와 가르침이 존경을 하였던 이유로 볼 수 있다. 예를 들어 모계신본주의사회의 모계 하나님에 대한 신앙을 각 지역의 생존 환경에 맞는, 실생활과 밀접한 조상신들과 교류한 고대 한국(단국)의 화백회의에 여제사장들이 씨족의 대표로 회의에 참석하거나, 마치 오늘날 학술세미나와 같은 토론을 주도한 사실에서 이해할 수 있다. 물론 모계사회가 제정일치사회로서 네트워크적인 씨족 상호간에 지식과 정보를 공유해야 살아갈 수 있는 환경이었기 때문일 것이다. 반면 부계사회는 정치사회로서 종교가 수단으로 변모함에 따라 앞의 내용과 상반될 것이다.

또한 모든 종교가 본질적으로 나눔을 근간으로 하고 있다는 점을 상기해 볼 때 공유제를 한 모계사회는 종교사회였음을 알 수 있다. 즉 모계신본주의사회의 공유제는 박애에 뿌리를 두고 있으며, 인간의 종교적 심성에서 만들어진 분배양식인 것이다. 반면에 전체주의로서 부계사회의 등장은 사유제를 발달케 하여 근간으로 하는 종교가 정치의 수단으로 전락하게 되었다. 이는 중동의 부계사회에서 부계유일신이 중심이 되고 사람이 소외된 경우에서 이해할 수 있다. 예를 들어 인간이 아닌 제3자로서 태양신과 같은 자연신이나, 유일신 등 초월적인 신에 의해 정치적 권위를 부여받는다고 하는 왕권신수설에서 이해할 수 있다. 하여 모계신본주의사회는 인간을 신의 후손으로 믿은 종교사회였다면, 부계사회에서 신이 주체가 되고, 인간은 객체가 되는 전체주의사회였다는 점에서 상반됨을 이해할 수 있다.

나눔을 교리로 한 종교

부계사회의 등장으로 종교에서 분리된 정치가 여성이 주도한 종교를 수단으로 변모케 함에 따라, 지역 환경에 맞는 다양한 종교가 생성되었을 것이다. 즉 태고의 사람들은 모 위에 있었던 모계유일신신앙이 퇴출되면서 지역에 따라 다양한 종교로 변모하였음을 말하는 것이다. 예를 들어 부계사회가 등장하면서부터 다양한 종교의 생성과 범신론이나 애니미즘, 토테미즘 등이 생성된 경우가 될 것이다. 이는 세계 각지에서 부계 우월의 다양한 종교가 있으며, 아직도 미개한 지역의 원시종교가 존재하고 있다는 사실을 통해 이해할 수 있다.

하여 부계사회의 등장으로 인간의 기본형인 종교적 인간형에서 2차적으로 변모한 철학적 인간형이 주류를 이루게 된 사회가 되었을 지라도 인간의 종교적 심성은 변치 않는다는 점에서 영적 존재임을 알 수 있다. 따라서 인간의 의지와 상관없는 종교적 심성을 통해 스스로 모신의 후손임을 표명했던 모계신본주의사회의 신념을 긍정할 수 있다. 즉 모계신본주의사회가 인간은 '해혹복본'을 이루기 위해 자신의 의지로 순환 진보한다고 생각한 것을 말하는 것이다.

또한 인간이 만든 어떤 유형의 종교든 나눔(자비, 사랑)을 근간으로 하며, 남녀노소 누구든 양심이 있으며, 영혼불멸을 생각한다는 점에서도 신의 후손임을 이해할 수 있다. 뿐만 아니라 부계사회의 다양한 종교에서도 자신의 수양정도나, 체화된 습속이나, 전통 등에 따른 다양한 방식의 나눔을 통해 영적 성장을 추구한다는 점에서도 앞의 사실을 긍정할 수 있다. 물론 빙하기를 겪은 초기 모계사회를 이어 간빙기를 겪은 모계신본주의사회가 나눔이 삶의 궁극적 목적임을 깨달은 결과일 것이다.

하여 실천하지 않는 진리는 진리가 아니라는 점에서 나눔을 진리로 알고 실천한 모계유일신주의사회는 진정한 종교사회였음을 알 수 있다. 이는 오늘날 폭주하는 지식정보사회에서 실천이 없는 지식은 죽은 지식으로 의미가 없다고 하여 실천을 중시하는 것과 동일한 의미로 볼 수 있다. 즉 종교가 다양한 방식의 나눔을 설파할지라도 신자나 종교가 실천하지 않는다면 진리가 아님을 말하는 것이다.

따라서 모계신본주의사회는 모든 생명은 순환 진보함에 따라 주체인 인간은 나눔(사랑, 자비)을 궁극적 삶의 목적으로 생활화한 종교사회였음을 알 수 있다. 즉 모계신본주의사회가 인간의 종교적 심성과 부합되는 사회였던 것이다. 그리고 지역의 씨족별로 대모신(마고 삼신)의 후손인 모계, 부계신 등의 조상신을 믿을 수 있는 가운데 종교자유가 허용되어 있었다. 다시 말해서 모계신본주의사회가 어떠한 방식이든 나눔을 실천하고 체험하여 본향으로 돌아와야 한다는 '해혹복본'의 권고는 지역 사정이나 개인차에 따라, 적합한 수호신을 허용했음을 말하는 것이다. 하여 대모신의 후손으로서 실존하는 인간은 주체로서 우선적이며, 객체로서 중간 신(조상신)은 수호신이었다고 할 수 있다. 즉 중기 모계사회에서 현존하는 '나'는 과거로부터 온 '나'로 믿고, 가족 단위로 진보하며, 현재 함께한다는 순환적 세계관을 믿고 있었던 것이다.

또한 중기 모계사회에서는 인간을 대모신의 수많은 분신이라 생각함에 따라, 인간은 스스로 선택하고, 책임지는 자율적인 존재로 생각했다. 이는 하늘은 스스로 돕는 자를 돕는다고 하는 격언이나, 한민족의 토속신앙을 재구성한 동학의 만민평등사상인 '사람이 곧 하느님이다'고 하는 '인내천'(人內天) 사상에서 이해할 수 있다. 예를 들어 인간이 순환·진보한다고 생각한 모계신본주의사회에서 가족 중 먼저 죽은 사람이 얼마 안 있다가 환생하여 특정한 곳(원했던 곳)에 살면서 과거의 가족과 재구성하거나, 다른 곳으로 선택한다고 생각한 사실에서 이해할 수 있다. 하여 모계유일신종교는 함께한 사람의 복된 삶을 축원한 신앙으로서, 환생하는 과정에서 현재보다 나은 환경에서 태어나 현재 계속 발전되기를 염원한 종교였음을 알 수 있다.

즉 현재에 영원히 서로를 위해 상호간에 순환 진보를 염원하는 것으로 자신을 위한 종교였던 것이다. 이는 부계유일신종교가 배타적이며 중앙집권적인 반면, 유일신원본종교로서 모계유일신종교는 개인적이고 분권적인 사실에서 이해할 수 있다. 예를 들어 모계유일신종교는 비정치적이고 인간의 고된 삶을 나눔으로 위로하였다는 점에서 전통 한국의 무교와 유사함을 이해할 수 있다. 즉 모계유일신인 마고하나님(대모신)의 후손인 인간과 직접교류를 하는 여타의 중간 신을 숭배한 사회였던 것이다. 하여 인류가 종교와 정치, 경제의 삼각관계에 의해서 여러 형태의 체계가 형성된다 할지라도 인간의 종교적 심성에서 만들어지는 박애를 배양하는 체제로 역사 발전되는 것이 순리임을 이해할 수 있다.

아무튼 모계신본주의사회는 현실세계에서 순환하는 개인의 진보를 위해 나눔을 실천해야 한다고 생각하였다. 즉 모계유일신의 후손인 인간은 영육이 교차하면서 진보한다고 믿음에 따라, 나눔 자체를 자신을 위한 것으로 생각하였던 것이다. 이것을 제도화한 분배양식이 공유제라고 할 수 있다.

그리고 모계신본주의사회는 불멸하는 영혼이 모성을 통해서 육화된다고 믿었으며 이를 점지하는 대모신(삼신할매)의 은혜에 대한 고마움을 구체화한 것이 고대 한국의 '곰 신앙'으로 볼 수 있다. 이러한 사실들을 카모디의 글에서 이해할 수 있다. 즉 "고대인 의 풍요다산에 대한 관념은 죽음 뒤의 삶에 관심과도 연결된다. 중국의 북경 근처에 있는 용골산 동굴에서 50만 년 전경에 만들어진 무덤이 발견되었는데, 이 무덤에서 그 당시의 사람들이 죽음 뒤의 삶을 갈망하였다는 흔적을 찾아 볼 수 있다. 또 다른 지역에서는 마치 무덤이 자궁인양 죽은 사람이 태아의 자세를 취한 상태로 묻혀있다. 이런 것들을 보면 고대인들 중에는 죽은 뒤에도 '어떤 것' 존재한다는 관념을 통해서 죽음의 당혹감을 극복하려고 한 사람들이 있었다는 것을 알 수 있다."(17) (같은 책 p.27)

이처럼 모성의 생태적인 특성을 통해 오래전부터 인간의 생로병사를 이해하였음을 무덤의 모양이 모성의 자궁과 같은 형태를 취했거나, 음양오행설에 근거한 풍수지리사상에서 명당의 위치를 자궁의 모양과 흡사한 지세에 두고 있다는 사실 등에서 모계주의의 유습이 이어지고 있음을 이해할 수 있다. 즉 빙산의 일각으로서 가시적인 세계와 미지의 무한한 비가시적인 세계를 이어주는 연결고리가 모성애에 있다고 생각했던 것이다.

태몽으로 인식한 절대존재

태고의 모계사회가 단순하고 평화로운 생활을 하였던 것은 모성의 출산에서부터 함께한 태몽을 통해 알게 된 모계하나님(삼신)에 대한 상상력의 결과로 볼 수 있다. 예를 들어 모계신본주의사회가 지구에서 삶을 체험한 후 영적 존재로서 본향으로 반드시 되돌아오라는 마고유일신의 유지인 '해혹복본'을 수증(修證)하고 있다는 사실에서 이해할 수 있다.

즉 끝없는 순환진보를 통해 자신의 본향으로 되돌아가기를 염원한 사회였던 것이다. 다시 말해서 자신의 끝없는 창작 욕구와 완성을 위해 매진하는 예술 활동처럼, 인간으로 실존할 때마다 자신을 연마하여 본향으로 되돌아갈 자격을 갖게 됨을 말하는 것이다. 물론 행위의 결과에 의해 지구 외에 다양한 별(행성)에서의 삶도 생각했을 것이다. 하여 모계신본주의 사회의 공유제는 다생의 순환진보를 위한 분배양식이었음을 추정할 수 있다.

그리고 모계신본주의사회는 현재의 고통스런 삶의 원인이 인간 자신의 미성숙함에 있다고 생각하거나, 불완전한 인간이 저지른 잘못된 결과에 대해 반성하는 의미로 주기적으로 집단적인 화해의 제의를 통해 삶을 재창조하였다. 이는 고대 한국에서 각 지역의 문물을 교환하기 위해, 10년에 한 번씩 신시(神市)를 열었고, 지역별로 일 년에 한 번씩 신시(神市)를 열었던 사실에서도 이해할 수 있다. 물론 모계신본주의의 유습을 이은 전통 한국의 무교에서 유사한 면을 찾아 볼 수 있다. 즉 정초에 혼돈, 불합리, 무질서, 모순 등을 의미하는 카오스적인 상태를 소거하기 위한 의미를 내포한 종이나 물건 등을 태워 재로 만드는 의식을 말하는 것이다.

이것은 인간의 무지로 인하여 서로에게 상처를 준 것에 대한 지난날의 잘못을 반성하고, 새롭게 다시 시작한다는 의미로서, 원한으로 인한 증오심을 털어버린다는 점에서 인간성 황폐화를 방지하기 위한 치유 과정으로 볼 수 있다. 따라서 재창조를 의미하는 새 질서를 만들어 새롭게 시작한다는 의미로 일 년에 한 번씩 반복하고 있음을 볼 때, 인간 이성의 한계를 인정하는 관용적인 사회였음을 이해할 수 있다. 다음 인용문에서 앞의 내용을 이해할 수 있을 것이다.

즉 "현실계는 공간성에 의한 형질 존재, 곧 공간 존재가 존속되고 있는 세계이지만 이 공간 존재는 시간 조건 위에서 있는 시한성을 안고 있어서 현실계에는 모든 존재(만물)는 존재 조건인 공간과 시간의 조건 변화에 따라 존재는 지속과 단절, 유와 무, 생과 사, 풍요와 빈곤의 변화를 가져온다. 혼돈과 어둠뿐인 '카오스'에서 하늘과 땅이라는 우주공간이 시작되고 그때부터 시작이라는 태초의 시간이 시작된다.

그래서 공간과 시간의 질서가 시작되는 '코스모스' 의 우주가 시작된다. 이렇게 해서 시작된 '코스모스'의 유계(현실)에 존재하는 인간도 '코스모스'의 존재 조건인 공간과 시간의 제약 속에서 생의 변화가 계속된다. '코스모스'의 소계시간은 이렇게 생명을 영원으로 지속시키지 못하는 순간세계에 비해 '카오스'는 태초가 시작되기 그 이전인 무 공간 무시간의 영속계이다. 그래서 '카오스'는 '코스모스'의 존재 공간과 시간 이전의 세계이므로 세속의 공간과 시간을 초월한 영적 존재의 세계인 동시에 '코스모스'의 근원이 된다.

'카오스'로의 회귀가 세속적 죽음인데 반하여 '코스모스'로의 환원은 세속으로의 재생을 의미하게 된다. 이 재생은 죽음(신병)을 통해 존재의 근원인 '카오스'로 되돌아가 여기서 영원존재의 실제 능력을 체득한 신성적 의미의 신권자로 다시 태어나 무당이 되는 것이라 생각된다."(18) (김태곤, 『무속과 영의 세계』, 한울, 1993, p.26)

또 하나의 예로 카모디는 고대인들의 재창조의 슬기를 다음과 같이 쓰고 있다. 즉 "기본적으로 인류를 성스러운 우주에 통합시키려는 의도를 지니고 있는 고대의 제의에서 창조는 가장 중요한 신화적 주제이기 때문에 종교학자들은 다양한 창조신화에 많은 관심을 보이고 있다. 예를 들어 종교학자들은 우리가 이미 살펴본 것 외에도 원초적인 바다 속에 들어가서 땅을 들어 올리는 행위, 동물의 희생, 우주적인 알, 성적교섭, 인간 몸의 해체, 수음 등을 통한 창조에 대한 신화들이 있다는 것을 발견하였다. 이러한 창조행위를 재현하는 제의도 다양한 형태를 지니고 있다.

바느질, 대장일, 씨뿌리기 또는 집을 짓는 것과 같은 행위들도 창조신화의 모델을 따를 뿐만 아니라, 신년축제에서는 창조신화가 낭송되고 재현하기도 한다. 왜냐면 해마다 전체 우주는 다음해를 위해서 재창조되어야 하기 때문이다. 고대인들은 신년축제에서 심리적으로 세계에 무질서를 부여하였다가 다시 질서를 부여한다." (19) (PL 카모디, 31p)

무형문화재로 남은 원형종교

모계씨족사회는 전통 한국의 마을공동체에 솟대를 세우고, 성황당(서낭당)이 있는 풍경과 흡사할 것이다. 하여 전통 한국의 성황당은 신당으로서 동제를 지내고 풍요다산을 기원하였던 성소로서 모계신본주의사회의 유습을 이은 유서 깊은 곳임을 이해할 수가 있다. 물론 세계의 고인돌이 한국에 반 이상이 있다는 사실에서 근거하고 있다. 또한 한반도의 큰 산의 깊은 산중에 풍수 지리적으로도 명당인 곳에 신선이 되기 위한 수도처가 있었으며, 후일 불교의 사찰에 융합되어 산신당(각)으로 되거나, 마을에는 성황당이나 신당이 있다는 점에서 이해할 수 있다. 뿐만 아니라 모계신본주의사회에서 산중에서 수도를 하던 여제사장과 사제들로 이루어져 있었으며, 행차할 때는 마치 제왕의 행렬처럼 화려하고 웅장하였으며 특정한 곳에서 제의를 행했다고 전하고 있다.

즉 신의 후손으로서 영적 체험을 음악이나, 무용으로 표현하거나, 삶을 압축하여 상징화한 미술로 전달하거나, 강인한 체력을 만드는 놀이문화로 건강한 정신을 만드는 등의 신과 함께하는 예체능 활동이었던 것이다. 물론 오늘날에도 예체능을 통해 어떠한 경지에 이르거나, 종교적 신비 체험은 이어지고 있으며, 세계 각 지역에서 지금도 선사시대의 원형신앙을 이해할 수 있는 유적이나 태고로부터 이어지는 무형문화재 등을 통해서 알 수 있다.

이는 생로병사의 통과의례를 부족 단위나 씨족 단위 등에서 모계제사장과 사제에 의해, 마치 연극무대에서 펼쳐지는 배우처럼, 압축된 언어로 표현되고 전달되는 종합예술 등을 통해 삶의 고통을 극복할 수 있는 존재감을 형성케 한 사실에서 이해할 수 있다. 즉 여제사장은 태교음악, 출산의식, 돌잔치, 성인식, 결혼식, 장례식 등 인생의 고비마다 예술적 표현과 행사를 통해 삶을 위로하며 사람을 도왔던 것이다.

하여 모계사회가 제의행사를 예체능을 통해 장식했으며 낙원으로서 인간의 본향을 표현했음을 추정할 수 있다. 물론 신당(神堂)에서 펼쳐지는 제의행사는 오늘날 공연과 흡사하였을 것이다. 또한 단어 수가 적었던 사회에서 군중들은 영적 체험을 했다고 볼 수 있다. 그리고 행사 후, 자신이 갖고 온 것을 나누며 그리운 본향을 예술적 감동으로 체험하고, 되돌아가기를 염원했을 것이다.

특히 성인식의 경우에 남성과 여성의 지위나 역할에서 남성은 육체적 고통을 여성은 정신적 부분을 강조하였던 사실에서 모성이 전략적이고 지도적인 위치에 있었음을 알 수 있다. 이는 카모디의 글에서도 이해할 수 있다. 즉 "남성을 위한 성년식은 일반적으로 고통을 강조한다. 남성에 비해 성숙과정이 좀 더 극적인 여성을 위한 성년식은 그 사회가 원하는 대로 여성이 갖추어야할 준비를 시키는데 초점을 맞춘다.

이 두 경우 성년식에서 성인이 되려는 사람은 성(聖)에 대한 지식, 부족신의 성격 그리고 성인으로서 갖추어야 할 조건들에 대해서 배운다. 출산의식, 결혼식, 그리고 장례식에서도 모든 부족 구성원들은 죽음에의 순례인 삶의 과정을 통해서 나타나는 성스러움과 자신들을 다시 재결합시킬 수 있는 기회를 갖는다."(20) (같은 책 p.32)

아무튼 고조선시대에 '소도'(솟대를 설치한 신성한 곳)라고도 했던 신당(성황당)에서 무교의 여제사장(오늘날 무당)이 제의를 주관하고, 공동체의 안녕과 개인들의 '생로병사'의 원만한 통과의례를 위한 신성한 지역으로서 씨족회의를 하였던 곳이라 전하고 있다. 즉 모계신본주의사회를 이은 고대 한국에서 씨족의 여제사장을 비범한 실력자라는 의미인 선비라고 했으며 제의나 회의장으로서 '소도'(신당)였던 것이다. 이는 전통 한국의 무교에서 모계가 중심이 되고, 부계가 보조하는 전통에서 이해할 수 있다.

이러한 사실들은 중기 모계사회로부터 오늘날까지 이어지는 무교나, 마고삼신할미 설화 등을 뒷받침하는 '부도지'나 '한단고기' 등 상고대 한민족사를 통해 통찰력으로 이해한 데 따른 것임을 밝혀 둔다. 특히 삼신할미는 부성과 모성의 태몽에서 실제로 체험되고 있음에도 불구하고, 현대과학이 아직 밝혀내지 못하고 있지만, 언젠가 밝혀져서 수만 년에 걸친 모계신본주의사회의 '해혹복본'(解惑複本) 신념을 이해할 수 있을 것이다.

물론 영혼의 육화를 점지하는 마고삼신이 늘 함께한다는 사실을 태몽으로 실재하고 있음을 알고 있음에도 불구하고, 실증적으로 규명하는 데는 한계가 있다. 하지만 많은 사람들이 체험하고 있을 뿐만 아니라 실재한다는 사실을 긍정하고 있다. 즉 비록 고대 한국의 삼신신앙이 저변에서 체험되고, 생활화되어 있음에도 불구하고, 부계의 교리종교처럼 조직화되지 못하여 격하되었지만 불가지(不可知)의 영역인 순환 진보를 이해할 수 있는 중요한 단초가 됨에 따라 과학적으로 규명이 되어야 할 것이다.

이는 부계유일신종교의 영향으로 삼신할미를 마귀할멈이나 적그리스도로서 샤머니즘 정도로 오해를 하고 있는 한민족의 삼신신앙체험이나, 무교가 원형종교임을 부정한다면, 종교 자체가 허구가 되기 때문이다. 물론 모성애를 근간으로 만들어진 원본종교에서 2차적으로 변모한 부계우월종교처럼 세력의 도구가 된 삼신사상을 이해하기 어려울 것이다. 이는 인간 상호간에 나눔을 생활화하여 다같이 '해혹복본'의 꿈을 이루기 위한 단순한 신앙이었던 반면, 부계우월종교가 관념적이고 복잡한 율법과 배타적인 것을 '조직원리'로 하기 때문이다.

3. 박애가 생활화된 사회

모계신본주의사회는 지구를 오래전부터 동물들이 사는 열악한 곳으로 생각하였으며, 인간이 지구에서 태어난 것은 무한한 탐욕과 인색함을 극복하는 수행지로 믿었다. 즉 모계신본주의사회는 지구를 마치 수련장이나 훈련소처럼 생각하였던 것이다. 이는 모계신본주의사회가 동물을 섭취할 때 희생제를 치렀던 사실에서 이해할 수 있다. 물론 부계사회가 인간이 동물을 마음대로 살육할 수 있는 권한이 있는 존재처럼 탐욕으로 동물을 무자비하게 살육했던 사실을 생각한다면 앞의 사실을 이해할 수 없을 것이다.

즉 모계사회가 생명의 순환·진보를 믿음에 따라, 모든 생명체에 명복을 빌어준 반면, 부계사회는 1회적 삶으로 생각함에 따라 동물을 전리품으로 생각하거나 온갖 학대와 필요 이상의 살육을 하였던 것이다. 예를 들어 모계신본주의사회에서 동물을 음식으로 섭취할 때 희생제를 치른 사실이나 인간은 순환진보를 반복하여 신이 된다고 믿었던 사실 등에서 이해할 수 있다. 이는 신선이 되거나, 인간으로 반복하거나, 동물에서 사람으로 되거나, 소수의 사람 중에 가축으로 퇴보한다고 하였던 고대설화와 맥을 같이 하고 있다. 이는 종교 편에서 다시 한 번 논변이 있을 것이다.

인본주의적 사고

오늘날 빛을 발하고 있는 태양은 이미 수억 년 전의 태양으로서 지구와 함께 항상 규칙적으로 움직이지만 내부적으로는 항상 변화를 하고 있는 것처럼 태양과 달, 별 지구가 규칙적으로 운행하는 가운데, 동물 역시 규칙적이며 정해진 환경에 살아가고 있다. 하지만 인간은 환경에 적응하면서 상황에 따라서 주어진 환경을 바꿀 수 있는 재창조 능력이 있기 때문에 생존환경이 변화할 때 인류는 여러 유형의 사회를 선택하였다. 따라서 인간은 행복한 인생을 위한 합리적인 규범을 스스로 창조할 수 있는 문화적 존재임을 알 수 있다.

다시 말해서 무한한 상상력과 도구를 통해 자신들의 삶을 재창조할 수 있는 영적 존재임을 말하는 것이다. 물론 인구의 자연증가와 잉여생산물로 인한 사회적환경의 변화에 부합되는 부계사회가 등장한 것은 필요에 따라 스스로 설정한 가치에 복종하고, 적응하며 자신의 운명을 개척하고 있다는 자체가 영적 존재라고 할 수 있다. 예를 들어 농경 정착 이전 유목민 생활을 하였던 모권사회가 풍요한 자연환경에서 내면세계를 탐구하고 자유로운 여행과 교류를 통해 사회적 변화를 일으킬 만큼 역량이 축적된 후 정착하여 농업혁명을 일으킨 사실에서 이해할 수 있다.

그리고 모계유습이 남아있었던 고대 희랍에서 상대주의(인본주의) 철학자였던 아리스토텔레스가 '인간은 사회적(정치적) 동물이다'라고 정의한 데서 이해할 수 있다. 이는 철학적 인간형이 주류가 된 사회가 되어 종교가 정치적 수단으로 변모하게 된 사실에서 이해할 수 있다. 즉 인간은 자율적인 존재로서 스스로 규율하고, 결정하는 존재인 것이다. 예를 들어 가부장제사회가 정당함을 아리스토텔레스는 다음과 같이 논변한 데서 이해할 수 있다. 즉 "남성의 여성에 대한 관계로 영구적으로 이토록 지배자가 같은 시민에 대하여 일시나마 우위에 서려고 하는 그러한 관계에 있다. 일방(一方) 가장의 그의 자식에 대한 지배는 전제적이며 이것은 사랑과 연령에서 오는 존경의 덕으로 일종의 전제 군주적 권력을 행사하기 때문이다."(21) (아리스토텔레스, 이병길 최옥수 역, 『정치학』, 박영사, 1977, p.44)

이는 아리스토텔레스가 남녀관계를 여성이 계급투쟁에서 패한 존재가 됨에 따라 가부장제가 성립되었다고 생각했음을 알 수 있다. 즉 남녀의 사회적 지위가 절대주의처럼 고정되어 있는 것이 아니라, 정치적인 힘에 의해 지위가 결정된다고 생각한 것이다. 다시 말해서 인본주의(상대주의)는 인간이 스스로 창조하고 결정할 수 있는 문화적 존재임을 말하는 것이다. 하여 철학적 상대주의와 동양의 음양사상은 인본주의라는 점에서 같지만, 상대주의는 대립적인 반면 음양사상은 상보적(相補的)인 점에서 차이가 있음을 알 수 있다.

참고로 동양의 음양철학은 경험주의로서 귀납적임에 따라 동시대의 고대 희랍의 철학적 상대주의와 인본주의라는 면에서 동일하다. 하지만 동양은 전국시대(戰國時代, BC 453-221)에 음양설이 오행설과 합쳐진 음양오행설은 전체적이고 추상적인 면이 있는 반면, 서구는 만물의 구성이 원자로 이루어져있다고 생각하여 부분적이며 분석적인 점에서 출발점이 다름을 알 수 있다. 즉 음양은 자연현상에서 일어나는 낮과 밤, 부드러움과 강함, 여성과 남성의 생태적 특징, 자석의 N극과 S극, 안(위)과 밖(아래), 구심력과 원심력, 내면과 외면, 생과 사 등 전혀 다른 상반된 성질이면서 서로 보완하며 하나를 이루어 순환하는 천지의 도라고 하였으며, 삶에 필요한 기본요소인 수, 화, 목, 금, 토(水, 火, 木, 金, 土)로 상생상극을 논하여 구체화한 오행설과 합쳐서 진보한 것이 음양오행설(陰陽五行說)이다.

좀 더 구체적으로 말하자면, 동양의 기본사상으로서 주역은 동주(東周)시대(BC 771)에 만들어졌다고 하는 역경(易經)으로서, 주역은 후일 전한의 동중서에 의해 유교와 결합하여 구체화되었으며, 이어서 송·명대의 주희(AD 1130~1200)에 의해서 유교와 습합한 역경이 주역(周易)이며, 사서삼경(四書三經) 가운데 중심이 되었다. 그리고 주역은 태극, 음양, 사상(四象), 팔괘, 대성괘 등으로 이루어져 있다. 이를 모계신본주의사회의 유습을 알 수 있는 '부도지'(符都誌)와 비교하면 태극은 하나로서 시작과 끝을 이루는 전체이며, 우주창생과 순환의 원리이기도 한 것으로 의인화한 것이 마고(麻姑)하나님으로 이해할 수 있다.

그리고 태극은 음양으로 나뉘었다고 하는 것은 배우자 없이 선천

(先天)을 남자로 하고, 후천(後天)을 여자로 하여 궁희(穹姬) 소희(巢姬)를 낳았다고 하는 것으로 이해할 수 있다. 또한 사상(四象)은 음양에서 태양, 소음, 소양, 태음으로 나뉘었다는 것은 황궁(黃穹), 청궁(靑穹), 백소(白巢), 흑소(黑巢)로 비교할 수 있으며, 팔괘는 사상이 음양으로 나뉘어 삼라만상의 생성의 근간으로 생각한 것은, 각각의 두 천인(天人) 두 천녀(天女)를 합하여 모두 8명이었으며, 주역의 본문인 대성괘는 64괘로서 1에서 30괘까지는 상경이고, 31에서 64괘까지는 하경으로, 전자는 우주의 선천적인 생성원리를 후자는 인간의 후천적인 변화와 순환과정을 해석하는 것은, '4천인과 4천녀가 결혼하여 각각 3남 3녀를 낳아 9황 64민은 모두 이들의 후손이다.' 라고 한 '부도지'의 내용과 일치하고 있다.

물론 이것은 후일 주역이 먼저인지 '부도지'가 먼저인지는 뚜렷이 구분할 수 없으나, 모계신본주의사회의 천지창조론을 전하고 있는 '부도지'의 내용으로 볼 때, 주역보다 수천 년을 앞선 것으로 볼 수 있다. 왜냐하면 주나라(BC 11~770) 당시에 이미 부계사회가 공고화되어 있었기 때문에 구태여 '부도지'에서 모계하나님이 천지를 창조했다고 할 이유가 없기 때문이다.

또한 '부도지'에서 전하는 마고, 궁희, 소희가 삼신으로서 하나님을 의미하는 삼위일체의 삼신사상(三神思想)이 천지인삼재(天地人三才) 사상으로 발전된 사실은 고조선의 성립 과정에서 환웅, 웅녀, 단군으로 천부신, 지모신, 신인(진인)으로 나타내고 있음에 따라 알 수 있다. 따라서 모계신본주의사회의 원시음양론이나 유습을 원용한 주역으로 발전하였음을 추정할 수 있다.

이는 주역에서 음양교차로 순환하면서 삼라만상이 변화함에 따라, 인간이 천지인삼재(天地人三才)의 주체가 되어 조화를 이루어야 한다고 한 것과 '부도지'에서 모계유일신의 후손인 인간이 하나님의 유시인 '해혹복본'을 이루는 주체라는 점에서 동일하며 우주와 인간이 연동되어 있다고 생각한 모계신본주의사회가 순환 진보를 위해 조화로운 삶을 중시한 점에서도 같음을 이해할 수 있다. 이는 지면 관계상 이정도로 하고 종교 편에서 다시 한 번 구체적 논변이 있을 것이다.

아무튼 고대 희랍의 상대주의 철학은 남녀를 이분법적인 대립적인 관계로 생각하여 힘이 있으면 여성이 주체가 될 수 있다고 생각한 반면, 동양의 음양철학은 음양이 역할만 다를 뿐 본질적으로 값이 같음에 따라 남녀가 상보적인 상생의 관계로 생각하였으며, 조화로운 삶을 위해 필요에 따라 여성이 주체가 될 수 있다고 생각했다. 즉 동양은 음양의 균형을 이루는 중용의 삶을 살아가는 것이 사람의 도리로 생각했던 것이다. 이는 남녀노소의 조화와 천지만물과 조화를 이루는 삶과 배치되는 의도적으로 극단화하여 불안정하게 만드는 것을 악으로 간주한 사실에서 이해할 수 있다.

또한 동양의 음양사상은 순환 진보하면서 환생을 계속한다고 생각했다. 하지만 인간은 생물학적 인간을 이해할 뿐, 스스로 영적 존재임을 알기 어려운 구조에서 살고 있음을 알 수 있다. 예를 들어 영적 존재이기 때문에 첨단과학기술을 이룩했음에도 불구하고, 다윈의 진화론에 근거한 생물학적인 측면에서 단지 머리 좋은 동물로 격하되고 있다는 사실에서 이해할 수 있다. 물론 인생을 살면서 형성된 생물학적 기억은 홀로그램처럼 입체적으로 축적됨에 따라, 순환 진보로써 환생을 할지라도 생물학적 기억이 재생되는 것이 아닐 것이다. 물론 근대사회를 만든 서구가 실증주의에 의한 학문의 발달과 획기적인 과학기술문명을 이룩한 결과로서 홀로그램 기억방식이 만들어짐에 따라 환생에 대한 설득력을 갖추게 되었다.

열린사회

모계신본주의사회는 종교사회로서 공유제를 특징으로 하고 있다. 하지만 부계사회의 등장으로 닫힌사회가 됨에 따라, 경계를 두게 되었고, 지역별로 독특한 문화(생활양식)가 형성되면서 공유제는 퇴출되었다. 즉 모계신본주의사회가 사회질서를 위한 윤리나 도덕률을 첨부하지 않는 나눔이 일상화된 종교사회가 정치사회로 변모하게 된 것이다. 다시 말해서 모계신본주의사회에서 있었던 자유로운 여행과 지식의 공유, 나눔의 삶 등은 전설로 남게 외었음을 말하는 것이다. 베벨은 다음과 같이 쓰고 있다. 즉 "여성은 종전의 주도적인 지위를 잃었다. 그러나 이 옛 풍습에 결부된 종교상의 관행은 비록 그것의 본래적 의미가 퇴색되기는 하였지만 그 후에도 오랫동안 사람들의 마음속 깊은 곳에 남아 있었다. 요즘 들어 이러한 관행들이 지녔던 본래의 의미를 재 규명하려는 노력들이 많이 일어나고 있다."(22) (베벨, p.40)

그리고 모계신본주의사회의 모계유일신신앙은 오늘날의 도덕윤리적 종교와는 다른 생활신앙으로서 비조직적이라는 특징이 있다. 이는 모계신본주의사회의 유습을 오늘날까지 이어져오는 전통 한국의 무교를 참고할 수 있다. 예를 들어 전통 한국의 경우 매일 새벽 자신의 집 장독대에서 정화수와 촛불을 밝히고 가족의 행복한 인생을 기원하거나, 정해진 절기 때 동네나 다른 정해진 장소에서 여제사장에 의해서 종교체험과 신념을 공급받았던 사실에서 이해할 수 있다.

물론 조직화된 종교나 조직화되지 않은 각종종교나 샤머니즘 등에서 다 같이 영적 체험을 하고 있다. 단지 서구의 경우, 조직적이고 특정한 장소를 통해 주기적으로 전도를 함으로써 통치의 수단으로서 종교가 원용됨에 따라 타종교의 영적 체험을 마귀로 폄하하고 있다. 하지만 고대인들이 염원했던 성(聖), 풍요, 불멸, 신화제의, 샤만 등을 현대인 역시 추구하고 있다는 점에서 인간의 종교적 심성은 변함이 없는 것이다. 이처럼 인간은 태생적으로 종교적 심성을 타고 났으며 세상의 인간은 종교적 인간형이 기본적이라는 점에서 영적 존재임을 알 수 있다.

즉 인간은 영적 존재이기 때문에 대다수 사람들이 신을 인식할 수 있는 종교적 심성을 타고난 것이다. 이는 수만 년 전부터 모계사회가 믿었다고 볼 수 있는 인간의 조상신으로서 모계유일신을 숭배했던 마고시대를 통해 이해할 수 있다. 즉 태고로부터 이어진 상징으로나 구전으로 전해진 우주창생의 원리를 구체화한 모계신본주의사회가 인간을 신의 후손으로 믿었던 사실을 말하는 것이다.

이는 모계하나님을 이은 모신이 남신과 여신을 생성하였고, 이후 일부 후손이 지구에서 씨족사회에서 부족사회를 이어서 부족연합국가로 발전, 변화되는 과정을 '부도지'에서 기록한 사실과 고대 한국의 역사서로서 '한단고기' 등을 참고할 때 앞의 사실을 긍정할 수 있다. 하여 부계우월종교가 등장하면서부터 인간 스스로 자연의 일부로서 내지는 유일신의 피조물로서 격하하면서 영적 존재임을 부정하여 비인간적인 행위를 하는 것은 잘못된 것임을 알 수 있다.

아무튼 현대인들이 기성 종교에 대한 불만과 갈증을 갖고 있다. 이는 아마도 종교의 본질인 나눔을 실천하기보다 변명만 늘어놓거나, 상대를 지배하고자 하는 의도인 배타성으로 인해 발생하는 갈등이나, 혼란 등으로 실망을 하게 되었기 때문일 것이다. 이는 부계주의가 지배하는 세상에서 종교는 정치적 수단으로 되었기 때문이다. 다시 말해서 인간의 본질을 구성하는 종교적 심성과 종교적 체험을 통해 발현된 단순한 모계신앙에서 2차적으로 변모한 부계우월종교는 복잡하고 관념적임에 따라 실천하기 어려움을 말하는 것이다.

예를 들어 모계신본주의사회의 기층민과 함께 유습을 이은 전통 한국의 무교의 여제사장인 무당 자체가 '영매자'(신접인)로서 하나의 종단과 마찬가지이며 생활화되어 있음에 따라 조직화가 필요치 않는 반면, 부계우월종교는 교리를 조직 원리로 하여 조직화가 이루어진다는 점에서 정치적임을 이해할 수 있다. 하여 조직종교처럼 정치적인 힘을 갖출 수 없었던 결과 한민족의 전통종교임에도 불구하고, 무속신앙으로 전락한 사실로부터 부계우월 종교가 정치를 위한 수단임을 이해할 수 있다.

예를 들어 무교가 종교의 본질을 이루고 있으며 여제사장과 여사제와 더불어 다수의 신자로 구성되어 있고 유일신종교의 원형으로서 체계적임에도 불구하고, 생태적으로 종교적 인간형인 여성이 정치적으로 무력함에 따라 미신으로 전락된 사실에서 이해할 수 있다. 물론 종교로서 무교는 여성이 주체가 되어 어떤 사람에게는 삶의 궁극적 목적인 행복한 인생을 만들어 준다는 점에서 미신으로만 볼 수 없을 것이다. 물론 모계신본주의 사회의 유일신 원형종교는 부족연합국가가 성립하면서부터 부계유일신종교나 부계유일신종교로 변모하게 되었다. 이는 '부도지'에서 전하고 있는 모계유일신의 후손인 영적 존재가 인간으로 육화되어 순환 진보를 한다고 생각하여 실천을 중시한 모계신본주의사회의 원형종교를 무교가 이었다고 볼 수 있기 때문이다.

적극적 복지사회

모계신본주의사회에서 무한과 극소의 곡선적인 시간을 이해하여 영혼불멸을 믿은 것을 오늘날 과학자들이 주장하는 빅뱅이라는 순간적인 창조의 시간과 이후 지구의 나이가 150억 년이라는 진화론적인 물리적 시간을 구체적으로 이해하게 되어 곡선적인 시간을 이해하게 되었다. 이는 아마도 모계신본주의사회가 내면세계를 통해서 현실을 이해코자 한 결과일 것이다.

예를 들어 수만 년 전 모계사회의 생활양식을 이해할 수 있는 모계신본주의 사회에서 여제사장들이 '해혹복본'의 유시를 위한 '수증'(수행, 기도)을 한 사실에서 이해할 수 있다. 뿐만 아니라 오늘날 우주물리학에서 블랙홀과 빅뱅처럼 극대와 극소를 이루어진다고 하는 것이나, 모계신본주의사회의 원시음양론은 전체에서 수

렴(음)과 확산(양)을 반복하여 균형을 이루어 가면서 순환·진보한다고 생각한 것과 흡사하다. 따라서 종교 자체가 비과학적임을 상기해볼 때, 모계신본주의사회의 유습을 이은 무교를 모계 원형종교로 이해할 수 있다.

아무튼 모계사회는 여성이 분배권을 가진 복지사회로서 공유제를 특징으로 하고 있다. 또한 모권사회는 풍요한 사회였다고 최근에 인류학자들에 의해 밝혀지고 있다. 즉 모계사회는 기아의 공포 속에서 살아가는 야만의 사회가 아니었던 것이다. 물론 모계신본주의사회에서 추방되어 변방의 고립된 일부 미개한 부족도 있었을 것이다. 예를 들어 첨단과학기술시대인 오늘날에도 미개하거나 야만의 삶을 살아가는 부족이 있는 것처럼, 문명의 시원을 이룬 모계신본주의사회에서도 미개한 부족이 있었던 사실에서 이해할 수 있다.

물론 사람의 행복지수나 문명을 자본주의사상으로 평가한 것도 원인이 될 것이다. 하여 대다수 사람들의 일반의사로 나눔을 최고의 덕목으로 설정하여 인생을 스스로 개척했던 모계신본주의사회는 자신들이 누구이지를 알고 어떻게 살아야 행복한 인생을 살아갈 수 있는지를 제대로 알았던 사회로 볼 수 있다. 하지만 부족연합사회로 부계사회가 공고화됨에 따라 잦은 충돌로 인하여 삶에 대한 회의와 더불어 인간을 재창조하는 여성의 지위를 추락케 되었다. 즉 인류의 반인 여성들은 태고로부터 이룩한 모계 선조들의 위대한 유산과 영광을 잊은 채 살게 되었던 것이다. 다시 말해서 부계사회의 등장으로 생태적으로 복지적인 여성들은 비주류로 전락하여 더 이상 영적 존재를 육화하는 모성이 아니라, 부계혈통을 유지하기 위한 씨받이로서 삶을 살게 되었음을 말하는 것이다.

또한 부계사회가 공고화한 후, 온갖 박해를 받았지만 태고로부터 변치 않는 여성의 영적능력과 종교적 심성이 부계우월 종교에서도 신자의 대다수로 채워져 있다. 예를 들어 영적 체험을 하는 전통 한국의 무교는 오랫동안 기성 종교로부터 박해를 받았음에도 불구하고, 배타적이지 않은 특징과 소규모의 사제조직으로 구성되어 오늘날까지 인간을 위로하고 있다는 사실에서 이해할 수 있다. 물론 부계우월적인 조직종교가 지도자와 신자와 일정한 거리를 유지함에 따라 집단적인 반면, 무교는 소집단과 개인의 행복한 인생을 위한 치유와 방향을 제시하고 있기 때문일 것이다.

아무튼 대자연에서 보여주고 있는 순환체계를 단계별 다른 구조로 인하여 직관으로 이해해야 함에 따라, 온전히 이해를 하기가 어려운 것이 사실이다. 즉 이성의 한계를 넘어 직관으로 이해할 수밖에 없는 영역인 것이다. 물론 소수의 사람들은 자신이 누구인지를 수련을 통해서 알고 있으며, 혹자는 유체이탈이나 텔레파시 등의 초능력을 체험하고 있지만 대다수 사람들은 일반적 기억에 머물러 있으며, 전생의 기억이 잠금장치로 인해 체험할 수 없음에 따라, 현실적으로 1회적인 삶을 근간으로 해석하고 살아가고 있다. 즉 사회가 발전하면서 부분이 발달함에 따라, 전체를 인식하기 어려워지고 있는 것이다.

다시 말해서 대다수 사람은 다생의 순환체계를 대자연의 순환을 통해 느끼고 있지만, 현실의 어려움으로 이를 망각하거나 감성이 무디어져서 퇴화되었음을 말하는 것이다. 참고로 동양에서는 사람의 마음과 몸의 결정체인 혼백(魂魄)에 대해서 음의 성질로 혼(넋, 생각)은 본래의 곳으로 돌아간다고 하였으며, 양의 성질로 백(형체, 몸)은 지하에 묻혀 소멸한다고 믿었다. 이는 자녀가 부모보다 먼저 죽으면 가슴에 묻는다고 하여, 모성이 죽으면 죽은 자녀를 가장 먼저 만나 인도해준다고 한 믿음에서 이해할 수 있다.

마지막으로 부계적 가치의 결과물인 생명경시, 양극화, 환경오염, 핵무기, 개인화기의 발달, 자원고갈 등으로 인한 위기를 극복하기 위해 모계가 본능적으로 녹색생명운동을 범세계적으로 펼쳐가고 있음을 볼 때, 여성의 정치력은 지구촌시대를 맞이해서 발현되고 있음을 알 수 있다. 즉 오늘날 세상은 과거처럼 완력으로 지배하는 사회가 아니며, 여성이 생활정치의 주체가 되면 물리적강제력도 수단으로서 통제할 수 있음에 따라, 수만 년의 풍요와 평화로웠던 모권사회와 같은 수준의 정치력을 기대할 수 있는 것이다.

이는 지구촌시대를 맞이한 신인류의 삶을 위해 폭력적, 유사폭력으로서 자본집중, 양극화, 독재적(독선적)인 인간형이 지배할 수 없으며, 민주주의를 공고화하기 위한 새로운 분배양식이 세계화되어야 하기 때문이다. 즉 인류의 이상인 적극적 복지사회의 구현을 위해 모계주의 분배양식을 근간으로 하는 모민주의가 세계화되어야 하는 시대가 되었음을 알 수 있다.

즉 오늘날 모계적 가치를 재조명하여 부계적 가치와 균형을 이루어 인간다운 삶을 살기 위한 물질적 기초를 보장하는 적극적 복지사회가 구현되어야 함을 말하는 것이다. 하지만 부계주의의 결과인 위험한 사회를 극복하기 위해 모계주의를 근간으로 하는 민주주의를 여성들이 중심이 되어야 하는 과제가 남아 있다. 다시 말해서 모계적 분배양식인 나눔의 신념을 구체화한 적극적 복지사회를 구현하는 주체가 되어야 함을 말하는 것이다. 물론 모태로부터 태어난 인간이 오랫동안 여성을 무시한 배은망덕에 대해서 보상이 적극적 복지사회의 구현으로 볼 수 있다. 따라서 태생적으로 복지적인 여성이 '천부인권'을 확장한 '천부소유권'을 쟁취하여 생활정치의 주역이 되어야 하는 것은 당연한 귀결임을 이해할 수 있다.

4. 행복지수가 높았던 사회

태고부터 聖, 풍요다산, 신화와 제의 등을 주관하였던 여성은 부계사회가 등장한 후에도 샤먼, 예언가로서 씨족과 부족의 지도적인 지위에 있었던 사실에서 여제사장의 지위는 절대적이었음을 알 수 있다. 이는 유일신원형종교로서 모계유일신신앙이 오랫동안 사회를 지배했기 때문이다. 그리고 성교권이 여성에게 있었던 관계로 식량과 비례하는 인구를 조절하여 씨족공동체를 유지할 수 있었기 때문에 당시의 생활은 현대인들이 생각하는 것과 다르게 비교적 안정되어 있고 풍요로웠을 것으로 추정하고 있다. 실제 최근에 이르러 근대학설과 달리 오늘날에도 풍요로웠다는 견해를 나타내는 학자가 많아지고 있음에 따라 설득력이 있다.

예를 들어 이기적인 욕망을 동기유발로 하는 자본주의사회에서 빈곤하여 승용차를 갖지 못하거나 인터넷을 할 줄 모른다고 해서 불행한 것은 아니며 단지 불편할 뿐인 사실에서 이해할 수 있다. 즉 제정일치의 모계사회는 종교적 인간형이 주류를 이루면서 수만 년에 걸쳐 행복지수가 높은 사회였던 것이다. 이는 적당한 인구로 풍족한 삶을 했던 모계신본주의사회는 모계유일신을 숭배한 단순한 사회였기 때문이다. 물론 당시의 사회도 각 지역의 발전의 정도에 따라 미개한 부족이나 야만적인 씨족도 있었을 것이다. 이는 오늘날까지 야만적인 집단이나 미개한 삶을 살아가는 원시부족도 남아있음을 볼 때 이해할 수 있다.

대모신 숭배

D. L. 카모디가 고대사회의 유일신으로 위대한 여신(The Great Goddess), 대모신에 대해서 설명하였다. 이는 종교 편에서 설명할 태고의 12한국의 모계유일신으로서 마고하나님을 실증하는 가설로 중요한 의미가 있다.

"첫째, 선사시대(구석기, 신석기)와 역사시대의 초기에 하나의 여신이 숭배되고 있었다는 사실을 보여주는 증거들이 많이 있다. 이러한 숭배관념은 스페인에서 멀리는 러시아까지 널리 펴져 있다.

둘째, 위대한 여신의 이름이 다양하고 또 그 신을 숭배하는 의식도 다양하지만 어떤 공통적인 성격을 발견할 수 있다. 따라서 우리는 공통의 위대한 여신을 숭배하는 종교가 존재하였다고 가정해 볼 수 있다. 여성적인 풍요(뱀, 특정의 나무들)와 관련이 있다고 여겨지는 임신한 여성을 나타내주는 상징물을 통해 위대한 여신을 숭배하는 하나의 종교적 문화, 또는 적어도 문화층이 있었다는 가설은 매우 강력하게 뒷받침을 해주고 있다.

셋째, 이와 같이 위대한 여신을 숭배하는 종교가 널리 퍼져 있었던 이유는 고대인들이 인간의 재생산은 오직 여성의 '창조'에 의한 것이라고 믿고 있었기 때문이라고 가설적으로 생각해 볼 수 있다. 고대인들은 임신한 여성의 배가 불러오고 또 실제로 아이를 낳는 것을 보았다. 따라서 여성의 창조성은 매우 공개적이고 명백하고 분명하였다. 한편 인간의 재생산에 있어서 남성의 역할은 이에 비해 덜 분명하고 감추어져 있다. 결과적으로 또 다른 세대를 위해서 죽음을 극복하는 데 필수적인 성스러운 풍요를 가능케 해주고 표현해주는 인류 생존의 과업은 여성의 역할로 간주되었다.

다시 말해서 출산의 성스러움을 통해서 여성은 위대하고 우주적인 여신의 창조에 동참하고 있다고 여길 수 있었던 것이다. 그리고 모든 인간은 일상적이고 인간적인 것과는 가능한 한 거리가 먼 것에서 자신들의 '신격'을 구성해낸다. 따라서 위대한 여신(대모신)은 고대인들이 가장 신비스럽고 결정적인 것으로 간주하는 인간의 출생에 대한 경험에 의해 생겨난 고대인의 관념을 보여주는 것이라는 설득력 있는 가설을 제시해볼 수 있다."(23) (같은 책 pp.35~36)

이러한 가설과 함께 위대한 여신에 대한 고고학적, 신화적 자료가 풍부하다. 이러한 자료에서 고대종교의 공통점이 발견되는 것은 조상신으로 중간신인 남신, 여신, 부족여신 등으로 다신적인 형태였으며 신격과 역할들이 있었음을 이해할 수 있다. 또한 모계신본주의사회에서 인간 스스로 모신의 후손으로 믿음에 따라 출산하는 모성이 생명의 재창조와 풍요를 가져다주는 신성적인 능력이 있다고 믿었다.

그리고 태고의 모계사회에서 재창조와 생로병사의 중심에 있었던 여성이 우월적인 존재였으며 비범했던 여제사장은 후일 조상신으로 숭배되었다. 즉 '부도지'에서 모계유일신이 모신을 낳고 남녀의 중간 신을 낳아서 신의 세계를 만든 다음, 수많은 영혼과 함께 우주창생을 한 후 영혼이 육화되었다고 믿었으며, 이를 이어주는 중보자로서 여제사장이 순환 진보의 중심에 있다고 전하고 있는 것이다. 예를 들어 무교의 여제사장이 인간을 해치려는 잡신을 꾸짖기도 함에 따라, 일반 혼령이나 보통 신보다 우월한 존재로 생각한 사실에서 이해할 수 있다. 즉 여제사장이 여신의 대변인 역할을 하였던 것이다. 이는 카모디가 인류문명의 초석을 여신이 이루었다는 가설에서 이해할 수 있다.

즉 "수메르, 바빌론, 이집트, 아프리카, 오스트레일리아 그리고 중국에는 세계를 창조한 여신들이 있다. 특정의 문화적 요소를 창조한 여신들이 있다. 예를 들어 인도, 아일레드, 수메르에는 알파벳, 언어, 그리고 문자를 고안해낸 여신들이 있다. 어떤 문화에서는 농약과 의약이 인자한 여신으로부터 시작되었다고 믿고 있다. 수우인디언은 신성하고 아름다운 여신에 의해 들소가 생겨났다고 믿는다. 앞에서 제시한 가설이 맞는다면 우리는 고대의 여성들이 그들 부족의 언어, 농경, 치료에 일정한 기여를 하였다고 가정해 볼 수 있다. 고대인의 심성에 의하면 이러한 행위들은 모두 성(聖)과 관련이 있다. 그리고 이러한 행위가 여신과 관련이 있다는 것은 여성이 여신의 주요한 중재자라는 것을 말한다."(24) (같은 책 pp.36~37)

하여 모계씨족사회에서 탁월한 여성이 씨족의 제사장으로서 추대될 만큼 열린사회였기 때문에 인류문명의 초석을 다질 수 있었음을 알 수 있다. 이는 모계사회가 수만 년을 안정적이고 평화로운 사회를 유지할 수 있었던 것은 충분한 영양과 우수한 체력, 두뇌, 지혜, 복지적 성향 등 모든 면에서 여성이 앞섰기 때문이다. 물론 모계신본주의사회에서 여제사장의 풍모와 능력이 상당했던 사실에서 이해할 수 있다. 하지만 부계사회가 등장하면서 부계혈통주의를 근간으로 하는 세습제(신분제)가 만들어짐에 따라 권력세습을 무능한 자라 할지라도 상속하는 닫힌사회에서 형성된 불안정한 사회에서 여성이 위축되었던 것이다.

즉 부계우월주의가 공고화됨에 따라 불안정한 사회가 되었고 다양한 신앙체계가 형성되었을 것이다. 다시 말해서 부계사회가 부족연합을 이루는 중앙집권적 정치사회가 되면서부터 다신교와 정령신앙, 애니미즘, 토테미즘 등의 범신론적인 종교와 부계우월적인 종교가 만들어졌음을 말하는 것이다. 아마도 이러한 혼란기에 모계유일신종교를 원용한 부계유일신종교가 등장했다고 추정할 수 있다.

예를 들어 부계사회가 태고의 고대 한국의 주변지역부터 서서히 공고화되면서부터 모계유일신종교는 구심력을 잃게 되었고, 동시에 다신교적이고 범신론적으로 변모한 그룹과 모계유일신을 믿던 서이족(유대족)에 의해서 부계유일신종교로 변모한 경우가 될 것이다. 하여 모계신본주의사회가 동양의 경우 원시음양론을 근간으로 한 민본주의사회로 발전된 반면, 서구의 경우 부계유일신이 중심이 된 부계신본주의 사회가 되었음을 이해할 수 있다.

그리고 모계유일신을 숭배한 모계신본주의사회는 씨족의 독자성을 존중한 분권적인 공유제로 필요한 만큼 공평하게 분배한 사회였다. 이는 아마도 당시의 사회가 인구가 매우 적음에 따라 씨족 상호간의 협동이 필요한 상황이었기 때문에 가능했을 것이다. 물론 여타의 동물과 달리 인간 스스로 인생의 주체가 될 수 있는 이성을 가진 고등한 존재였기 때문에 가능한 것들이다. 하여 단순한 사회로서 신앙공동체사회처럼 종교적 신념을 구현하기 위한 '존재의 삶'을 살았다고 볼 수 있다. 즉 모계신본주의사회는 공존을 중시한 사회였던 것이다.

삶의 질을 추구

오늘날의 진화론적 추론으로 현대사회와 모계사회를 비교한다면, 모권사회는 짐승수준의 야만사회로 오해할 수 있다. 그리고 부계주의가 공고화된 세상에서 모계사회에서 우등한 존재였던 여성은 열등한 존재로 전락되었다. 하지만 모권사회가 행복지수가 높았다는 사실을 최근 인류학자들의 주장을 상기해 볼 때 여성이 우등한 존재였음을 알 수 있다. 예를 들어 나눔을 통해 인간 본향으로 되돌아 올 것을 주문한 대모신의 약속을 믿은 모계신본주의사회에서 여성이 우등한 존재였던 사실을 이해할 수 있다.

하여 행복한 인생은 삶의 질로 판단하는 것이 합리적임을 알 수 있다. 예를 들어 인간을 신의 후손으로, 경우에 따라서는 보이는 신으로 대우를 했던 모계신본주의사회가 단지 만 년 이상의 시간이 경과되었다 하여 야만적인 사회로 볼 수 없다는 사실에서 이해할 수 있다. 즉 비록 만 년이라는 시간이 경과했다 할지라도 공유제로 평화를 유지한 인간다운 생활을 하였다면 야만인은 아닌 것이다.

예를 들어 인디언 추장이 쓴 '빠빠라기'라는 책에서 서양인들은 왜 불편한 넥타이를 매고 다니는지를 의아해 했던 것은 문화의 차이일 뿐 결코 야만인이 아니라는 사실에서 이해할 수 있다. 하여 부계사회가 이룩한 대규모 경제와 고도 과학기술문명 등 수많은 결과물들과 문명의 초석을 이룬 모계신본주의사회를 비교할 수 없음을 알 수 있다. 다시 말해서 모성애를 근간으로 하는 모계신본주의사회를 미개한 야만의 사회로 볼 수 없다는 의미이다. 물론 인간의 궁극적인 삶의 목표인 행복한 인생의 척도인 행복지수를 고려할 때 모계사회가 부계사회보다 행복했다는 가설이 학자들에 의해 전개되고 있다.

하여 패션에 의해서 사람의 외부 모습이 바뀌어도 사람의 내면의 본질은 결코 바뀌지 않는다는 사실을 생각해 볼 때, 태고부터 주류를 이루었던 모계적 가치가 근대민주주의 사회를 열어 인류가 획기적으로 발전한 것을 상기해 볼 때, 지구촌시대의 보편적 가치로 민주주의가 공고화된다면 행복지수가 높아질 수 있음을 예상할 수 있다. 예를 들어 공유제를 분배양식을 한 모계사회의 경우, 설화나, 성경 등을 참고로 한다면 평균 수명이 매우 길었던 반면, 독점을 정당화했던 부계사회의 경우, 평균 수명은 고대 그리스의 경우 19세 정도였다고 하며 서구는 19세기에 이르러 23세였다는 사실에서 이해할 수 있다.

이는 자연계가 제한적인 약육강식으로 균형을 이루며 공존하고 있음을 알았던 모계사회는 자연친화적인 사회로서 독점을 금기로 하였던 반면, 부계사회는 무제한적인 절대주의적 독점을 추구한 결과로 볼 수 있다. 다시 말해서 모계사회는 생태계의 피라미드 형 먹이사슬 구조에서 무제한적으로 먹지 않으며 먹을 수도 없는 것을 순리로 믿었던 반면, 부계사회는 자연계의 공존법칙에서 일탈한 삶을 추구했던 결과임을 말하는 것이다.

평화로운 삶

모계신본주의사회의 유습을 이어왔던 한민족의 습속과 역사, 전통문화, 고문서 등을 확보하고 있음에 따라, 모계신본주의사회이전의 인류의 대다수 기간을 점했던 초기와 중기 모계사회를 통찰력으로 이해하는 데 결정적인 도움이 되고 있다. 특히 초기 신라시대의 박제상의 '부도지'에서 태고 모계사회를 이어 부계사회가 등장한 배경에 대해서도 알려주고 있다. 물론 '부도지'는 고대 한국으로부터 이어지고 있는 무형문화재인 무교를 통해서 이해할 수 있다.

또한 모계신본주의사회는 씨족 상호간 네트워크로 이루어진 사회로서 모계유일신의 후손인 중간신과 씨족 모신을 숭배하여 전체와 부분의 조화를 이루었다고 전하고 있다. 이는 씨족 상호간의 존중으로 수만 년에 걸쳐서 평화를 유지하여 오랫동안 사회를 안정되게 할 수 있었던 이유로 볼 수 있다. 물론 평화로운 사회를 유지하기 위한 치안 비용이나 전쟁 비용이 없음에 따라 착취나 수탈의 도미노현상이 없었기 때문일 것이다.

또한 모권사회의 여제사장은 우수한 신체와 지혜로움, 관대한 성품 등으로 인하여 신성한 존재로 인식했다. 카모디는 다음과 같이 쓰고 있다. "특히 여자아이의 출생은 종종 경사스러운 일이었고, 여성은 잘 알려져 있는 종교의식을 거행하고 서기, 의사 또는 상담자의 역할을 수행하였다. 그리고 많은 문화적 유산(예를 들어 오스트레일리아의 남성을 위한 의식들)이 여성에 의해 이룩되었다고 믿었으며, 여성은 사회적으로도 중요한 문제들을 결정하는 모임에 참여할 수 있었다. 이러한 이유로 해서 많은 종교학자들은 위대한 여신을 믿는 문화는 호전적이기보다는 평화 애호적이며 독재적이기보다는 민주적이었다는 의견을 제시하고 있다."(25) (카모디, pp.37~38)

이처럼 모권사회가 인간의 개체성으로 인하여 유발하는 갈등을 완화할 수 있었던 관용적인 사회였으며, 모계신본주의사회가 인간을 모신의 후손이라고 믿음에 따라 인본주의를 근간으로 하는 사회였음을 이해할 수 있다. 즉 모계신본주의사회에서 모계유일신의 후손으로 하늘과 땅 그리고 인간이라는 3요소 중에서 인간이 주체라고 생각했던 것이다. 다시 말해서 모계신본주의사회가 인간을 삼신 중 하나의 신으로 믿었음을 말하는 것이다. 인간의 독립성을 보장하기 위해서 분권적이며 복지적인 사실에서 볼 때 비록 원시적이기는 하나 민주주의의 원형으로 볼 수 있다. 이처럼 모계사회가 수 만년에 걸쳐 이끌어갈 수 있었던 이유가 공존이 전재되어 있는 자연법칙에 충실했기 때문임을 알 수 있다.

우수한 정치역량

인간은 고대 중국의 양자가 주장했던, 이미 인간에게 내재되어 있는 것이 발현되고 있을 뿐이라고 한, '양지론'에 근거한다면, 창조적인 인간 자신을 스스로 영적 존재라 해도 무방할 것이다. 다시 말해서 혹자는 태고의 인간을 고릴라 수준이었을 것으로 증명하려고 노력하지만, 동물들은 문화를 창조한 일도 문명을 이룩한 일도 없다는 사실에서 볼 때, 인간과 동물은 몸을 갖고 있다는 점에서는 생태적인 부분을 비교할 수 있지만, 이성을 갖고 풍부한 상상력과 영감으로 우주를 이해하며 만든 가치를 창조하여 스스로 적응해가는 문화적 존재인 까닭에 오만한 동물과는 비교할 수 없는 영적 존재라는 뜻이다.

즉 인간은 스스로 가장 적합한 생활양식을 창안하여 스스로 복종하는 정치문화나, 자신에게 필요한 재화를 획득하기 위해 도구를 사용하거나, 재창조하는 생산양식이나, 여러 자연물을 조합하고 가공하여 맛있게 먹는 음식문화 등으로 볼 때, 모계신본주의사회가 믿었던 신의 후손임을 긍정할 수 있는 것이다. 하여 인간은 신의 후손이기 때문에 있는 창조력을 비롯해 탁월한 능력은 자기 책임을 전제로 한 특권임과 동시에, 공공선을 이루며 영적 진보를 하기 위해 사용되어야 함을 이해할 수 있다. 문제는 인간이 이러한 의무를 경시하거나 지키지 않았을 때, 하늘이 노하여 천재지변이나 인재로 재앙을 당한다고 경고한 것이 오늘날 환경 악화와 유별난 천재지변 등의 재앙으로 나타나고 있는 것이다.

예를 들어 민주주의가 모계적 가치를 근간으로 하고 있음에도 불구하고 오랫동안 부계주의의 공고화로 반쪽 민주주의에 머물고 있음에 따라, 위험한 사회가 된 사실에서 이해할 수 있다. 이는 부계사회가 공고화되면서 성립한 부족연합국가가 전체주의로서 수천 년에 걸쳐 발달하면서 만들어진 절대봉건제의 부패가 극심하여 근대사회로 자본주의의 양극화를 위한 수단에 머물러 있기 때문이다.

물론 제2차 세계대전 후 수정자본주의로서 소극적 복지사회를 구현하면서 민주주의가 좀 더 공고화되었다. 하지만 지구촌시대는 모계적 분배 양식을 근간으로 하는 적극적 복지사회가 구현되어야 함에도 불구하고, 자본주의를 강화하는 신자유주의로 퇴보하고 있다. 하여 인류의 발전 과정이 구심력과 원심력에 의해 진폭(사이클)을 이루며 진보하고 있음을 생각해 볼 때 민주주의가 공고화되는 '모계민주주의'가 세계화되는 것이 바람직함을 알 수 있다. 즉 지구촌시대를 살아가는 신인류에게 민주주의가 민주적 분배 양식을 위한 절차적 정의로 정치적 의무를 해야 하는 것이다.

다시 말해서 민주정치가 조화로운 사회를 위해 천부소유권'을 보장하는 모계주의와 민주주의가 결합한 '모민주의'로 적극적 복지사회를 구현해야 함을 말하는 것이다. 이는 국가의 근본을 백성으로 생각하고 백성의 뜻이 곧 하늘의 뜻이라고 한 동양의 민본주의가 수천 년 동안 백성의 복지가 국가의 목표(위민보국, 爲民保國)였다는 사실을 상기해 볼 때, 인간의 민주성과 복지는 따로 떼어서 분리할 수 없기 때문이다.

또한 인간의 본질을 구성하는 민주성과 복지 본능은 결코 소멸되지 않으며, 어떠한 형태로 변모하고 재구성하여 진보하고 있기 때문이다. 예를 들어 서구의 경우 비복지적인 자유주의가 복지적인 민주주의와 결합을 해서 비복지적인 사회가 된 결과 제국주의로 인해 유발된 세계 1차, 2차 대전으로 인류가 참혹한 경험을 한 후, 인간에게 복지는 필수적임을 인식한 사실에서 이해할 수 있다. 즉 사회가 발달할수록 모계적 가치인 복지사회로 역사 발전되어야 함을 간과한 결과는 전대미문의 엄청난 대가를 치르게 되었던 것이다.

물론 부계적 가치를 근간으로 하는 자본주의에서 진일보한 수정자본주의(소극적 복지)에서 탈자본주의적인 적극적 복지사회를 구현할 수 있는 모계민주주의 체제로 성립케 하기 위해 민주주의가 정치의무를 다하는 시대로 변모하고 있다. 하여 민주주의가 발전하는 것과 비례해서 생태적으로 민주적이고, 복지적인 여성의 정치적 역량을 크게 강화해야 할 시대가 되었음을 알 수 있다. 따라서 태고부터 주류를 이루었던 모계주의가 부계주의의 등장으로 비주류가 되어있을지라도 종교나 사회제도에서 실제하고 있음에 따라 모계주의와 부계주의가 다 같이 주류를 이루도록 하는 제도적 장치가 있어야 함을 알 수 있다. 왜냐하면 전체주의사회를 벗어나 근대 민주주의 사회가 성립된 것은 불과 얼마 되지 않았음에도 불구하고 여성의 정치적 역량이 엄청난 비약을 한 사실을 상기해 볼 때, 여성이 정치적으로 우수하다는 사실이 입증되었다고 볼 수 있음에 따라 역량을 펼칠 수 있게 제도적 장치를 만들어야 하기 때문이다.

예를 들어 모계사회의 정치역량이 우수했음을 알 수 있는 특징으로서 최근까지 남아 있는 사실을 카모디는 다음과 같이 쓰고 있다. "시에라레온의 아프리카인들도 여성에게 긍정적인 가치를 부여

한다. 이 사회의 여성은 자존심을 지니고 사회적 지위를 누릴 수 있다. 우리의 주목을 끄는 것은 이러한 상황이 종교에 의해서 뒷받침된다는 것이다. 여성과 남성이 모두 특히 성년식에서 볼 수 있듯이 자신들의 삶에 중대한 영향력을 행사하는 비밀결사조직을 가지고 있다.

여성의 비밀결사인 '산데'는 지역에 따라 조직되어 있다. 어린 소녀는 자신의 어머니가 속해 있는 지역의 비밀결사조직에 소속된다.(모계적인 사회 토대이다) 그러나 결혼 뒤에는 남편이 살고 있는 마을로 가서(남성중심의 사회 토대이다) 그곳의 비밀결사에 참여한다. 그리고 일반적으로 출산을 할 즈음에는 자신이 태어난 마을로 돌아오는데 출산을 할 때에는 종종 자신의 성년식을 도와주었던 여인으로부터 도움을 받았다.

이와 같이 이들은 두 지역의 비밀결사에 참여함으로써 한 지역에 한정되지 않고 사회적인 봉사를 하며, 종교적이고 시민적인 영향력을 행사할 수 있는 관계망을 형성하고 있다.… 여성이 비밀결사를 통해서 부족과 언어의 차이를 넘어서 움직일 수 있기 때문에 비밀결사는 부족의 통합에 상당한 기여를 한다.… 젊은 여성이 비밀결사에 들어가는 입문식은 격리와 교육이라는 전통적인 과정으로 이루어 져 있으며… 입문자들의 음핵을 제거하는 의식이 지니는 목적 중의 하나도 이와 같이 남편의 아내들의 유대를 결속시키기 위한 것이다.

이 고통스런 의식은 다른 여자들의 후원 속에서 행해진다. 다른 여자들은 음식, 노래, 춤으로 이 의식의 주인공들을 위로한다. 이들의 관념에 의하면 그녀가 겪는 현재의 고통은 그녀의 앞으로의 풍요 다산을 확실히 해주며, 그녀의 남편에게 자신의 도덕적 사회적 성숙을 보여주는 표시이다.… 이것을 통해서 입문자는 여성의 사회적 지위를 누릴 수 있게 된다고 주장하기도 한다."(26) (같은 책 p.41)

이처럼 모계사회는 마치 오늘날 복지사회를 구현하기 위한 사회안전망처럼 씨족 상호간의 네트워크 조직을 유지한 가운데 여성비밀결사조직에 의해 높은 지위를 유지하였다는 사실을 알 수 있다. 이는 마치 모계신본주의사회에서 있었던 종교경찰제와 흡사하다고 볼 수 있다. 또한 고대 한국(단국)의 모계사회가 씨족을 대표하는 여제사장이 주기적으로 지역별 회의에 참석하여 만장일치에 이르게 토론을 하여 의사결정을 하였던 화백제도를 원형민주주의로 이해할 수 있다.

왜냐하면 씨족의 제사장이 씨족에 의해 직접 추대하거나, 씨족들 간의 연합회의는 대의제민주주의와 유사하며, 이러한 씨족연합의 화백제도는 합의제 민주주의의 성격을 띠고 있기 때문이다. 따라서 여성은 생태적으로 민주적이기 때문에 원시공산제로서 원시복지사회를 구현하였을 뿐만 아니라 모계주의를 근간으로 한 세계화가 가능했음을 이해할 수 있다. 물론 오늘날 여성이 생명녹색운동을 국제적인 NGO(비정부기구)로서 빠르게 성장하고 있는 가운데 헌신적으로 활동하고 있음을 상기해볼 때 민주주의의 정치 역량을 기대해도 좋을 것이다.

5. 모계신본주의사회의 특성

자연법칙에 충실한 사회

태고의 모계신본주의사회가 비교적 풍요했던 공유제사회로서 사색의 시간이 많았을 것이다. 이는 인간만이 문화를 갖고 있으며 고고학적인 유물들의 대부분이 신앙과 관련되어 있다는 사실에서 근거하고 있다. 그리고 모계사회가 스스로 '생로병사'에서 일어나는 의문이나 현실에서 일어나는 문제를 극복하기 위해, 풍부한 상상력과 의문을 풀고자 하는 본능을 충족하기 위해 사회협동을 하였을 것이다. 즉 수만 년에 걸친 오랜 세월 동안 선조로부터 많은 정보와 지식을 전수받고 영감과 체험을 통해서 만물의 척도가 된 것이다.

하여 실험과 오류의 수정 등 수많은 검정과 사색을 하여 인간을 포함한 모든 생명이 평안과 순환을 위해 서로가 돕는 중심에 위치해 있음을 알게 된 사회가 모계신본주의의사회로 볼 수 있다. 즉 이러한 사색과 토론을 통해서 중기 모계사회는 인간을 신의 후손으로 믿게 되었을 것이다. 하여 인간은 스스로 삶을 재창조한 문화(가치, 신념, 질서, 생활양식)에 복종하고 살아가는 문화적 존재임을 알 수 있다. 따라서 오직 생존을 위한 자연계의 질서에 적응하는 기계적인 단순한 삶을 살아가는 동물과 비교할 수 없다.

이는 이성적인 인간은 스스로 창조한 문화로 주체가 되고, 자연은 대상이 되기 때문이다. 다시 말해서 만물의 척도로서 인간은 모든 사물의 본질이나 원리를 이해하여 관계를 설정하는 최고의 지위에 있음을 말하는 것이다. 따라서 모계사회는 종교를 만들고

도구와 기술 등으로 기초를 튼튼히 다진 사회였음을 추정할 수 있다. 그리고 자연계의 제한적인 약육강식처럼 모계사회는 공유제로 소유제한을 한 자연의 법칙에 충실한 사회였음을 알 수 있다.

물론 모계사회의 훌륭한 결과물들은 후일 사유제를 근간으로 하는 부계사회가 등장을 가능케 했던 것이다. 즉 농업혁명을 일으킨 모계신본주의사회에서 잉여생산물을 축적할 수 있는 저장 기술의 발달로 인하여 인구가 증가됨과 동시에 씨족 간의 이해관계로 인한 갈등이 증가됨에 따라 닫힌사회로서 부계혈통주의사회가 등장하게 되었을 것이다. 하지만 부계사회는 부계혈통주의 신분제를 공고히 하기 위해 착취를 구조화하면서 갈등은 심화되었고 대다수 민중이 만성빈곤에 시달린 사회였다. 물론 민중의 빈곤은 집권자의 탐욕과 민중을 통제하는 수단이었기 때문일 것이다.

예를 들어 고대사회의 귀족들은 근친혼으로 권력을 유지코자 함에 따라, 비 혈통적인 모계사회보다 아둔하고 무능한 귀족들로 인하여 분쟁과 부패가 일상화된 사실에서 이해할 수 있다. 하여 사람 역시 먹어야 사는 절박한 약점을 가지고 있음에 따라 짐승처럼 먹는 문제를 통해서 인간이기를 포기할 정도의 억압을 정당화한 성악설적인 사회였음을 알 수 있다.

'해혹복본'의 구현

모계사회가 수만 년을 평화롭게 이어왔다는 점에서 공유제가 인간에게 적합함을 알 수 있다. 이는 모계신본주의사회가 인간의 개인성과 사회성이 균형을 이루게 하여 영육의 조화를 이루게 하였으며, 동료로서 인간 상호간의 연대감으로 인종차별이나 남녀 차별이 없는 가운데 세계를 자유롭게 여행을 하였기 때문이다. 다시 말해서 모계사회는 공유제가 보편적 가치임에 따라 유목민처럼 자유로운 이동과 씨족 상호간에 교환으로 부족함이 없는 생활을 할 수 있었음을 말하는 것이다.

또한 있는 그대로를 받아들이는 직관적인 사회로서, 언어도 단순하여 어느 지역 누구에게나 압축된 언어나, 간단한 수화나, 몸짓(보디랭귀지)으로 의사소통을 하여 세계여행이 가능했을 것이다. 즉 모계사회에서 꽃을 국화라 하여 어떤 종류의 꽃이든 국화로서 통일되어 있었던 것처럼 언어는 은유적이고 단순하여 세상 어디를 가도 소통이 가능했던 것이다.

그리고 모계신본주의사회는 불멸하는 영혼이 순환 진보하면서 어느 정도 경지에 이르면 순환을 벗어나 본향으로 회귀한다고 생각했다. 즉 절대존재로서 모계유일신에 의해 창생이 된 우주의 수많은 별과 행성 중의 하나인 지구에서 식물에 이어 동물이 생성된 후 안정되었을 때 지구에 도래해서 나눔(사랑)을 익힌 다음 본향(상징적으로 북두칠성)으로 되돌아가는 것을 믿으라는 '해혹복본'을 신념으로 하는 사회였다.

아울러 지구는 동물들이 사는 열악한 곳으로 생각함에 따라 본향인 천시(天市)처럼, 지구에 신시(神市)를 만드는 것을 인간의 사명으로 생각하였다. 예를 들어 지구의 동물들은 사람과 달리 독풀을 구분할 수 있는 것이 특별히 교육을 통해서 아는 것이 아니라 자동으로 인식하는 것에 비해서, 인간은 본향이 아님에 따라 자동으로 구분하지 못하고 동물을 통한 경험과 인간의 교육을 통해서만 안다는 점에서 앞의 사실을 이해할 수 있다.

하여 오늘날 인류가 마치 신시처럼 지구촌시대를 열게 된 것은 각자 부족한 부분들을 완성하기 위해서나, 전생에 갈고 닦은 것을 업그레이드하여 전문화하는 등 삶의 과정에서 만들어진 인과를 조율하고 계속 진보한 결과로 볼 수 있다. 물론 인간 개인의 독자적인 코드를 갖고 순환 진보하기 적합한 곳을 선택한다면 대체로 가족으로 재구성될 확률이 많을 것이다. 이는 모계신본주의사회가 인간을 모신의 후손으로 생각한 것을 볼 때, 인간은 중간적 존재로서 수행 과정이 가족을 통해 익혀지고 순환 진보한다고 생각한 사실에서 이해할 수 있다. 즉 생로병사를 함께하며 가장 많은 시간을 갖게 되는 가족을 통해 영적 진보를 한다고 생각한 것이다.

그리고 모계신본주의사회는 생명 자체를 중시하여 동물을 살육할 때 좋은 곳으로 태어나라고 주문하며 간략한 희생제를 치렀던 사실에서 대우주의 순환 체계를 믿었음을 알 수가 있다. 이를 두고 애니미즘, 토테미즘이라고 하여 동물을 숭배한 것처럼 오해를 하고 있다고 볼 수 있다. 물론 부계사회가 되면서 다양한 종교가 만들어졌으며 어떠한 지역에서는 가장 많이 사는 동물을 지명으로 표시하기도 한다.

아울러 모계사회의 희생제가 후일 미개한 부족에 의한 다른 의미로 퇴보된 면도 있지만, 일단 더 많은 동물을 포획하기 위한 의미도 있었던 것을 우크라이나 근처의 부족들에 의해 아직도 사냥 전통방식으로 남아 있음으로 해서 이해할 수 있다. 물론 인류가 동시에 발전되는 것이 아니라 영적 진화가 더딘 사람이나 미개한 부족들의 경우 똑같은 말이라도 전혀 다르게 생각할 수도 있다는 사실에서 이해할 수 있다. 이는 오늘날 인류가 고도 문명사회를 살고 있음에도 불구하고 최근 매체를 통해 아마존과 같은 오지에서는 미개한 생활을 하는 부족이 있다는 사실에서 이해할 수 있다.

농업혁명을 일으킨 사회

우수한 두뇌와 몸을 갖고 태어난 현생인류가 불현듯 출현하여 문화로 삶을 재창조하였다. 또한 화산의 축적된 에너지가 일정한 조건이 갖추어지면 분출되는 것처럼 오랫동안의 모계사회에 의해서 인간의 우수한 점을 육성하고 여타의 생각들을 검증한 후, 모계유일신종교를 만들고 문명의 초석을 다져 농업혁명을 일으켰다. 그리고 동물들의 행동이나 주위 환경의 변화를 통해 징조나 암시를 이해하고 예측하여 길흉을 점치거나, 규칙적인 자연현상을 관찰하여 사물의 법칙을 탐구하였다.

이와 같이 인류는 마치 개인 컴퓨터가 네트워크를 이루어 슈퍼컴퓨터가 되는 것처럼, 사회 협동을 하여 자신의 운명을 개척하는 문화적 존재임을 알 수 있다. 하여 인간이 이룩한 첨단과학기술로 우주 창생의 의문을 풀고 확인하여 개척을 하거나 재창조한다는 점에서 모계신본주의사회가 인간을 모계하나님의 후손으로 생각한 것이나 인류의 오랜 경험으로 형성된 신념인 '해혹복본' 등은 설득력이 있다.

그리고 모계신본주의사회는 인간은 선한 존재임에 따라 갈고 닦아 본향으로 돌아오라는 대모신의 기다림을 굳게 믿었던 사회였다. 이는 인류문명의 시원을 이룬 모계신본주의시대의 유습을 전통 한국의 여인들의 모습에서 찾아볼 수 있다. 예를 들어 할머니나 어머니들이 자신의 집 모퉁이 장독대에서 정화수(새벽의 맑은 물) 한 그릇을 상에 올려놓고 후손을 위해 밤과 낮이 교차하는 새벽녘 어두컴컴할 때 정성을 다하여 천지신명께 나보다 너를, 후손을 위해 아름다운 마음의 씨를 뿌리며 열매가 맺기를 염원했던 것과 대모신이 본향에서 기다리는 것은 정서적으로 동일한 사실에서 이해할 수 있다. 따라서 태고로부터 오늘날까지 변하지 않는 모성애의 본질을 보여주고 있으며, 생활화된 민간신앙으로서 가정을 성소로 이해했던 원본신앙으로 볼 수 있다. 하여 모성애가 신앙으로 변모한 사실에서 원형종교로 볼 수 있으며 필요에 의해서 각색된 종교와는 다름을 알 수 있다.

그리고 모성이 서로 다른 성질을 갖고 있는 남아와 여아를 출산하면서 음양론적인 세계관을 갖게 되었음을 음양이 교차하는 새벽에 모성이 기도를 하였던 사실에서 이해할 수 있다. 물론 후손의 행복한 삶을 위한 정성스러운 염원이 후일 음양론적인 세계관이 만들어진 배경으로 볼 수 있다.

즉 음과 양이 교차하면서 끝없는 순환 진보한다고 생각한 모계신본주의의 원시음양론은 '생로병사'의 중심에 있는 모성의 지극한 정성에 의해 축적되면서 발현되었던 것이다. 물론 당시의 모권사회에서 모성은 지혜와 기술, 지식 등 모든 면이 우월하여 음양사상이 만들어질 수 있었다. 하여 인류가 오늘날 고도과학문명을 이룬 사실을 상기해 볼 때 모계신본주의사회가 다생의 삶으로 영적진보를 한다고 믿은 것은 놀라운 신념임을 알 수 있다. 따라서 모계신본주의사회가 삶을 마치 정거장에서 다음 여행을 준비하는 것처럼 잠시 머무는 곳으로 생각하여 집착으로 인한 과중한 부담이나 격한 변화를 싫어하여 '존재의 삶'을 살았던 것은 오늘날 신인류에게 참고가 됨을 알 수 있다.

절대존재 마고삼신

모계신본주의사회에서 대우주를 인식하는 주체로서 소유주 인간이 하늘, 땅, 사람 등 삼라만상을 대우주로 의인화한 대모신을 태몽에서 인지하는 인격신으로서 마고삼신이라고도 한다. 물론 절대존재로서 하나님은 굳이 모계유일신이나 부계유일신이라고 할 필요가 없겠지만 모성이 인간을 재창조하며 삼신의 점지를 직접 받기 때문에 마고삼신을 모계하나님으로 칭하는 것이 합당할 것이다. 즉 모성의 태에서 인간으로 태어나 우주를 알고 인생을 시작함에 따라 모계유일신으로 정하였던 것이다. 하여 생명의 신으로서 대모신은 인간과 대화를 하는 신이라기보다 삼라만상과 어떠한 현상이나 징조, 영감, 꿈, 이성 등으로 인식케 할 뿐 간섭하지 않으면서 항상 함께하는 친근한 절대존재라고 생각했음을 알 수 있다. 따라서 실제 인간과 함께 생활하는 신은 대모신의 후손으로 중간 신(조상신)임을 이해할 수 있다.

즉 중기 모계사회에서 대모신의 분신인 중간 신(조상신)은 인간과 협력하여 현실에서 부닥치는 문제를 해결하는 존재였던 것이다.

이는 고대 한국(단국)에서 삼신과 다양한 수호신들이 사람들의 처지에 맞게 도와주는 고마움을 기리는 '곰 신앙'에서 이해를 할 수 있다. 즉 부계유일신의 피조물로서 인간은 오직 유일신만을 숭배해야하는 부계유일신종교는 전혀 다른 것이다. 이는 아마도 부계사회의 등장으로 인하여 극단적으로 불안정하고 갈등이 폭발할 지경에 이르렀을 때 대안으로서 부계유일신의 율법이 필요했기 때문일 것이다. 하여 인간적이고 친근한 모계신본주의사회의 신앙체계와 배타적이고 크고 위력적인 절대주의 신관과 근본적으로 다름을 알 수 있다.

그리고 모계신본주의사회는 인간이 순환 진보하는 가운데 지구에서 육화된 것은 나눔의 실천(덕)을 생활화하고 체험하여 본향에 되돌아가기를 염원한 사회였다. 즉 인색함에 대한 벌로써 지구에 태어났다고 생각하였던 것이다. 이는 전통 한국의 설화에서 하느님의 자식으로 벌을 받아서 지상으로 보내졌다고 하는 내용이 많은 것과 유사함을 알 수 있다. 따라서 모래와 자갈을 분리하는 체에서 모래만이 통과하는 것처럼 지구에 머무는 동안 나눔의 공덕을 쌓아 행복한 삶을 살았던 본향으로 되돌아가기를 염원한 사회로 이해할 수 있다. 이는 마치 새들의 경우처럼 적당한 양을 나누어 먹고 저장하지 않음으로써 높이 나를 수 있는 것과 마찬가지로 볼 수 있다. 이는 신약성경에 교훈 이상의 의미를 갖고 있는 '부자가 천국에 가기는 낙타가 바늘구멍을 통과하기보다 어렵다'고 한 사실에서도 이해할 수 있다.(종교 편을 참고)

하여 모계신본주의사회는 자연생태계와 부합되는 합리적인 사회였음을 알 수 있다. 오히려 부계사회가 등장하면서 형성된 공포정치로 이합집산의 과도기 과정에서 패망한 부족(패족)이 흩어지면서 원시적인 삶으로 퇴보하거나 야만사회가 되었다고 할 수 있다. 이는 모계신본주의사회에서 동물을 섭취할 때 희생제를 하면서 진보하기를 기원했던 사실을 볼 때 순환·진보를 이해한 사회로 볼 수 있기 때문이다. 이처럼 고대 여성들의 현명하고 지혜로웠던 삶을 카모디는 다음과 같이 적고 있다.

"여러 가지 다양한 문화적 기능을 가지고 있는 비밀결사의 예를 보면 고대 여성들은 자연적인 삶을 살고 고대의 남성들은 문화적인 삶을 산다는 인류학적 주장이 별로 설득력이 없다는 것을 알 수 있다. 비밀결사를 통해서 여성은 사춘기부터 출산 때까지 자신들의 자연적인 본능을 문화적으로 통제하는 방법을 배운다. 이 지역의 여성들은 난잡한 성관계를 가지는 것이 금지되어 있으며 위생적인 방법에 따라 자신들의 아이들을 낳아서 길러야 한다. 따라서 여성이 자연적인 삶을 본능적으로 산다고 할 수는 없다.

그리고 비밀결사는 자의적인 조직체이며(분명히 문화의 일부분이다) 이것을 통해서 여성은 자신들의 삶을 인도하고, 자신들의 전체부족사회를 규정짓는 중요한 규범들을 능동적으로 만들어낸다. 이 지역의 여성들은 자존심과 존엄성을 지니고 살 수 있는 것이다. 여성들은 비밀결사를 통해서 여성이 되는 것이 인간이 되는 완전한 방법이며 풍요와 질서의 신성한 존재와 제한 없는 관계를 맺을 수 있는 방법을 배운다."(27) (카모디, pp.41~42)

존경받은 모성

모계신본주의사회는 여성이 약간 우월한 가운데, 남녀 동수가 참여하여 의사 결정을 하였으며, 원시음양사상이 세상을 해석하는 기준이 된 사회였다. 그리고 모성이 양성을 낳음으로써 양성을 출산과 양육을 함으로써, 균형 잡힌 생각을 하였으며 남성들도 모성을 생명의 순환 창구로 생각하여 사람이 죽으면 모성이 저승으로 인도한다고 생각했다. 이는 부모보다 먼저 자녀가 죽으면 부모의 가슴에 묻는다는 말로 나타나고 있다.

카모디는 다음과 같이 쓰고 있다. 즉 "기본적으로 고대 여성들은 활력과 위엄이 있었다. 왜냐하면 고대사회에서는 또 다른 세대를 존속시키기 위한 노력이 무엇보다도 중요하였기 때문이다. 여성의 자궁은 인류를 존속시키는 풍요의 힘을 지니고 있다. 인류가 그러한 풍요의 힘과의 관계를 상실할수록 그리고 풍요로운 우주와 멀어질수록 여성은 종교에 의해서 부여된 지위를 상실하게 되었다." (28) (같은 책 p.45)

그리고 이성적인 존재로서 인간은 어머니를 존경하는 특징이 있다. 이는 모성애가 신의 본질과 흡사한 것으로 모성애는 인간에게 내재된 영적장치를 열어 신을 인식할 수 있게 하기 때문이다. 하여 인간의 영적 감수성과 종교적 심성이 모성애에 의해서 열리고 발현된 결과임을 이해할 수 있다. 참고로 태고로부터 생명을 재창조하는 여성들이 신앙의 중심이었으며 부계우월 종교가 성립되었음에도 불구하고 오늘날까지 대다수 여성들이 신자로 구성되어 있다. 이는 늑대소년 이야기에서 다시 한 번 논변이 있을 것이다.

또한 모계사회가 사회적 약자를 위한 배려에 목적으로 수만 년간 공유제 분배양식을 보편적 가치로 하였다. 이는 우수한 두뇌와 훌륭한 신체를 갖고 있는 인간은 공존을 중시하는 이성적인 존재이기 때문이다. 물론 인간은 선한 존재에 따라 근대사회를 만들 수 있었으며 획기적인 인권신장과 첨단과학기술문명을 가능케 했을 것이다. 이는 아마도 인간이 모성의 태와 품에서 선한 존재로 양육되면서 영적 감응장치가 열리게 되고 조상신(수호신)의 보살핌을 받고 있기 때문일 것이다.

하지만 모성애로 발현된 종교는 부계사회의 등장으로 부계우월주의에 의해 각색됨에 따라 나눔은 명분으로만 있게 되었으며, 모신의 후손으로 인간은 영적 존재가 아닌 머리 좋은 동물 정도로 폄하하는 경향이 있다. 즉 부족연합국가가 성립된 후에도 종교를 여성이 주도하였지만 지역 환경이나 역사적 배경, 생존전략, 문화적 차이 등에 의해 각양각색의 부계우월 종교가 난립하게 됨에 따라, 세상은 온통 신들의 전쟁처럼 변모한 결과일 것이다. 하여 부계사회에서 종교전쟁을 정당화한 것은 의식을 지배하는 종교를 정치적 목적을 위한 수단으로 활용한 결과임을 알 수 있다. 물론 종교와 전쟁은 어울리지 않는 합성어이다.

따라서 씨족과 부족연합이라는 복합적인 사회를 형성한 부계사회가 이질적인 신앙이나 습속을 극복하기 위한 과정에서 종교전쟁이 빈번했음을 이해할 수 있다. 다시 말해서 폭력과 유사 폭력인 기아의 공포와 종교의 사랑이라는 두 축으로 소위 '공포와 사랑', 정치적으로는 '당근과 채찍'이라는 상반된 내용의 중심에 종교가 있음을 말하는 것이다. 예를 들어 부계사회는 정치와 심지어 종교에서도 공포나 채찍이 더 많은 공포가 만연한 사회였던 사실에서 이해할 수 있다.

모계신본주의사회의 쇠락

부계사회의 등장으로 나눔을 본질로 하는 종교가 통치 수단으로 되거나, 경우에 따라 착취의 수단이 되기도 하는 등 종교가 세속화되었다. 다시 말해서 모성애를 근간으로 만들어진 원형종교보다 남성이 출산을 체험할 수 없는 상태에서 만들어진 부계우월 종교는 실용적임을 말하는 것이다. 즉 모성의 출산과 양육의 과정을 통해 모성애가 발현되며 신생아는 모성을 통해서 신의 본질을 체험한 것과 부계의 작위적인 신 관념과 다른 것이다. 이는 모계사회의 종교는 모성애를 근간으로 하는 보살핌, 부드러움, 박애, 나눔, 순환 진보 등 긍정적인 것을 본질로 이해했던 반면, 부계우월종교는 인간에게 신을 공포의 대상으로 했다는 점에서 근본적으로 다름을 이해할 수 있다.

즉 모계사회가 신을 현실적으로 이해할 수 있게 도운 비범한 사람(성현)을 존경하여 추종한 인본주의 사회였던 것이다. 하여 모계유일신종교를 원용한 부계유일신종교와는 근본적으로 다름을 알 수 있다. 이는 모계신본주의사회는 완만하여 직관적, 입체적인 사고로 내면탐구의 기술이 발달했던 반면, 부계사회는 불안정함으로 인하여 유발된 조급증으로 내면 탐구가 어려웠기 때문일 것이다. 예를 들어 사람의 시야가 정지해 있을 때 시야가 약 200도 이상을 볼 수 있지만 자동차로 빠르게 속도를 낼수록 시야가 좁아지는 현상에서 이해할 수 있다.

다시 말해서 정치사회로 변모한 부계사회에서는 종교사회였던 모계사회보다 영적 체험이 힘들게 되었음을 말하는 것이다. 이는 모계신본주의사회가 인간이 육적으로는 자연계의 일부이지만, 영적 존재로 인식함에 따라 내면탐구를 통해 외면을 이해했던 반면, 부계사회는 별개의 영역으로 생각한 결과로 볼 수 있다.

다시 말해서 모계신본주의사회는 빙산의 일각과 같은 가시적인 부분과 보이지 않는 훨씬 큰 빙산의 뿌리와 같은 내면세계까지 인간의 영역으로 생각했던 것이다. 이는 아마도 학습효과라기보다 빙산의 예처럼 신의 후손이기 때문일 것이다. 물론 인간이 주체로서 진리탐구의 욕구와 영감을 느끼는 독특한 존재라는 점에서 합당한 견해로 볼 수 있다. 이는 직관이 발달한 모계사회가 오늘날 150억 년의 물리적 거리인 우주의 끝을 넘어 시공을 초월하는 다른 차원과 교류한다는 의미가 있는 텔레파시나 초능력으로 영감을 주고받는 사실에서 이해를 할 수 있다. 예를 들어 모계신본주의사회는 몸이 소멸될지라도 물리적인 시공의 제약을 초월한 영혼은 3차원에서 육화되고, 순환·진보함을 믿은 사실에서 이해할 수 있다.

하여 모계신본주의사회는 인간이 인생을 살면서 쌓아놓은 결과에 의해서 다른 차원으로 이동한다고 믿었던 것을 상기해 볼 때 종교적 상상력이 풍부한 사회였음을 알 수 있다. 물론 고대 중국의 전한의 동중서(BC 179~104)가 몸의 작은 뼈가 366개로 1년 365일과 동일하다거나, 손가락이 10개이며 인간의 재창조가 10개월에 완성되어 출산되는 등 인간을 통해서 대우주나 자연법칙을 이해한 것 등은 수학적으로는 다른 차원을 이해할 수 있지만 실제로 차원이 다른 영역의 삶을 밝히는 데는 앞으로 인간이 풀어야 할 숙제이다.

선함을 배양한 사회

대다수 사람은 선량하고 양심적이며 다툼을 싫어하는 까닭에 제3자인 공동체에 판단을 구하여 갈등을 해결하고 있다. 즉 인간이 사회적(정치적) 동물임을 말하는 것이다. 이는 우리가 견해차로 인한 분쟁이 발생했을 경우 '누구의 잘못인가, 하고 길을 막아놓고 사람들에게 물어보라'고 하거나, 개인이 아닌 집단 간 수탈이나 살육을 할 경우, 양심의 괴로움을 제3자인 국가에 전가하면서 스스로 위로하는 표리부동한 점 등에서 이해할 수 있다. 하여 생태계 파괴, 양극화, 인간성 황폐화로 인한 흉악범죄의 기승 등 인생을 참담하게 하는 위험한 사회로 퇴보한다면 좋은 정치경제제도가 만들어져야 함을 이해할 수 있다.

예를 들어 오늘날 인간 상호간의 불신과 더불어 타인에 대한 배려가 없는 극단적인 경향으로 인해 법률이 폭발적 증가함에도 불구하고, 오히려 권리 충돌로 인한 위험한 사회가 된 사실에서 이해할 수 있다. 또한 자본주의적 양극화 현상이 인간 상호간의 불신과 고통으로 인간의 사회적 책임을 망각하는 가운데, 환경오염, 갈등의 폭발과 범죄의 흉포화, 반사회적 범죄의 조직화, 지능화하는 등으로 사회적 비용의 천문학적 증가를 감당할 수 없는 상황에 이르게 하고 있다.

그리고 행복한 인생을 살고자 하는 인간의 염원과 배치되는 지나친 생존경쟁으로 인해 유발되는 가족 해체나, 선을 지향하는 순환진보와 역행하는 짧은 인생을 마감하는 사람이 폭발적으로 증가하고 있다. 하여 태고 모계사회가 순환 체계를 상징으로 압축하여 전달하였고, 모신의 후손으로서 존엄성을 유지하기 위한 공유제나, 수많은 경험과 농사기술, 농기구의 발명, 문자의 발명 등으로 인류가 문명을 이룩할 수 있는 기초를 확립한 것을 상기해본다면, 모계적 분배양식인 '모민주의' 정치경제제도가 세계화되는 것도 바람직함을 알 수 있다.

뿐만 아니라 모계신본주의사회가 우수한 여성들에 의해서 농경정착을 시작했던 중기 모권사회에서 모성들은 출산양육, 씨족복지, 모신숭배, 길흉화복을 예측하는 점술, 씨족 간의 기술교류, 의료행위 등을 하며 씨족의 중심 역할을 하였고, 남성들은 농사, 목축, 사냥, 땔감 확보, 건축 등 단순노동을 하며 모계를 보조한 사실은 참고가 될 것이다. 하여 오늘날 양극화나 비복지적정책, 가공할 무기체계 등으로 위험한 사회를 만들고 있는 부계적 분배양식이 자본주의에서 벗어나는 것도 바람직함을 알 수 있다. 따라서 인간존엄을 구현하기 위해 적합한 모계주의 분배양식이 보편적 가치로 되는 것이 합리적임을 이해할 수 있다.

내면탐구의 생활화

모계신본주의사회가 신을 인식하는 존재인 인간을 모신의 후손으로 믿었던 것은 마치 땅속의 씨앗이 때가되어 적당한 조건에 이르면 발아되는 것처럼 인간에게 내재된 영적장치가 열리고 자연적으로 발현된 것으로 볼 수 있다. 즉 태초의 모계원본신앙은 필요에 의해서 만들어진 실용적인 신앙인 것이다. 이는 아마도 태고로부터 비범한 여제사장의 출산 과정에서 있었던 복식호흡과 좌선으로 내면을 탐구한 결과로 볼 수 있다. 다시 말해서 직립보행을 하는 인간의 신체구조에서 완벽한 자세이며 내면탐구의 기술 중의 하나로서, 오늘날 '선'(禪)이라고도 하는 좌선으로 평온한 가운데 내공을 쌓은 결과라는 의미이다. 따라서 내면의 세계를 이성과 감성내지는 직관으로 이해하여 표현할 수 있는 비범한 모계 종교지도자의 탄생으로 원형종교가 구체화되었음을 알 수 있다.

즉 모계신본주의사회에서 삼신의 의지로 하늘이 열리고 땅이 만들어졌으며 후일 안정된 후 인간이 살게 되었다고 믿었으며, 남녀의 결합으로써 재창조된 인간은 본향으로 되돌아가기를 염원한 사회였던 것이다. 다시 말해서 몸은 마음을 담는 그릇처럼 생각하여, 마음은 내용물로서 변화무쌍함에 따라 나눔의 실천을 통해 마음을 갈고 닦아서 되돌아가야 한다고 생각한 것이다. 이는 아마도 영혼이 정적이고, 마음은 동적으로 생각함에 따라, 영적인 것의 진화는 현재 실존하고 있는 마음에 의해서만 가능하다고 믿었기 때문일 것이다. 즉 현실세계에서 나눔으로 마음을 연마해야 본향으로 도달하게 될 수 있다고 믿은 것이다. 이는 모계신본주의사회가 개인의 욕구를 한발씩 양보하여 사회적 약자를 보호한 공유제를 한 사실에서 이해할 수 있다.

하지만 부족사회로 규모가 커짐에 따라 부계의 지위가 상승하여 공동 재산의 관리를 맡게 되면서부터, 모권은 쇠락하게 되었으며 부계를 보조하는 입장으로 변모하였다. 즉 문명의 시원을 이룬 모계신본주의사회는 닫힌사회(신분제)로 발전한 부계사회에 의해 소멸되었던 것이다. 물론 부계사회의 등장으로 생태적으로 우월해야 가능한 여성의 출산과 우수한 인간성으로서 모성애에 의한 양육, 복지적 성향 등은 인류가 지향해야 하는 훌륭한 것임에도 불구하고 오히려 약점이 된 모순으로 가득한 사회가 되었다.

예를 들어 모계사회에서는 10개월간의 과정을 거치는 출산을 기적으로서 생각했던 반면, 부계사회는 정복자나 국가 시조의 탄생설화에서 알이나 특수한 방식 등에 의해서 태어났다고 주장하여 출산의 경이로움을 남성들은 애서 외면하려 하였던 사실에서 이해할 수 있다. 또한 부계혈통주의를 근간으로 하는 사회에서 승리한 집단이 영원히 지배하기 위한 제도를 지속적으로 생성하며, 불공평함을 정당화함에 따라 여성은 퇴보하게 되었다. 다시 말해서 부계사회가 단순히 생존 경쟁을 넘어 합법적인 수탈조직에 참여해야만 하는 사회로서, 마치 홉스가 말한 '만인에 대한 만인의 투쟁'의 상태와 같은 험악한 사회에서 여성은 진보할 수 없었음을 말하는 것이다.

이는 부계주의의 등장과 함께 통찰, 용서, 호기심, 개방, 아름다운, 인내, 친화력, 공정, 활력, 겸손, 자율성, 영성, 평화, 창의, 양보, 진지함, 유머, 나눔, 봉사, 사랑, 희망 등 긍정적인 용어보다, 부정적인 용어인 전쟁과 불안정, 증오, 공포, 폭력, 비평화 등이 지나치게 많아지고 있다는 사실에서 이해할 수 있다. 이는 어떤 심리학 부정적인 용어가 많아지는 만큼 여성의 삶은 고통스러웠음을 말하는 것이다. 따라서 부계적 가치가 주류를 이루는 사회에서 모계적 가치는 명분으로 작용함에 따라 실리를 위한 새로운 정치경제제도가 성립되어야 함을 알 수 있다.

Ⅲ 부계사회

1. 부계사회의 등장

모계에서 부계로

모계신본주의사회는 자유로운 여행으로 다른 씨족과 교류를 통해서 견문이 넓어졌고 지식을 공유한 사회였다. 이로 인해 정착농이 가능하게 되면서 만들어진 잉여생산물의 처분이나 교환에 따른 관리나 저장을 하는 새로운 직업이 필요하게 되었다. 이는 노동의 분화가 중간 단계 이상으로 발전함에 따라, 이해관계로 인한 갈등이 심화되면서 부계사회가 등장하게 된 원인으로 볼 수 있다. 이어서 후기 신석기에는 각 씨족이 연맹체를 형성하여 부족사회를 이루었으며, 이어서 부족집합사회로 발전하기에 이르렀고, 후일 여러 부족집합사회를 합친 부족국가가 성립되었다. 그리고 전체주의로서 부계주의가 주류를 이루는 부계사회의 등장으로 정교 분리가 되면서 계층의 분화와 계급이 발생하면서 정치적 사회가 되었다.

뿐만 아니라 부계사회는 승리를 신의 축복처럼 포장하여 패자로 하여금 웅장한 건축물을 만드는 데 동원하여 소모하거나 모든 면에서 착취를 하여 영원한 약자로 만들려고 노력을 하였다. 이는 타인이 생산한 것을 빼앗거나 빼앗기지 않으려는 분쟁이 일상화됨에 따라 청동기와 철제무기가 빠르게 발달케 한 원인으로 볼 수 있다. 하여 부계사회가 공고화될수록 착취와 약탈 등이 심화됨에 따라 유발된 불안정한 사회를 극복하기 위해 중앙집권적인 부계국가로 발전하였음을 이해할 수 있다. 이후 화폐경제가 권력의 독점을 가능케 함에 따라 만들어진 신분제가 공고화되면서 발생한 패권적인 충돌이 민중들을 소모적인 존재로 만들어갔던 것이다.

베벨은 다음과 같이 쓰고 있다. "사유재산이 발생하고 또 그에 따른 상속권이 계속 세습됨에 따라 계급분화가 일어났다. 곧이어 계급들 사이에 모순이 발생해 서로 대립하게 되었다. 가진 자들은 차츰 무산자들에 맞서 긴밀한 동맹을 맺기 시작하였는데 그 지배계급은 무엇보다 먼저 이 새로운 공동체에서 관리적 지위를 장악하려 하였고 또 이를 세습시키려 하였다. 필요 때문에 불가피하게 등장된 화폐경제는 그 이전에는 생각지도 못하였던 임대관계를 발생시켰다."(29) (베벨, p.57)

아무튼 세상은 2500년을 전후로 이미 기존해 있었던 사상을 좀 더 구체화한 고대 중동의 헤브라이즘(부계신본주의)이나, 고대 희랍의 헬레니즘(인본주의)과 인도의 불교나 고대 중국의 도교, 유교 등이 등장하면서 인류는 커다란 변화를 하기 시작했다. 즉 간빙기가 끝나면서 지구 환경이 좋아짐에 따라, 발달한 농업기술과 인구가 급격히 증가하였던 것이다. 특히 식량생산보다 빠른 인구 증가로 인한 충돌과 더불어 전쟁에 동원되는 병력이나 노동력, 병력의 훈련과 군수물자, 부상자치료 등 사회적비용이 폭발적으로 증대된 사회라고 할 수 있다.

그리고 전쟁을 통해 남성들의 체력이나 지식이 증대되는 만큼 상대적으로 여성의 지위가 급속히 쇠락하게 되었음을 이해할 수 있다. 즉 잦은 전쟁으로 부계혈통주의의 강화와 남성의 지위가 향상되면서 여성의 지위가 하락했던 것이다. 이처럼 여성들은 지위가 하락되면서 상속에서 제외되었음을 베벨의 글에서 알 수 있다. "로마 씨족사회는 부권제사회로서 여자는 결혼하게 되면 아버지나 아버지 형제들의 재산을 상속할 권리를 박탈당하였다. 기혼녀는 그녀의 씨족 재산에서 제외된 것이므로 그녀의 자신은 물론 그 자식들도 그녀의 아버지나 아버지 형제들의 재산을 상속받을 수 없게 되었던 것이다."(30) (베벨, p.59)

또한 부계국가는 항상 승리자가 권력, 부, 명예까지 독차지하였으며 전쟁에서 승리한 경우 자국의 감독관을 파견하여 군마를 공출케 하거나, 경제의 근간이 되는 수만 명의 기술자와 생산 집단이나 여성을 노예로 하는 등 여러 방법으로 전쟁으로 인한 손해배상 비용을 물게 하거나, 수탈로 기아의 공포를 느끼게 할 만큼, 절대빈곤의 삶에서 벗어날 수 없게 하는 등으로 초토화하여 회복 불능의 상태로 만들었다. 즉 부계사회는 힘이 없으면 그에 상응하는 만큼 수탈이나 착취를 당하거나, 힘이 있으면 먹이사슬의 최고 위치에 도달하기 위한 끝없는 착취를 하는 신분제 사회였던 것이다.

이에 대해서 베벨은 다음과 같이 쓰고 있다. "국가가 발생하였으니, 이는 새로운 사회조직에 의해 유발된 대립적 이해들 때문에 나타난 필연적 산물이었다. 지도층은 자연히 이 국가의 창설로 최대

이득을 누리고 자신들의 사회적 권력으로 막대한 영향력을 행사하고 있던 부자들에 의해 장악되었다."(31) (베벨, p.58) 이는 제정일치의 종교사회였던 모계신본주의사회가 퇴출되면서 등장한 부계사회는 종교가 정치적 수단으로 변모한 정교분리사회가 되면서 정치적인 사회로 변모하였기 때문이다. 즉 부계국가는 부족들 간의 치열한 전쟁과 내부의 투쟁 등을 통해 이루어져 원한을 만들어내는 사회였던 것이다. 하여 인류최초의 국가로서 고대 한국(단국)이 모계씨족 상호간에 네트워크적 교류를 하였던 종교제국의 성립배경과 다름을 알 수 있다.

이는 제정일치의 모계신본주의사회에서 의인화한 인격신으로서 모계유일신을 숭배했던 것과 고대 이집트의 경우 가시화된 태양을 절대존재로 숭배한 것을 비교함으로써 이해할 수 있다. 즉 고대 한국이 인격신으로서 모계하나님을 믿은 종교제국이었던 반면, 주변부였던 고대 이집트가 피조물인 태양을 절대존재로 생각하여 인간 스스로 객체가 된 것이나 다양한 종류의 자연신을 믿은 사회였다.

다시 말해서 모계신본주의사회에서 인간을 대모신의 후손으로 믿고, 삼라만상의 주체로 믿었던 것과, 태양신을 대리한 절대군주의 명령에 사람들은 복종해야 한다고 생각한 것은 근본적으로 다름을 말하는 것이다. 예를 들어 고대 이집트의 파라오(태양의 아들, 왕)는 태양신에 의해 권력을 부여 받았다고 하는 '왕권신수설'과 대모신의 후손으로 인간은 누구나 삶의 주체가 된다고 한 것과는 서로가 상반되는 사실에서 이해할 수 있다. 또한 모계신본주의사회는 대자연을 영혼을 담는 그릇으로 생각함에 따라 마치 운전

자가 자동차의 수명이 다하면 폐차하고 새로운 자동차를 사용하는 것처럼 다양한 형태로 여러 곳을 살아가는 다생의 삶을 믿었던 반면, 부계사회는 인간을 자연의 일부에 지나지 않다고 생각하여 자동차처럼 소모적인 존재로 생각한 것과 다른 사실에서 국가 성립의 배경이 다름을 알 수 있다.

관념의 발달

인간은 문화적 존재임에 따라 뚜렷이 동물과 구별되고 있다. 즉 동물도 죽음을 두려워하고 기아의 공포와 고통을 알고 있으며 희로애락이 있지만 문화가 없다는 것이다. 예를 들어 태고로부터 이어져온 신앙은 오늘날까지 이어지고 있으며 삶의 궁극적인 삶의 목표를 종교에서 찾고 있지만, 동물들은 현재까지 아무런 변화가 없다는 사실에서 알 수 있다. 특히 태고로부터 인간은 태생적으로 종교적 심성을 갖고 있으며 인류사의 대부분을 차지하는 모계씨족사회가 종교사회였던 것을 상기해 볼 때, 종교와 함께한 인류는 신과 필연적인 관계였으며 동물과는 비교할 수 없는 존재임을 알 수 있다. 물론 모계신본주의사회가 인간을 신의 후손이라고 믿었던 이유로 긍정할 수 있는 것이다. 카모디는 다음과 같이 쓰고 있다.

"고대인들이 일반적으로 성을 남성이면서 동시에 여성인 양성구유(兩性具有)적인 것으로 본다는 사실이다. 사실 양성구유는 전체성, 힘 그리고 자율성을 의미하는 고대의 보편적인 형식이다. 성스럽고 신적인 것이 궁극적인 힘과 지고의 존재로 보이기 위해서는 양성구유적일 수밖에 없었을 것이다. 그러나 이러한 형식이 각각의 성을 배제하는 것은 아니다. 왜냐하면 성의 구분은 이러한 원초적인 양성구유에서 나온 것이기 때문이다. 성의 구분은 이차적으로 또는 시간적으로 후대에 이루어진 것이다. 따라서 천부신과 지모신은 모두 양성구유적이고 똑같이 중요한 신적 존재이다. 결과적으로 고대인들은 남성과 여성을 모두 초월하는 원초적 신비가 남성과 여성의 성질을 똑같이 그리고 동시에 지니고 있다고 믿었다고 말할 수 있다."(32) (카모디 같은 책 p.26)

이처럼 모계신본주의사회는 남성이 없이도 특별한 능력이 있는 여성의 경우 양성을 출산할 수 있다고 생각한 까닭에 모성이 사회의 중심이 되었고, 하나의 모성에서 양성이 분화된 사실은 객관적인 사실임에 따라 이를 근거로 역 추적한다면 하나의 정점에 이르는 '대모성' 삼신을 모계유일신으로 생각했음을 이해할 수 있다. 즉 하나의 모성에서 분화된 양성이 결합으로 새로운 양성을 끝없이 재창조하는 모성을 순환·진보를 이루는 축으로 이해했던 것이다. 따라서 양성구유적인 모계사회는 모성을 중심으로 한 실존적인 신관을 갖고 있었지만, 후일 부계사회는 관념적인 신관으로 발전하였음을 이해할 수 있다.

인구의 폭발적 증가

고대사회는 모계가 종교를 독점하였지만 부계사회가 공고화되면서 남성도 여성사제와 마찬가지로 샤먼을 통해서 우주적인 신비함과 성스러운 영적 체험을 하게 되었다. 이는 지금으로부터 5,500년 전부터 종교에서 정치가 분리됨에 따라 부계가 정치를 담당하고 모계가 종교를 담당하여 역할 분업을 하기에 이르러 부족사회는 모계와 부계의 갈등으로 커다란 변화를 겪게 된 사실을 다음 인용문에서 이해할 수 있다.

즉 "지금부터 5,500년 전 후기 석기시대에 이르면 사회성격에 변화가 일어난다. 외형적으로는 여러 부족들이 연맹체를 형성하여 부족집합사회 또는 추방사회(酋邦社會)가 출현하게 된다. 이 사회단계에서는 부족 내의 구성원 사이 및 연맹부족들 사이에 경제적인 빈부의 차이와 사회적 신분의 차이 등 계층분화가 일어났다. 연맹부족들 가운데 세력이 강한 부족이 최고 지배부족이 되었으며 그 부족의 족장이 그 사회를 통괄하는 추장이 되었다."(33) (이명도, 최태영 공저, 『한국 상고사 입문』, 고려원, 1989, p.31)

또한 "부족집합사회에서는 점을 쳐서 신의 뜻을 파악하는 종교적 권위자가 출현하였는데 그는 추장과 결합하여 추장의 정치권력을 강화하는 보조적인 역할을 하였다. 그리고 이 시기부터 전쟁이 출현하고 조직적인 장거리 교역이 행해지며, 기술의 전문화에 따른 직업의 분화가 일어났다.…

부족집합사회는 인류사회에 계층분화가 일어나는 시기라는 점에서 이전 단계의 사회와는 근본적인 차이가 있으며 사회발전상의 분기점으로서 역사적으로 중요한 의미를 지닌다. 부족집합사회 다음의 사회는 국가단계의 사회가 되는데 여러 개의 부족집합사회가 또 다시 연맹체를 형성하여 국가가 성립됨으로 개개의 부족집합사회는 각 지역의 정치단위로서 제후국으로 변모하게 되는 것이다." (34) (『한국 상고사 입문』 같은 책, p.32)

이처럼 모계신본주의사회가 이룩한 농업혁명으로 인한 폭발적 인구 증가는 수많은 분쟁과 이합집산의 혼란으로 인한 기아와 폭력의 공포가 일상화되면서 부계사회가 등장하게 되었음을 알 수 있다. 이는 신석기의 모계신본주의사회를 이은 고대 한국의 축소 과정에서 성립된 고조선을 통해서 잘 이해할 수 있다. 또한 생태적으로 평화적인 여성이 호전적으로 변모했던 시기가 있었다는 점에서 추정할 수 있다.

즉 "리비아, 아나톨리아, 불가리아, 그리스, 아르메니아와 러시아의 아마존신화에 보이는 호전적인 여신의 성격을 이해하기 쉽지 않다. 고대의 여성들이 실제로 남성과 함께 싸웠거나 아니면 그들의 성적인(Sexual) 힘과 여성사회의 지배자가 여성의 가능성에 대한 초기의 의식에 특정한 호전성을 불러 일으켰을지도 모른다. 또한 여성의 '일상적'인 행위는 초기 사회에서 그 가치가 인정되었기 때문에 위대한 여신은 지혜로운 존재로 간주되었다."(35) (카모디, p.37)

제정분리

부족집합사회가 불안정함에 따라 부계사회가 공고화되었고 남성의 능력은 향상되어 '양성구유'에서 벗어나 정치적인 사회가 되면서부터 남녀의 역할이 구분되기 시작하였다. 즉 정치를 부계에서 담당했고 모계에서는 이전부터 이어오던 제사장의 직분을 계승하여 종교를 담당하였던 것이다. 그리고 모계유일신에서 남녀의 조상신으로 분화된 천부신(天父神)과 천모신(天母神)으로 지역에 따라 독창적으로 발전된 것을 단군시대를 통해 이해할 수 있다. 즉 "고조선이 제정일치의 무의 사회였음을 환기할 때 환웅(天神)은 천신이며 웅녀는 무당(巫堂)이었다."(36) (조동윤, 『한국문화론』, 동문선, 2002)

또 하나의 예로, "그들이 강성하여 큰 세력을 이룰 동안에 수두를 행하는 환웅이 곰족의 여자와 결혼하여 출산한 아들이 BC 2333년쯤에 모든 사람의 추대를 받아, 환웅 때부터 전해온 표징을 이어받고 태백산 박달나무아래 신단에서 즉위하여 개국하니 그를 후세의 사람들이 환검 혹은 단군왕검 즉, 「단군임금」이라고 하고, 그가 세운 나라를 조선이라고 이름 하였다."(37) (이병도, 최태영, 『한국 상고사 입문』, p.35)

또한 부족집합사회가 부족 간의 잉여생산물의 원활한 교류를 위한 수단으로 만들어진 화폐를 축적하기 위한 지나친 경쟁으로 인한 잦은 분쟁은 정치적 사회로 변모하게 되었을 것으로 추정할 수 있다. 즉 화폐경제로 인해 수탈이 용이한 불안정한 사회가 됨에 따라 정치적인 사회로 변모하게 되었던 것이다. 하여 영혼이 불멸하며 순환 진보한다는 모계종교사회가 화폐경제의 대동과 함께 부계정치사회로 변모하게 되었음을 알 수 있다.

물론 부족집합사회가 정치적인 사회가 되면서부터 부계는 종교적으로도 모계와 대등한 지위를 누릴 수 있게 되었다. 하지만 모계사회에서 부계사회로 이전되는 과도기 과정에서 잦은 분쟁으로 유발된 기아의 공포가 일상화됨에 따라 빈곤층 사람들은 생활의 터전을 새로이 개척하는 과정에서 유랑민들도 많이 발생했다. 이는 부족사회연합사회가 인간을 단순한 자연계의 일부로 이해했기 때문일 것이다.

하여 모계신본주의사회는 인간을 신의 후손으로 이해하여 인간이 주체이며, 신은 객체로 생각하여 모성을 존경하였고, 동물을 살육할 때 희생제를 하였던 사실을 상기해 볼 때, 미개한 부족의 남성들은 사람을 살육하거나, 다른 생명체를 많이 취함으로써 자신들의 힘이 강해진다고 생각한 사실들을 생각해볼 때, 오히려 야만적인 사회로 퇴보하였음을 이해할 수 있다. 이는 부계사회의 등장으로 만연한 공포는 관념적인 강력한 신들을 대리한 종교전쟁을 하였고, 인간을 재창조하는 여성 경시와 필요 이상의 많은 동물들을 식육으로 한 사실 등의 유습에서 이해할 수 있다.

부계혈통주의

모계사회는 유목민처럼 생활함에 따라, 식량 사정과 비례한 인구 조절을 하여 인구수가 적었지만 모계신본주의사회에 이르러 농경정착과 농기구발명, 재배기술 등의 발달로 잉여생산물의 증가와 의술의 발달로 출산율이 증가하게 되면서 형성된 불안정한 사회로 인하여 등장한 부계사회는 부족국가를 성립하였으며, 출산권이 부계독점으로 인하여 경쟁적으로 인구 증가를 하고자 함에 따라 식량의 만성적인 부족현상을 겪게 되었다. 이는 부계사회가 잉여생산물의 축적으로 세력을 형성함에 따라 정교분리의 정치적인 사회가 되었기 때문이다. 이는 베벨의 글이 참고가 될 것이다.

즉 "인구 증가로 더 넓은 목장과 경지를 확보해야 할 필요를 느끼게 되면서 종족들 상호간의 비옥한 토지를 둘러싼 알력과 투쟁이 발생한다. 그리고 물론 노동력에 대한 수요도 증가하였는데, 무엇보다도 소유노동력에 비례하여 생산물이나 가축 등의 수요도 늘릴 수 있었기 때문이다. 이렇게 소유가 증대되자 더 많은 소유를 하게 된 종족은 우선 먼저 다른 종족의 여성을 약탈하기 시작하였고, 처음에는 약탈 후 그 지역 남자들을 살해하였으나 차츰 이 남자들을 노예로 삼기에 이른다. 이렇게 해서 고대씨족 법률에 두 가지 이질적 요소가 새로 자리 잡게 되었고 오래지 않아 이 새로운 요소들과 기존의 관습은 서로 충돌을 일으키게 된다."(38) (베벨, p.34)

이처럼 부계혈통주의로 인한 인구의 폭발적 증가는 약탈이 성행하는 원인이 되었을 뿐만 아니라, 재화 축적의 다양한 방법이 발달하면서 인간의 선한 본질이 왜곡되었음을 알 수 있다. 그리고 모계씨족사회가 공유제이면서도 잉여생산물을 축적을 위한 농업기술의 발달과 관리나 보관, 징수 등의 관리기술이 필요로 하게 됨에 따라 관리라는 새로운 직업이 발생으로 부계사회가 등장할 수 있었음을 알 수 있다. 즉 모계가 주도한 농업생산성의 혁명적 발전의 결과는 공유제가 사유제 분배 양식으로 변모하면서 부계가 주류를 이루는 사회가 되었던 것이다. 다시 말해서 거래를 위한 보조적 지위에 머물러 있었던 남성들의 왕래는 관리라는 새로운 직업이 생성되었음을 말하는 것이다.

하여 수만 년에 걸쳐 모계가 중심이 되어 축적된 지혜와 기술, 지식 등의 사회협동의 결과물로 인한 인구의 자연 증가는 씨족 간의 갈등으로 분쟁이 많아짐에 따라 남성의 사회적 지위는 자연히 상승하게 되었음을 이해할 수 있다. 따라서 씨족연합의 부족사회로 발전하기에 이르렀을 때 현실적인 문제를 해결해야 하는 부계가 전면에 나서게 됨에 따라 여성의 지위는 약화되기 시작하였음을 알 수 있다. 즉 제정일치의 모계사회가 부계사회가 등장하면서부터 제정이 분리되어 모계는 종교를 담당했고 종교에서 분리된 정치를 부계가 담당하였던 것이다.

특히 농업생산성 향상과 잉여생산물의 보관기술이 발달하게 되어 사유제가 가능하게 됨에 따라, 모계씨족사회의 물물교환과 수공업의 발달로 농업외의 새로운 직업들이 만들어지면서 시작된 화폐경제는 부계사회를 공고화하게 되었다. 베벨은 다음과 같이 쓰고 있다. 즉 "이제 생활은 '신분'과 '직업'에 따라서 결정되었고, 새로운 물자 생산으로 가까운 곳의 다른 민족과 교역이 시작되었으며, 이 물자교역은 화폐경제를 유발시켰다. 이 진보의 주역은 대부분 남성들이었다."(39) (베벨, p.36)

이러한 화폐경제는 잉여생산물을 축적할 수 있는 화폐기능에 의해 원시적 시장경제가 가능하게 되었고, 이어서 소유재산의 정도에 따라 계급이 발생하게 된 결과가 후일 신분제가 성립되는 원인이 되었을 뿐만 아니라, 약탈경제의 원인이 되었다고 할 수 있다. 하여 사유제를 근간으로 하는 부권사회가 등장함에 따라 공유제를 근간으로 하는 모권사회가 퇴출되고 전체주의 질서가 형성되었음을 알 수 있다. 즉 여성의 우수한 능력에 의해서 만들어진 농경정착과 농업기술의 발달은 오히려 여성 자신을 부계에 종속케 하는 원인이 되었던 것이다.

성별분업의 공고화

부계사회가 등장한 후 모계사회가 이룩한 농업이나 목축업의 거래를 남성이 주도함에 따라 여성들은 텃밭농사나, 약초채취, 가족복지를 위해 가사노동을 주로 하게 되었다. 이는 잉여생산물의 규모가 커짐에 따라 거래의 편의와 보관이 용이했던 화폐경제가 발달하게 됨과 동시에 관리와 더불어, 수송 중 위험성과 거래의 안전성을 위해 남성들이 전담하게 된 결과로 볼 수 있다. 즉 생산과 유통이 분리된 원시시장경제가 성별분업으로 이어졌던 것이다. 하여 성별분업이 분배의 불평등을 유발하면서 남녀 차별의 원인이 되었음을 이해할 수 있다. 이를 두고 베벨은 다음과 같이 쓰고 있다. 즉 "마침내 여성들은 가족의 종교의식을 담당하는 정도에서 씨족의 명맥이 겨우 유지될 수 있었을 뿐 그 경제적 의미는 쇠퇴하여 씨족법률이 전반적으로 와해되는 것은 시간문제였다. 이처럼 고대의 씨족조직이 와해됨과 아울러 여성의 영향력과 지위도 급격히 하락하였다."(40) (베벨, p.36)

또한 서진영의 글을 참고하면, "농업노동과 가내노동 사이의 성별분업이 채집이나 원시농경을 담당하던 여성의 지위를 약화시켰다. 그것은 양자의 다음과 같은 차이 때문이다. 농업노동이 당시 생산력의 발전에 직접적이고 주도적인 역할을 한 데 비해 가내 서비스노동의 발전에 의해 규정되며 부차적인 위치를 갖는다. 가내 서비스노동은 생산노동의 성과를 이용하는 노동이기 때문에 기본적으로 생산노동의 발전에 의해 규정된다.

예를 들어 요리기술의 발달은 생산되는 음식물의 종류와 양, 동력의 발달 등 생산도구의 발달에 달려있다. 가내서비스노동의 발달 역시 생산력의 중요한 일부인 인간 자신의 발전에 영향을 미침으로써 생산노동의 발달을 촉진하지만 양자의 관계에서 주도적인 역할을 한 것은 농업 등 생산노동의 발달이다. 또 하나의 중요한 차이점은 생산노동이 잉여생산물을 낳는 데 비해 가내서비스노동은 가족의 소비를 위한 노동이므로 가족의 소비에 필요한 것 이상을 생산할 필요가 없다.

농경과 목축을 통해 소비하고도 남는 곡식과 가축이 점점 더 증가하는 데 비해 가내서비스노동에서는 아무런 잉여생산물이 생길 수 없다. 또 당시 여성들이 옷감 짜는 법을 개발하고 의복을 만들기도 했지만 이것 역시 당시에는 농산물에 비해 중요한 부의 원천이 되지 못했다. 성별분업이 농업노동과 가내노동의 분업으로 변화함에 따라 생산노동에서 발생한 잉여는 그것을 담당한 남성의 수중에 들어갔으며, 이에 반해 가내노동을 담당한 여성들은 소유로부터 배제되어 남성에게 종속되었다. 잉여생산물과 사유재산이 발생한 이 단계에 이르러 분업이 그 안에 잠재적으로 내포하고 있던 분배의 불평등이 현실화되었다."(41) (서진영, pp.38p~39)

이처럼 모계신본주의사회의 농업혁명으로 높아진 생산성은 부계사유제사회가 등장할 수 있게 되었고, 이어서 부계혈통주의로 인한 인구의 증가는 교역량의 증대로 이어지면서 화폐경제가 만들어졌다고 추정할 수 있다. 따라서 생산성 증대로 인한 화폐경제의 출현과 여성의 지위가 낮아지게 되었음을 볼 때, 사유제가 여성의 지위와 상관관계가 있음을 이해할 수 있다. 예를 들어 무한축적을 허용하는 자본주의에 의해서 거대 규모의 경제로 발전하여 민주주의와 배치되는 양극화의 심화를 비롯해서 실질적 남녀평등을 구현하지 못하고 있는 사실에서 이해할 수 있다.

상속에서 제외된 여성

태고로부터 천재지변으로 인한 재난의 극복이나, 생존하기 위해 채취물이나 수렵물, 생산물 등의 저장기술이나 관리방법, 분배방식을 발전시킨 장본인들은 여성이었다. 즉 여성들은 출산과 양육 그리고 농업기술보급, 텃밭 가꾸기, 약초채취, 의료행위, 제의주관, 회의주재, 잉여생산물의 저장과 관리 등을 위한 지식정보공유로 상당한 지식을 갖추고 있었던 것이다.

그리고 중기 모계사회였던 모계신본주의사회는 모계가 분배권을 갖고 있는 원시공산제(공유제)로서 씨족 상호간 단순한 물물교환에 의해서 생존이 가능하였지만 천재지변의 경우에 있어서 씨족 간의 나눔으로 위기를 극복하였다. 참고로 당시의 사회는 완만하고 평화로운 사회로서 모계가 거의 모든 지식과 정보를 생성하였을 뿐만 아니라, 남성을 가르쳤다는 사실은 삼한시대의 신라 초기에 여성인 원화가 남성인 화랑을 가르친 사실에서 이해할 수 있다. 물론 부계절대존재를 근간으로 하는 서구문화로서는 이해가 어려울 것이다.

그리고 모계가 부계에 의해서 종속되어 완전히 균형을 잃게 된 것은 중동에서 BC 10C경 부계유일신종교인 유대교가 성립된 후부터라고 할 수 있다. 이는 여신을 숭배했던 중동의 여제사장들의 공유재산이 약탈당하고, 여성이 사유재산으로 변모하기에 이르렀기 때문이다. 당시의 사회상을 베벨은 다음과 같이 쓰고 있다. 즉 "아내를 사오는 것은 그 당시 유대인들의 일반적인 풍습이었으며, 그 밖의 정복한 민족들로부터 많은 여자들을 약탈해 오기도 하였다. 벤야 민족들이 실로의 딸들을 약탈해왔듯이(팔관기 21장 20절 이하) 약탈해온 여자들은 노예나 첩이 되었다. 정처로 승격되려면 다음과 같은 조건을 만족시켜야만 했다. 즉, 머리와 손톱을 자르고 붙잡혔을 때 입고 있던 옷을 벗고 다른 옷으로 갈아입어야 한다.…

부권 다시 말해 부계혈통이 유대의 씨족조직을 지배하게 되자 딸들은 곧 상속에서 제외되었다."(42) (베벨, p.37)

이처럼 부권제에서 여성들이 재산을 상속받지 못했던 것은 인구의 증가와 화폐경제로 인한 불건전한 약탈경제방식이 성행했고 여성들은 임신 출산 등으로 재산을 지킬 능력이 없었다는 이유도 있었지만, 근본적인 이유는 부계혈통주의에 의한 것으로 볼 수 있다. 이는 다음의 인용문에서 이해할 수 있다. "생산노동에서 여성이 부차적인 위치에 놓이고, 이로 인해 재산의 소유에서 배제되자, 여성은 가족 내에서 남성에게 종속되었다. 남성은 사유재산에 기초해 여성보다 우월한 위치를 차지했을 뿐 아니라, 이를 자기 자식에게 상속시키기 위해 기존의 모계제 사회를 전복시키고 부계제를 확립했다. 모계씨족에서 재산을 모계를 따라 상속되어 남자가 죽으면 그의 가족이 그의 형제자매(그의 어머니의 자식들)와 그의 자매의 자녀, 또는 이모의 자녀들에게 상속되었다. 그들의 친자식은 아버지 쪽 씨족에 속하지 않기 때문에 상속을 받을 수 없었다. 그리하여 남성들은 부가 중대함에 따라 남성들은 강화된 지위를 이용하

여 전통적인 상속제를 폐지하였다."(43) (서진영, p.40)

이처럼 '소유의 삶'을 지향하는 부권사회가 등장하면서부터 '존재의 삶'을 지향했던 모권사회가 퇴출되고, 모계적 가치는 비주류로 전락하게 되었음을 알 수 있다. 그리고 다음의 인용문에서 사유제와 부권의 상관관계를 이해할 수 있다. "우리는 인간이 재산을 지배하는 것이 아니라 재산이 인간을 지배하고 그의 주인으로 군림하게 되었음을 보게 된다. 사유재산제도의 확립과 함께 여성이 남성에게 예속되기 시작하였고 여성을 멸시하며 억압하는 시대가 왔다. 모권은 공산제와 만민평등을 의미한다. 반면 부권의 발흥은 사유재산의 지배와 더불어 여성의 예속과 억압이 시작되었음을 의미한다. 보수주의자인 아리스토파네스조차도 이 점을 인정한다."(44) (베벨, p.39) 하지만 모계신본주의의 유습을 이어받은 한민족의 경우, 서구와 달리 조선 중기까지 여성도 재산을 상속받았다는 점에서 예외라 할 수 있다.

'소유의 삶'을 지향

모계사회의 여성들은 씨족의 중심축으로서 씨족의 복지를 위한 분배 관리를 했으며, 남성들은 수렵, 농사, 채취 등의 단순한 일을 하였다. 하지만 농경정착으로 인하여 인구가 폭발적으로 증대함에 따라 유발된 갈등으로 남성의 역할 증대로 남성들은 단순한 일에서 벗어나 관리자로서 지위가 상승할 수 있었다. 뿐만 아니라 딸과 아들을 동시에 출산하는 모성의 관용성에서 남성의 지위 상승에 영향을 주었을 것으로 볼 수 있다.

즉 모계사회가 평화로운 세상을 수십만 년 동안 지속가능했던 이유가 인류의 구심력으로서 모성애에 기초하여 성립한 사회였기 때문에 부계사회가 가능할 수 있었던 것이다. 이는 모계씨족사회가 적극적 복지를 구현한 공유제사회였던 사실로부터 이해할 수 있다. 하여 모계사회는 서구학자들이 진화론적인 입장에서 주장하고 있는 원숭이 정도의 수준의 사회가 아님을 알 수 있다. 물론 인간이 주체로서 대상인 사물을 분석하여 과학적인 결과를 만들고 있으며, 외면세계를 이해코자 하는 진화론을 부정하는 것은 아니다. 하지만 진화론만으로는 내면세계를 탐구한 모계사회를 이해하는 데는 한계가 있다.

아무튼 모계사회가 내공을 축적하는 존재의 삶에 충실하여 인류의 발전의 초석을 이룩하였지만, 부계사회의 등장으로 약탈적인 생존방식의 하나인 강제출산으로 인한 인구 증가와 생명경시 등으로 여성은 소외되었다. 이는 중기 모계사회가 인간을 모신의 후손으로 믿어 출산하는 모성을 신성하게 여긴 것과 달리, 서구기독교에서 인간을 피조물로서 생각함에 따라, 재창조를 하는 여성을 10대 1 정도의 차별로 무시한 사실에서 이해할 수 있다. 또한 역사시대의 대부분을 차지하는 부계사회가 전체주의를 근간으로 공포정치가 보편적이었던 사실에서 모계사회와 대비되고 있다.

이는 어떤 모계씨족들은 부계사회의 공포를 피해서 산골이나 오지로 도망을 하여 나름대로 모계문화를 계승한 것이 오늘날에 밝혀짐에 따라 모계사회가 평화적인 사실과 더불어 부계사회의 폭력성이 어느 정도였는지가 실증되고 있다. 따라서 모계사회에서는 인간을 모신의 후손으로 믿었으며 양성의 생태적 특성과 개체성을 존중한 수평적인 질서였던 반면, 부계사회가 수직적인 질서로 신과 남성 그리고 여성이라는 수직적인 질서로 착취적인 먹이사슬의 수직구조를 갖고 있음을 이해할 수 있다.

또한 부계사회는 삶을 일회적이라고 생각함에 따라 소유에 집착한 반면, 모계사회는 생명이 순환된다고 믿는 곡선적인 시간 개념을 갖고 있음에 따라 '존재의 삶'을 살았다고 할 수 있다. 아울러 모계신본주의사회가 인간을 신의 후손으로 지구에서 육화된 삶은 스스로 순환 진보하기 위한 수정 과정으로 생각한 반면, 부계사회는 절대복종을 요구하는 공포의 신으로 자연신이나 유일신으로 설정한 사실에서 근본적인 차이가 있음을 이해할 수 있다. 따라서 모계사회는 영혼불멸사상을 굳게 믿는 가운데 모성애를 신의 본질로 이해하여 나눔을 실천한 자율적인 사회였던 반면, 부계사회는 공포의 신에 의해서 지배되는 타율적인 사회였음을 이해할 수 있다.

이는 중기 모계사회로서 상고사 이전 고대 한국의 뿌리가 되는 소위, 만 년 전 마고시대의 모계신본주의 사회에서 이해할 수 있다. 물론 후일 모계신본주의 유습은 종교에서 흔적이 남게 되었다. 그리고 모계신본주의의 중심에 있었던 태고 한국의 모계유습이 한민족에게 이어지고 있다는 사실을 '부도지'에서 전하고 있다. 특히 전통 한국의 무교에서 비교적 잘 보존되고 있다고 할 수 있다. 즉 '환단고기'(桓檀古記)와 '부도지'(符都誌)에서는 모계신본주의를 근간으로 성립된 인류 최초의 네트워크적인 연합국이 중동지역을 포함한 대륙 전체를 포괄하고 있었다고 전하고 있다. 이를 두고 12개의 지역이 합했다고 하여 소위 12한국으로 일컫기도 한다.

참고로 '한단고기'(桓檀古記)는 상고사시대를 기록 정리한 역사서로서 1911년 계연수에 의해서 정리되어 1979년에 출판되었다. 이는 '부도지'와 함께 동이족의 역사에 관한한 일관성이 있으며, 단재 신채호 선생과 전체적인 맥을 같이하고 있음에 따라 위서라고 보기에 곤란하지만 논란은 있다. 어떠하든 모계신본주의 유습을 이은 고대 한국이 고조선으로, 삼한으로, 위축된 사실을 통해 모계사회의 위축 과정을 알 수 있다는 점에서 의의가 크다 할 것이다. 이는 동이족의 모계신본주의의 사회를 부계주의가 공고화된 후, 박해를 받고 멸시를 당한 한민족의 토속신앙인 무형문화재로서 무교(무속)를 통해서 이해할 수 있다. 즉 고대 한국의 상고사가 수만 년에 걸친 모계사회를 통찰력으로 이해할 수 있는 중요한 자료가 됨을 말하는 것이다.

하여 오늘날이나 당시의 사회에서나 사람의 능력 차이가 있는 것처럼 취향이 다르고, 삶의 궁극적인 목표도 다르며, 내면의 세계를 향해하는 사람도 있고 외면의 세계에 더 많은 관심을 가진 사람도 있으며, 고도문명을 이룬 세상에서조차 아직도 미개한 종족이 있다는 사실에서 알 수 있듯이 모계유일신을 숭배했던 고대 한국의 한민족은 문명인이었음을 알 수 있다. 다시 말해서 인간의 삶은 '생로병사'라는 다 같은 과정을 겪고 있지만, 삶의 내용에 있어서는 천차만별하고 다양함을 말하는 것이다. 예를 들어 인간은 소우주라고 할 만큼 훌륭한 정신세계를 갖추고 있으며, 끊임 없이 다양한 문화로 삶을 재창조할 수 있는 능력이 있음에 따라 스스로 축생처럼 살거나, 인생을 살거나, 신선이 되고자 하든, 어떠한 것이든 선택할 수 있다는 사실에서 이해할 수 있다.

부계우월 종교사회

부계사회가 공고화되면서 '부도지'에서 전하는 모계유일신의 '해혹복본'의 신념은 의미를 잃고, 마고 대모신의 후손으로서 중간신이라고 할 수 있는 부계신이 모계신보다 우월한 것으로 설정되었다. 예를 들어 모계신본주의사회의 유습을 이은 고대 한국의 무교에서 인간은 주체이고 신은 객체가 되어있는 것과 달리, 서구 기독교의 경우 신은 주체가 되고, 인간이 객체가 된 종속적인 사실에서 본질적으로 다름을 이해할 수 있다. 즉 절박한 유목민의 삶을 살았던 고대 중동지역에서 모계신은 신의 반열에 들지 않거나, 마귀 등으로 적대하면서부터 인간을 재창조하는 여성들은 노예화되기 시작했으며 재산으로 전락하고, 부계신의 집행관으로서 남성은 가부장제를 확고하게 할 수 있었던 것이다. 이러한 과정에서 형성된 가부장제는 중앙집권제였던 로마제국에서 뚜렷하게 나타나고 있다.

"이렇게 하여 새로이 확립된 남성 독재의 최초의 산물은 당시 발생하고 있던 가부장제 가족이라는 과도적 형태이다. 가부장제 가족의 주된 특징은 자유민과 비자유민이 가장의 권력 아래 가족으로 조직되어 있다는 것이다. 이런 가족 형태의 완성된 유형은 로마의 가족이다.…

우리나라에서도 대체로 부족국가 성립기에 지배층을 중심으로 하여 부계계승이 확립되었으며, 이는 사유재산과 계급의 형성에 따

른 모계의 전복과 가부장제의 성립을 잘 보여준다."(45) (서진영, p.40)

특히 서구 여성들은 소외되어 창살 없는 감옥살이처럼 고된 삶을 살았던 사실에서 서구의 절대주의적인 가부장제를 알 수 있다. 이는 재산으로서 여성은 노예처럼 매매할 수 있었을 뿐만 아니라, 매매혼이 성행하였고 여성들은 정조의 의무를 지키지 못할 때 죽임을 당했던 반면, 남성들은 여러 명의 여성을 소유할 수 있었다고 베벨은 전하고 있다. "첫날밤 신랑이 신부에 대해 결혼 전에 이미 처녀성을 잃었다고 주장하게 되면 신랑은 신부를 쫓아낼 수 있었을 뿐 아니라 돌로 쳐 죽일 수도 있었다. 간통한 여자에게도 같은 벌이 내려졌다."(46) (베벨, p.36)

또한 서구 여성들은 부계유일신만을 숭배해야 했고, 다른 지역의 종교에서도 남신과 여신이 함께할지라도 여성은 제사장 직분을 가질 수 없었다. 예를 들면 "유대교회에서 여성들은 오늘날에도 남자들로부터 멀리 떨어진 자리에 앉아 예배를 보며 기도의식에는 참석할 수조차 없었다. 고대 유대의 사고방식에 따르면 여자는 교구에 속하지 않을 뿐만 아니라 종교적으로나 정치적으로 무(無)이기 때문이다. 남자들은 열 명만 모여도 예배의식을 올릴 수 있었지만, 여자는 아무리 수가 많아도 결코 그럴 수 없었던 것이다."(47) (베벨, p.38)

마지막으로 태고의 모계사회가 인간의 구심력으로 볼 수 있는 모성애를 근간으로 하는 원본신앙체계나 농업, 목축, 의학, 천문학, 수학 등의 기초를 확립한 수만 년에 걸친 내공으로 이룩한 지식이나 기술, 잉여생산물을 관리하는 지혜 등이 인류문명의 초석이 되었다. 이는 인구의 자연증가와 문화적 욕구의 증가로 분배의 문제를 야기하기에 이르러 더 이상 공유제는 의미를 잃게 되었고, 사유제를 발달케 한 원인으로 볼 수 있다. 하여 태고부터 주류를 이루었던 모계적 가치는 부계사회의 등장으로 비주류로 전락하면서 때에 따라서는 명분으로 작용하고 있음을 알 수 있다. 참고로 부계적 가치라 함은 철학적 절대주의를 근간으로 수직적, 중앙집권적, 1회적인 삶 등으로 나타나고 있으며, 모계적 가치라 함은 철학적 상대주의를 근간으로 수평적(네트워크), 분권적, 민주적, 다생의 삶 등을 말하는 것이다.

2. 열등한 존재가 된 여성

화폐경제로 진보

모계신본주의사회에서 여성은 인간을 재창조하며 적극적 복지를 구현했던 사실을 상기해본다면 행복지수가 높았던 사회임을 추정할 수 있다. 이는 직관이 발달한 모계신본주의사회가 영혼불멸을 확고히 믿은 종교사회로서 '존재의 삶'을 살았기 때문이다. 즉 공유제 사회로서 필요한 만큼 교환이 되거나, 양보를 하여 상생하는 교환경제였기 때문에 사색을 할 수 있는 여유와 더불어 평화로웠던 것이다. 물론 언급하는 낙원과 달리 모계신본주의사회가 지향했던 '解惑複本(해혹복본)'을 진리로 믿고 나눔을 실천한 사실에서 근거하고 있다. 하지만 부계사회의 등장을 가능케 했던 잉여생산물로 인하여 만들어진 화폐경제는 무한축적을 가능케 할 수 있음을 상상하게 됨에 따라 부계가 힘을 비축할 수 있게 되었고, 이어서 모계사회가 몰락하게 되었다. 즉 이성적인 존재인 인간은 태고부터 수만 년간 모계사회를 유지하면서 이룩한 저장 기술과 함께 일어난 농업혁명으로 수탈과 착취경제가 발달하게 되었던 것이다.

다시 말해서 네트워크적인 모계사회에서 씨족 상호간의 정보와 기술의 교환으로 의학과 농업혁명을 가져온 결과 인구 증가와 농경 정착생활이 가능하게 됨에 따라 외부의존성의 증대로 부계의 역할이 확장되면서 부계사회가 등장하게 되었음을 말하는 것이다. 이후 여성으로 하여금 내부적인 일로써 생로병사를 위한 통과의례나 씨족복지와 관련된 양육과 교육, 의술 등의 일을 주로 할 수 있게 되었고, 남성도 수렵, 농업, 목축 등 생산과 아울러 잉여생산물의 교환을 위한 외부와의 거래를 담당하는 성별 분업이 이루어졌다고 할 수 있다. 이는 활발한 교역을 통해서 형성된 이윤이나 지식, 기술 등의 축적과 외부의존성의 증대로 인해 여성이 부계에 의존적으로 변하게 된 원인으로 볼 수 있다.

따라서 화폐경제는 '소유의 삶'을 지향케 하였으며, 부계혈통주의를 형성케 됨에 따라 여성을 씨받이 정도로 무시를 당하게 되는 원인이 되었음을 알 수 있다. 즉 화폐경제로 인하여 인간을 재창조할 능력도 없고 체험한 사실도 없는 부계가 인간을 소모적인 존재로 과소평가하게 되었던 것이다. 이는 부계사회가 공고화되는 과정에서 모계와 부계가 오랫동안 갈등을 가졌음을 다음의 인용문에서 이해할 수가 있다. “바호펜은 고대 저술가들의 기술을 근거로 이 변혁에 여성들이 강력하게 저항하였으리라고 생각하면서 아시아와 오리엔트 또 남아메리카와 중국의 민화에 자주 등장하는 아마존 국의 전설에서 여성들이 새로 자리 잡기 시작한 신질서에 대항하여 싸운 투쟁의 증거를 갖고 있다.”(48) (베벨, p.39)

“헤로도토스에 의하면 스키타이에서는 여성들도 전투에 참여했다고 한다. 뿐만 아니라 적을 한 명 쓰러뜨리고 나서야 비로소 스키타이 처녀는 결혼을 할 수 있었다고 전한다. 현대에 비해 원시시대에는 일반적으로 육체적인 면이나 정신적인 면에서 보더라도 문명민족보다 야만인이나 미개종족이 훨씬 차이가 적다. 그리고 체력이나 민첩성에서도 거의 뒤떨어지지 않았다. 모권제를 사용했던 민족들에 대한 고대 저술가들의 기록, 아샨티족(Aschantis)의 여성군대나 다호에 왕 때 난폭, 용감하기로 이름이 났던 여성 군대의 이야기 등은 바로 이점에 대한 증언이다.”(49) (베벨, p.32)

이처럼 모계주의와 부계주의는 상반된 가치관으로 인해 대립적이었음을 이해할 수 있다. 물론 모계사회가 모성애를 근간으로 인류를 수만 년간 이끌어오면서 지역에 따라 남성을 가혹하게 다스린 곳도 있었지만, 생명을 존중하는 모계사회는 대체로 가혹하지 않았다고 전하고 있다. 베벨은 다음과 같이 쓰고 있다. “씨족제에서는 사정에 따라 여성들이 강력한 통제권을 쥐고 있었는데, 게으르거나 공동생활에서 자기 몫을 감당하지 못하는 남자는 가혹하게 다스렸다. 한편 ‘엥겔스는 완전히 평화로운 상태에서 이 변화가 이루어졌으며, 새로운 율법의 규칙들이 사회적으로 제도화된 후 모권

대신 부권을 채택하기 위해 씨족 내부에서 아주 간단한 투표만이 있었을 뿐이었다고 믿는다.'라고 했다."(50) (베벨, p.39)

이러한 엥겔스의 주장으로부터 모계사회는 근본적으로 인간을 신뢰하고 있으며 성선설적인 인간관을 갖고 있었기 때문에 부권사회의 등장이 가능했음을 추정할 수 있다. 즉 모권사회는 남, 여를 출산하는 모성이 지배함에 따라 동료로서 인간의 성별은 상호보완적인 것임을 믿고 있었던 것이다.

일회적인 삶을 믿다

모계신본주의사회에서 인간이 가족 단위로 다생의 순환 진보를 위한 것으로 생각했던 반면, 부계사회는 1회적 삶을 산다고 생각했다. 이는 순환 진보를 믿은 모계신본주의사회에서 모성의 출산 양육은 인간의 경우 매우 중요한 일로 생각하여 모성을 존경하였지만, 부계사회가 등장하고부터 동물도 새끼를 낳는다고 하여 여성을 폄하한 사실에서 이해할 수 있다. 물론 인간의 본질적인 가치로서 내면세계에 함께하는 신성을 이해하지 못한 무지의 결과로 볼 수 있다.

즉 원만한 생로병사를 위해 신앙체계, 천문학, 농축산기술, 농기구의 발명, 약초재배나 채취, 의료행위, 문자의 발명, 계산법 등의 모든 분야가 내면으로부터 발현된 영감으로 이룩한 것임을 잘 모르고 있는 것이다. 즉 수만 년에 걸쳐 축적된 모계의 경험과 지식은 부계사회로 이전되어 독점화하고부터 권력의 바탕이 되었음에도 불구하고 마치 태고부터 부계가 세상을 주도를 한 것처럼 스스로 착각하고 있는 것이다.

예를 들어 부계사회에서 선지자들이 나눌 때 행복하게 된다고 한 것은 이미 모계신본주의사회가 나눔(박애)을 일상화했던 사실에서 이해할 수 있다. 이는 인간의 구심력을 이루는 모성애를 근간으로 만들어진 나눔은 인간의 삶의 궁극적 목적으로 진리이기 때문이다. 하여 태고로부터 모계의 재창조와 복지 본능은 변치 않음에 따라 나눔은 사회가 발달할수록 제도화될 것을 예상할 수 있다. 따라서 이러한 불균형을 해결하기 위해 각각의 성이 갖고 있는 특성을 존중하여 균형을 이루는 장치를 만드는 것이 시대적 과제임을 알 수 있다.

물론 근대사회가 여성들의 끊임 없는 재창조와 모성애로 양육한 훌륭한 사람들에 의해 민주주의가 성립되었기 때문에 가능한 것이다. 이는 태생적으로 복지적 민주적인 여성이 염원한 결과가 이루어졌음을 알 수 있기 때문이다. 하여 오늘날 부계가 여성에게 저질렀던 과거의 비인간적인 잘못을 인정하고, 과거의 잘못을 어떠한 방식으로든 보상을 하겠다는 의지로 모계와 부계의 균형을 이루기 위해 공동연구를 하고 있는 사실은 우연한 것이 아님을 알 수 있다.

물론 오늘날 신인류와 배치되는 인간이 '경제적 동물'로 변모해야 하는 위험한 사회가 되었기 때문에 인류의 구심력으로서 모성애가 심하게 훼손된 결과, 사회정화기능이 멈춘 상태가 되었기 때문이다. 다시 말해서 생태계파괴 후 복원이 어려운 것처럼, 소 잃고 외양간 고치는 우를 범하는 것을 더 이상 허용할 수 없을 만큼 위험한 사회가 되었음을 말하는 것이다. 하여 적극적 복지사회를 구현하기 위해 성질이 다른 양성의 역할을 존중하여 균형을 이룰 수 있는 새로운 모계적 분배양식을 위한 정치문화가 조성되어야 함을 알 수 있다.

물론 여성들은 인류의 복지와 삶의 질 향상을 염원하며 주도하는 생명녹색운동, 환경운동 등을 위한 조직인 NGO(비정부기구)가 세상의 정치, 경제, 사회, 종교, 문화 등에 직간접적으로 영향력을 행사함에 따라 가능한 것으로 볼 수 있다. 왜냐하면 '부도지'에서 전하고 있는, 한때 어떠한 요인으로 괴물같이 흉한 몰골의 반인반수의 모습을 한 적이 있었던 인간을 위해 모계제사장과 신선들의 천년에 걸친 기도를 한 결과, 현재의 모습으로 되었다고 전하는 사실이나, 시민혁명에 여성이 참여하여 인류의 위대한 유산인 근대사회를 성립한 것이나, 지속가능한 세상으로 만들기 위한 여성의 녹색생명운동 등은 인류애를 근간으로 하고 있기 때문이다. 하여 모계신본주의의사회가 부계와 모계가 균형을 이루는 공유제 분배양식으로 '해혹복본'의 신념을 지키고자 하는 것은 참고가 될 것이다. 그렇다면 모계신본주의의사회를 다시 한 번 살펴보자.

모계우월주의 종교

태고의 모계유일신 사상은 지역별로 생존환경의 차이에 의해서 변용되거나, 부계사회가 등장하면서 새로운 신앙이 만들어지거나 다르게 발전하였을 것이다. 즉 모계유일신을 믿은 모계신본주의사회가 부계사회의 등장으로 무너지기 시작하면서 지역 환경에 적합한 각종 신앙으로 형성되었고, 부계우월 종교들로서 소위 부계유일신종교나 힌두교, 도교, 불교 등으로 발전되었음을 말하는 것이다. 특히 모계신본주의사회의 모계유일신 사상이 사막의 척박한 유목문화에 의해 부계유일신 사상으로 변모한 것이 대표적인 예로 볼 수 있다. 즉 고대 한국의 세력이 약화된 말기 모계사회에서 모계유일신을 숭배한 동이족에서 분파된 서이족의 유대민족은 모계유일신의 후손인 중간신이 부계유일신으로 등장하여 강력한 부계신본주의사회의 진원지가 되었던 것이다.

이는 세상이 부계사회로 공고화되려는 시점에 만들어진 부계유일신종교로서 유대교는 중동지역은 물론 주변국으로 빠르게 전파되면서 여신종교의 몰락과 동시에 여성의 지위가 급락케 한 종교로 볼 수 있다. 물론 동양의 경우, 말기 모계사회의 유습이 잔존하여 중동처럼 여성의 지위가 급락하지는 않았다. 즉 모계의 원시음양론적인 세계관을 이은 동양의 인본주의(민본주의)는 모성과 부성을 조화를 이루는 각각의 한 축으로 존중함에 따라, 비교적 완만하게 지위가 하락하였던 것이다. 하지만 인간의 종교적 심성을 모계에 의해 구체화되고 만들어진 종교가 부계사회의 등장으로 부계우월주의 종교로 변모하였던 것은 사실이다. 하여 여성이 사막의 척박한 환경에서 형성된 유목문화에서 소외되었던 것과 천문학이나 다생의 순환 진보를 이해해야 하는 농경문화에서 여성이 대우를 받았던 것과 차이가 있음을 알 수 있다.

또한 인간을 재창조할 수 있는 모성을 고대 한국에서는 순환의 중심으로 믿음에 따라 여성은 보호와 존경의 대상이 되었던 반면, 사막 유목민의 삶에 있어서 현실적으로 여성은 매우 가치 있는 존재임에 따라 여성은 부계유일신의 명령으로 노예화가 되었다고 할 수 있다. 이는 아마도 유목민의 남성들의 삶은 목숨을 위협받는 사막의 자연환경과 동물을 살육해야 하는 무척 고된 삶을 고통으로 생각한 결과, 인간을 재창조하는 여성을 무의식중에 싫어함에 따라 여성의 지위를 낮게 하려는 의도로 볼 수 있다.

즉 사막의 척박하고 어려운 환경은 부계 절대존재가 필요했고, 여성은 출산 양육과 냉대와 혹사를 당하는 것을 절대주의적인 숙명으로 받아들이게 강제했던 것이다. 다시 말해서 척박한 곳에서 만들어진 유대교가 창조주를 기망한 벌로 출산 양육을 고통으로 부정하였고, 신분 패배와 굴욕을 암시함에 따라 여성들이 종국에는 씨받이, 성적노예로 전락케 하였음을 말하는 것이다. 반면에 태고로부터 인간을 재창조하며 문명의 기초를 이루고 농업혁명을 일으켰던 인본주의사회로서 모계신본주의의 유습을 이은 동양에서 모성이 집안의 중심이라며 존중한 '안(安)의 문화'가 있었던 점에서 서구와 다르다고 할 수 있다.

즉 동양의 부계사회는 출산 양육과 더불어 가사와 노약자를 보살피는 모성을 존중하였던 것이다. 이는 아마도 '동양적 가족주의'에서 가정은 독립된 공간으로서, 스스로 갈고 닦아 도덕적 인간으로 거듭나야 한다는 '수기치인'의 삶을 이루는 곳으로 생각했기 때문일 것이다. 즉 동양은 국가 존립의 정당성을 국가 기초 조직인 가족의 보호와 행복에 둔 것이다. 따라서 인본주의가 발달한 동양에서 여성을 인간의 한 축으로 존중했던 반면, 절대존재가 설정한 여성소외를 절대주의적 운명론으로 정당화한 서구적 가치와는 상당한 차이가 있음을 알 수 있다.

폭력에 취약한 여성

부계사회가 공고화되는 만큼 폭력과 기아로 공포사회가 되었을 뿐만 아니라 공존을 나약한 자의 변명으로, 선함을 어리석은 삶으로 생각하는 등 성악설적인 삶을 추구함에 따라 여성의 지위가 추락하게 되었다고 볼 수 있다. 이는 서구의 부계사회의 여성의 삶이 어떠했는지 베벨의 글에서 알 수 있다. "이제 여성의 자유는 끝났다. 외출을 할 때는 다른 남자의 정욕을 자극하지 않도록 얼굴을 완전히 감싸야만 했다. 더운 날씨 때문에 성적욕망이 특히 강한 오리엔트 지방에서는 오늘날까지도 이 격리 장치가 강요되고 있다. 고대 민족들 중에서도 아테네는 이러한 새 질서의 모델이었다."(51)(베벨, p.44)

특히 부계독점이 확고하게 되어 여성이 마치 자연의 동식물처럼, 대상으로 전락하게 된 것은 기원전 5세기를 전후해서 인구의 급격한 증가와 더불어 고대 그리스의 알렉산더 대왕의 제국을 비롯해 수많은 전쟁으로 과부와 고아의 폭발적인 증가와 중앙집권의 로마제국의 성립이나, 부계절대주의 유일신종교인 기독교의 세계화 등으로 여성의 지위가 급락했다고 할 수 있다. 즉 본능적인 성적충동을 노골화하는 경향이 있는 남성우월적인 성문화가 잦은 전쟁을 일으켰던 것이다. 다시 말해서 모계사회에서 여성의 성교독점권에 의해 절제되었던 성문화는 부계사회가 공고화되고부터 약탈적 성문화로 변모하여 발전한 결과임을 말하는 것이다.

예를 들어 기독교의 창세기 편에서 여성 하와의 잘못으로 인하여 인류의 고통은 시작되었다고 하는, 모성의 몸에서 태어나는 인간은 누구나 죄인이라고 하는 원죄설에서 부계주의 성문화를 이해할 수 있다. 그리고 신성로마제국의 성립과 비슷한 시기 동양에서도 진시황(BC 247~BC 210)이 여러 나라로 분할되어 있었던 고대 중국을 중앙집권의 전체주의 국가로 통일되었을 때 여성의 지위가 급락하게 되었다. 이는 부계주의가 인류의 보편적 가치가 되었음을 모계신본주의의 유습을 이어오던 고조선의 멸망과 맥을 같이하고 있다.

아무튼 서구 여성은 모든 공적 지위가 없는 가운데, 심지어 패잔병 정도로 취급함에 따라, 가족 구성원으로 있으면서도 가족이 아닌 상태로 마치 창살 없는 감옥에서 사는 것처럼 소외되었다고 할 수 있다. 이는 서구 여성의 처지를 베벨의 글에서 이해할 수 있다. 즉 "여자는 남자와 잠자리를 같이 하지만 밥상을 마주하지 못하였다. 남편의 이름조차 부르지 못하는 실질적 하녀로서, 그를 '주인'이라고 불렀다. 공공장소에는 결코 나갈 수 없었고 길을 걸을 때에도 항상 베일을 써야만 했으며 극도로 검소한 옷을 입었다. 간통죄를 저지른 여자는 솔론의 법에 따라 생명이나 자유를 그 죄과로 치러야만 했다. 남편은 그녀를 노예로 팔 수까지 있었다."(52) (베벨, p.45) 이는 아마도 여성이 생태적으로 작은 비용으로 큰 효율을 나타내는 복지적 성향과 출산할 수 있는 일거양득의 효용가치가 있음에 따라 부계우월주의 종교로 착취를 정당화한 결과일 것이다.

또한 베벨은 여성의 처지가 어떤지 BC 480년 살라미스 출생 유리피데스의 메데아(Medea)의 예를 보여주고 있다. "슬프도다! 영혼과 생명을 지닌 자들 중 '우리 여성들이야 말로 가장 비천한 존재일 것이다!' 우리들은 지참금으로 남편을 사야만 한다. 그리고 더욱 참을 수 없는 것은 '바로 그때부터 우리들의 몸은 남편의 소유가 된다는 점이다.' 또 그는 어떤 남자일까? 마음이 좋을까, 아니면 나쁠까, 이 점이 가장 두려운데 - 왜냐하면 이혼이란 여자에게 끝까지 불명예로 남을 것임으로 - 그러나 남편이 다정해진 사람을 '거부할 도리가 없다.' 이제 우리는 새로운 관습과 익숙하지 못한 예의범절에 적응하면서 어떤 사람인지 추측이나 하고 있을 뿐 - 누구도 가르쳐주지 않으므로 - 다행히 모든 것이 다 잘 이루어져 마음에 드는 사람을 만나 사랑하며 살 수 있게 된다면 진정 그때야 말로 우리 삶은 부러움을 살만한 것이 된다.

그렇지 못하다면 - 차라리 죽느니만 못하지! - 남자는 집안이 편하지 못하면 '밖에서' 그의 영혼을 진정시켜줄 무엇을 구할 수 있다. 친구 곁에서 동료남자들 곁에서. - 그렇지만 우리는 '고독한 방'을 지키고 있어야만 한다. - 입버릇처럼 그들은 그들이 군대에 나가 있는 동안 여자는 아무 위험이 없이 집에서 편하게 살림만 한다고 한다. 허튼소리. 나는 오히려 3번 전쟁에 나가길 바란다. 한번 산고에 시달리는 것보다도."(53) (베벨, p.45) 이처럼 서구사회에서 여성들의 삶은 불행했다고 볼 수 있다. 따라서 서구사회에서 모계적 가치를 근간으로 하는 근대민주주의가 성립되었고, 서구여성에 의해 주도된 녹색생명운동이나 복지사회를 구현하기 위해 투쟁하는 것은 결코 우연한 일이 아님을 알 수 있다.

동반자를 종속화

수만 년 동안 모권사회를 이끌어 갈 수 있을 만큼 정치적 감각과 모든 면에서 우수했던 여성들이 이룩한 문명은 인구 증가라는 결과를 가져왔다. 하지만 인구 증가는 등을 유발함에 따라 등장한 부계사회가 동반자인 여성을 인류 최초의 노예로 만들었으며, 분배권을 독점하여 경제적으로 독립이 불가능했다는 점에서 여성에게 불리하게 작용되었다. 예를 들어 생존을 위해 매매혼이나 매춘에 의존하는 경우가 많았던 사실에서 이해할 수 있다. 특히 전쟁에서 패할 경우, 강간 등으로 출산될지라도 자녀로 생각하는 모성본능에 의해 양육을 하며, 매춘을 한 사실에서 여성의 입장을 잘 이해할 수 있다.

예를 들어 고대 그리스의 도시국가의 경우, 대다수 고대국가처럼 협소한 영토로 인한 빈곤의 만성화는 부족 내부에서조차 심한 갈등을 겪으면서 영토 확장을 위한 전쟁으로 부상자나, 과부와 고아가 많아짐에 따라 여성들의 삶이 힘들어 매춘이 성행한 사실에서 이해할 수 있다. 물론 속설에 의하면 전쟁, 전쟁 준비 또는 전쟁을 유발될 수 있을 만큼 호전적 극단적인 사회가 될 경우, 전염병이나 천재지변, 흉년 등으로 나타나서 성도덕이 문란해진다고 하였다. 이러한 사회적 환경의 변화는 헬레니즘의 출발지이며 남신과 여신을 함께 숭배했던 고대 희랍에서조차, 구원의 여신은 떠나게 되었을 것이다.

참고로 모계신본주의사회의 중심 역할을 했던 동이족의 일부가 인도를 거쳐 중동에 정착한 서이족(유대족)이 모계유일신과 파라

오의 태양신에 의한 전제정치와 습합한 부계유일신종교가 성립되었다. 이는 후일 주변지역에 상당한 영향을 주었고, 세계화함에 따라 부계주의가 강화되면서 상대적으로 모계주의를 근간으로 했던 고대 한국의 유습을 이은 고조선이 멸망하는 원인으로 작용했다고 볼 수 있다.

물론 고대 그리스의 경우에서도 기독교가 확산되기 전까지도 여신이 존재했음을 베벨은 쓰고 있다. "그리스 시대에는 여성들이 여신에게 충언과 도움을 구하는 종교적 관습이 있었는데, 매년 열렸던 테스모포리아 제전도 바로 모계시대에 그 기원을 둔 의식 가운데 하나였다. 후세에도 그리스 여성들은 테메터 여신에게 제사지내기 위해서 닷새 동안 축제를 계속해서 열었지만 그러나 여기에 남자는 결코 참석할 수가 없었다. 비슷한 일이 고대 로마 케레스 제전에도 있었다. 테메터와 케레스는 모두 풍요의 여신이다. 독일에는 중세 기독교시대까지 이 같은 제전이 남아 있었으며, 고대 독일인들도 그들이 풍요의 여신으로 받아들였던 프리가에게 제사지내는 의식에서 남자들을 제외시켰다."(54) (베벨, p.40)

하여 부계사회가 공고화되었음에도 불구하고 모계사회의 유습이나 여신종교가 오랫동안 존재했음을 이해할 수 있다. 이러한 예는 전통 한국의 토속종교로서 무교의 경우에서 찾아볼 수 있다. 즉 모계신본주의의 유습을 이어온 전통 한국의 무교의 무당(여제사장)이 생로병사의 통과의례를 담당하고, 인생의 고단함과 한계를 위로하며 사회통합을 이루었던 것이다. 이는 화려한 연극배우와 같이 뛰어난 미모와 비범한 능력이 있었던 여제사장과 예체능에 뛰어난 재능이 있었던 남녀 사제들로 구성되어, 마치 오늘날 연예인처럼 기층민과 호흡을 같이하여 근세까지 궁극적 삶의 의미를 일깨워주고 치유를 한 사실에서 이해할 수 있다. 하지만 부계사회의 공고화로 여신 종교의 존립이 어려워 뛰어난 미모와 탁월한 식견을 가진 여제사장이나 여성 사제들로 이루어진 중동의 여신 종교의 성창제로 명맥을 유지하다가 소멸되었다.

물론 모계사회의 몰락으로 인한 성창은 두 가지 의미가 있다. 하나는 고대의 모계사회의 절제된 계획에 의한 씨족별로 한 사람의 종모를 통해 세대를 이어가면서 탁월한 남성과 동침을 하여 인간을 해방할 수 있는 비범한 사람의 탄생을 염원했던 유습에 의한 것과 또 하나는 여신을 숭배한 모계종교의 신자 중 과부나 고아 등의 복지 후원을 받기 위한 권력과 결탁한 경우가 될 것이다. 이에 대해서 카모디는 다음과 같이 쓰고 있다.

"후대의 남성 중심적인 종교들(유대교, 기독교, 이슬람교)로부터 혹독한 비판을 받게 된 위대한 여신과 관련이 있는 의식인 사원 매춘에 대해서 살펴보기로 하자. 물론 이 용어 자체는 이러한 의식이 여성을 매음과 추잡한 행위의 대상으로 전락시켰다고 비난하는 사람들이 사용한 것이다.(매춘에 대한 이들의 비난에는 비난하는 사람의 일종의 두려움도 나타나고 있다.) 우리가 보기에는 여신을 믿고 있는 고대인들이 성(性)과 성적교접을 성현(聖顯) 다시 말해 성스러운 것의 나타남이나 성스러움과의 관계를 맺는 방법으로 느끼고 있었던 것 같다. 따라서 사원에 살고 있는 여성들의 성행위는 추잡한 행위가 아니라 종교의식이었다. 힌두교와 불교는 밀교를 발전시켰다. 밀교에서 성적교접은 종교적 수단으로 간주되었으나 밀교는 주로 남성을 위한 것이었다."(55) (카모디, p.38)

이처럼 훌륭한 인물의 탄생이 인간의 고통을 들어 주고 인간답게 행복한 인생을 살게 하는 유일한 방법으로 이해했음을 알 수 있다. 따라서 적어도 유교에서 말하는 소인배와 여성을 동일하게 본 것은 오해로 비롯된 것임을 알 수 있다. 왜냐하면 유교의 창시자인 공자의 모친은 여제사장으로서 훌륭하게 공자를 양육한 사실에서 모성을 폄하할 리가 없기 때문이다. 물론 모성이 되기 전 무지한 미혼 여성의 경우 폄하를 했는지는 모른다.

여성들의 투쟁

부계사회가 공고화되는 만큼 여성들은 불행한 삶을 살면서 원한을 갖게 되었을 것이다. 예를 들어 당시의 여성들은 여신의 분노가 남자들을 이간질하여 전쟁을 통한 복수를 하는 것으로 믿음에 따라, 여성들의 투쟁은 은밀하기까지 하였고, 모신을 숭모했던 미혼의 여성들 중에 성창의 일원으로 되거나, 기혼의 여성들은 경우에 따라 남편을 향해 조용한 복수를 하였던 사실에서 이해할 수 있다. 당시의 사회상을 베벨은 다음과 같이 쓰고 있다.

"이 생활은 결코 꺼림칙한 것이 아니었다. 지적인 모임 주연에 참석하는 등 그리스의 첫째가는 남성들과 친교를 유지했던 이 매춘부들의 명성은 오늘날까지도 전해오고 있다. 저 유명한 페리클레스의 가장 가까운 친구이며 후에 그의 아내가 된 아름다운 아스파샤가 그 경우이고, 매춘부 프리네의 이름은 뒷날 돈에 몸을 파는 여자들의 대명사가 되기도 했다. 프리네는 히페리데스와의 친교가 있었으며, 그리스 최초의 조각가 프락시텔레스를 위해서 아프로디테 모델을 서기도 했다. 다나에는 에피쿠르스의 애인이었고, 아르데아나사는 플라톤의 애인이었다. 그 밖의 유명한 매춘부로는 코린트의 라이스, 구나타네아 등을 들 수 있다. 그리스의 유명인사치고 매춘부와 교제를 맺지 않은 이가 없을 정도였다. 그것이 그들의 생활의 한 부분을 이루었다."(56) (베벨, p.46)

이 인용문에서 알 수 있듯이 시회지도층인사들은 현실의 문제를 해결하기 위해 필요한 지혜를 모계유일신의 후손인 여신을 숭모한 그리스의 지도층 여성들이 다방면에 걸친 조언을 하였음을 이해할 수 있다. 이는 인본주의를 근간으로 하였던 고대 희랍이 헤브라이즘(부계신본주의)으로 편입되기 전에는 남신과 여신이 공존을 하고 있었던 사실에서 볼 때, 그리스 신화에서 볼 수 있는 것처럼, 여신의 영감이나 지혜를 존중한 사실에서 이해할 수 있다. 이는 고대 아테네의 경우 모계주의를 근간으로 하는 직접민주주의를 했다는 사실이나, 신의 후손인 '너 자신을 알라'고 했던 철학자 소크라테스의 외침이나, 모계신본주의사회에서 인간을 신의 후손으로 믿었던 것 등은 동일한 의미라는 사실에서 이해할 수 있다. 물론 소크라테스의 악처 에피소드에서도 어느 정도 부계와 모계가 균형을 이루고 있었음을 알 수 있다.

하여 인본주의사회였던 당시의 희랍은 계급 갈등과 식량 부족, 통치 미숙 등으로 혼란스런 상태를 해결하기 위해 플라톤이나 지식층들은 모계주의의 유습을 이어온 비범한 여성들에게 지혜를 구했다고 볼 수 있다. 왜냐하면 절대주의 철학자였던 플라톤이 여성을 폄하했음에도 불구하고, 국정 운영에는 권력의 반을 의미하는 남녀동등권을 주장했기 때문이다. 그 예가 "플라톤은 자신이 이상적이라고 생각하는 국가에서 제1의 계급 즉 감독관의 지위에 완전한 남녀동등권을 요구했다."는 사실이다.(57) (베벨, p.49) 이처럼 최고 권력자의 지위를 남녀가 대등한 입장에서 함께해야 한다고 주장한 것은 후일, 기독교의 헤브라이즘이 서구를 지배하기 전까지 단지 여자라는 이유만으로 무시를 한 것이 아니라, 평범한 남성과 여성의 지위가 낮았음을 이해할 수 있다.

하지만 부계사회가 발전할수록 부계가 성문화를 주도하게 되었고, 이로 인해 형성된 젊은 청년들의 욕정까지 해결해야 함에 따라, 매춘행위는 더욱 활성화되었다. 물론 피임법을 잘 몰랐던 시대였기 때문에 부계주의 성문화는 인구 증가로 이어지면서 빈곤과 범죄의 유발 등 불안정한 사회가 되었고, 여성의 지위가 급락했던 것이다. 그 당시의 상황을 베벨은 다음과 같이 적고 있다.

"솔론이 공창을 창설하여 아테네 사람들에게 베풀어준 은공에 대해 남자들은 다음과 같이 찬양하였다. 자랑스러운 솔론이여! 그대가 공창을 설립함으로써 시의 안녕, 시의 풍속은 저해를 받지 않고 지금까지 유지될 수 있었다. 당신의 이 현명한 제도가 없었더라면 시의 활기 넘치는 젊은이들이 양가 부녀들을 괴롭히며 그 뒤를 좇아 다녔을 것이다."(58) (베벨, p.47)

서구 여성들의 한

구약성경의 창세기 편에서 하와가 뱀의 유혹으로 금단의 열매를 따서 아담에게 권하여 먹은 것이 인류의 원죄가 되었고, 이어서 낙원에서 추방을 당하게 되었다고 했다. 이로 인해 고통과 불행의 원인을 인류 최초의 모성 하와의 원죄로 인한 것이라 하여 여성을 마치 죄수를 다루듯 폭행하였으며, 실제로 맞아 죽은 여인도 많았다고 전하고 있음에 따라 빈곤층 여성들에게 지옥의 삶을 살았음을 알 수 있다. 예를 들어 부계절대존재가 지배하는 서구절대봉건제에서 귀족들의 착취로 형성된 빈곤층 여성의 경우 현실에서 오랫동안 지옥을 체험한 사실에서 이해할 수 있다.

물론 부유한 가정의 여성도 자유롭지 못했던 것은 마찬가지였다. 이는 신화가 구체화되고 자기암시를 지속한 결과, 만들어진 전통적 가치에 복종하고 틀에 적응한 사례로 볼 수 있다. 이는 문화적 존재로서 인간은 스스로 만든 문화에 복종하기 때문이다. 이는 심리학자 애쉬가 인간이 어떠한 가치가 집단을 형성하여 강화된다면, 집단 심리에 의해서 개인에 영향을 끼친다는 '동조화 이론'에서 이해할 수 있다. 하여 한쪽 성에게 비극이 되는 불평등을 정당화하는 관념은 잘못된 것으로 퇴출되어야 함을 알 수 있다. 물론 집단이기주의로 만든 가치가 잘못되었음을 알고 있음에도 불구하고, 질서에 순응하지만, 신의 후손임에 따라 갖고 있는 양심에 의해 불신하거나 거부하기도 한다.

이는 인간이 모순을 해결하기 위해 뜻이 같은 사람끼리 결사를 하고, 편견을 극복하여 개혁의 기운을 키워가는 역사적 경험에서 이해할 수 있다. 예를 들어 여신 종교가 몰락하는 과정에서 여제사장이나, 여성 사제나, 여신자들은 부계사회가 되면서부터 여성해방을 위한 우수한 인재의 출생이나, 성인과 같은 비범한 존재가 탄생하기를 염원하는 성창제가 만들어진 사실에서 이해할 수 있다. 물론 성스러운 매춘이라는 성창은 부계적 가치에서는 모순적인 합성어로서 많은 의미가 함축되어 있다. 종교 편에서 다시 한 번 논변이 있을 것이다.

아무튼 서구의 부계사회에서 여성이 어떠한 입장이었는지를 베벨은 이렇게 적고 있다. "무르너(Murner)는 15C까지 네덜란드에서 행해졌던 이 풍속을 다음과 같이 설명한다. 절친한 손님이 찾아왔을 때 집주인이 접대로써 자신의 아내를 그 손님과 동침케 하는 것이 네덜란드 풍속이다." 물론 근세까지 북극의 에스키모의 경우에도 네덜란드 풍속과 유사했던 사실에서 여성을 폄하하였다기보다 성창의 유습으로 이해할 수 있을 것이다. 이러한 사실은 서구여성의 지위가 어느 정도였는지 알 수 있는 내용이기도 하다.

하지만 중세유럽에서 여성들 가운데 영적으로 비범한 수십만의 여성들이 기독교를 내심 부정하고 부계유일신으로부터 해방되기 위해서 부단한 노력을 한 결과, 마녀사냥이라는 비극을 당하면서 여성들의 염원이 구원의 여신을 등장케 하여 스스로 돕기 시작했다. 이는 절대존재인 부계유일신의 계시는 남성천국시대가 됨에 따라, 여성의 가혹한 삶은 결국 자연법을 생성하게 된 원인이었으며, 근대민주주의사회가 성립하게 된 사실에서 이해할 수 있다. 즉 부계우월주의 종교에서 남제사장은 신의 대변자로서 수직적 질서를 구현함에 따라 여성은 주변인이 되어 있었지만, 근대사회는 여성자신이 종교의 주체임을 깨닫는 사회로 변모하게 된 것이다. 이는 절대존재의 계시로 여성이 소외되었음을 알게 된 서구여성들의 투쟁은 1960년대 미국의 '남적론'으로 나타난 사실에서 이해할 수 있다.

희랍 철학자들의 여성관

고대 그리스의 절대주의 철학자였던 플라톤은 여성 현자에게 지혜를 구했으면서도 여러 이유를 들어 여성을 폄하하기도 했다. 이는 오랫동안 부계사회로 인해서 거의 모든 것을 잃게 된 여성들은 정신적, 육체적으로 약화되었기 때문일 것이다. 즉 잦은 전쟁으로 남성이 부족했던 상황에서 국가를 위한 출산의무와 일반노동까지 부담함에 따라, 여성들은 사면초가의 입장에 있었던 것이다. 이는 다음의 인용문을 참고한다면 여성을 슈퍼우먼 정도로 생각했음을 알 수 있다.

플라톤은 "여성들도 남자들과 똑같이 군사훈련에 임해야 하며, 똑같은 임무를 수행해야 하나, 단지 성적인 나약함의 정도에서만 의무를 경감 받을 수 있다. 그는 천부능력을 남녀 모두에게 똑같이 주어져 있으며, 단지 여성은 남성들보다 모든 면에서 약간 허약할 뿐이라고 주장하였다. 뿐만 아니라 여자는 모든 남자들이 공유해야 하며, 이에 따라 자식도 공유해야 하며, 이에 따라 자식들도 공유되어 아버지가 자식을 모르고 자식도 아버지를 모르는 상태가 되어야 한다고 주장하였다."(60) (베벨, p.49)

이처럼 부계사회가 공고화된 시대를 살았던 절대주의 철학자 플라톤이 여성의 출산이 전체주의를 위한 수단 정도로 생각했음을 알 수 있다. 이는 생명의 재창조와 양육 과정이 장기간 소요되며, 가사노동과 남성의 일을 보조하는 등으로 체력 약화와 병고로 단명을 하는 경우도 많았다는 사실에서 알 수 있다. 그리고 타고난 능력이 남녀가 동등하다고 한 '천부의 능력'이라는 것은 의무가 같다는 뜻으로 자연법사상의 천부인권과 전혀 다른 의미이다.

또한 상대주의 철학자인 아리스토텔레스는 "양자평등하다든지 또는 열등한 자가 지배를 한다는 것은 언제나 해롭다. 이것은 인간과의 관련이 있는 동물에게도 똑같이 말할 수 있을 것이다. 그것은 가축이 야수보다 그 본성이 우월하며 또한 모든 가축은 인간에게 지배될 때 비로소 더 좋게 생을 유지할 수 있으니 그것은 그들이 보호되기 때문이다. 다시 말하면 남성은 천성적으로 우월하며 또한 여성은 열등하다. 이리하여 하나는 지배하고 또 하나는 지배당하는 것이며 이 원칙은 필연적으로 모든 인류에게도 적용되는 것이다."(61) (아리스토텔레스, 이병길·최옥수 공역, 『정치학』, 박영문고, 1977, p.26)

이처럼 아리스토텔레스가 상대주의 철학자였음에도 불구하고 남녀 차별을 당연한 것으로 생각했던 것은 부계사회의 전체주의 사고에서 벗어날 수 없었음을 이해할 수 있다. 즉 부계적 가치가 주류를 이루고 있는 사회적 환경으로 인하여 영향을 받았다는 의미이다. 물론 당시의 사회가 우월한 여성이 지배했던 모계사회에 대해서 잘 몰랐기 때문일 것이다. 즉 모계사회가 오늘날까지 엄연히 존재하고 있는 사실을 과학의 발달로 유물의 발굴, 무형문화재와 기록 등에 의해 알게 된 것이다. 또한 부계사회에서 여성은 씨받이로 전락한 지가 오래되었고, 정치, 사회적 소외로 인한 교육을 받지 못한 결과 자신을 변명할 기호조차 없기 때문이다.

왜냐하면 플라톤 당시 스파르타인이 모계의 유습을 이은 사회로서 신체적으로도 남성과 조건이 같았음을 베벨은 다음과 같이 전하고 있기 때문이다. 즉 스파르타 여인의 일화에서 "하루는 그리스인이 스파르타인을 만나 그에게 스파르타에서는 간통죄를 어떻게 다스리느냐고 물었다. 스파르타 여인의 대답인즉 '이방인이여, 우리에게는 간통죄라는 것이 없소!'…

스파르타 여인의 자각은 레오디나스 부인이 외국인과 나눈 대화 가운데 한 자부심 넘친 대답에도 잘 나타나 있다. 그 외국인은 그녀에게 이렇게 말했다. '남편을 지배하는 부인은 당신들 라케다이몬 여인들 이외에는 없을 겁니다.' 이 말을 듣고 그녀는 대답하였다. '또 우리 여자들만이 남자를 낳습니다.'…

소녀들은 소년과 똑같이 모든 육체적 훈련을 다 받았다. 그리하여 레오니디스 부인처럼 자기 자신의 기치를 자각하고 있는 강건하고 지각이 있는 여성들로 성장하였던 것이다."

또한 "도리아 여성들의 복장은 헐렁하면서도 가볍게 어깨를 덮어 내려 팔과 무릎 아래의 다리를 노출시켰다. 박물관에서 볼 수 있는 자유롭고 용감한 모습의 다이아나가 입고 있는 옷이 바로 그것이다. 그 반면에 이오니아의 여성 복장은 몸 전체를 감싸고 있어 행동을 방해하였다. 우리가 일반적으로 생각하는 것보다 여성들의 몸치장이 훨씬 심했으며 또 이는 오늘날까지도 여성들의 종속에 대한 상징이며 연약해진 원인이다. 불편한 의복 양식이 여성들 마음속에 연약한 감정을 불러일으키고, 그 결과 태도와 성격에서도 그러한 요소가 지배하도록 만드는 일이 오늘날까지도 계속되고 있다. 소녀들은 성년기까지 나체로 활보시켰던 스파르타의 습관은 - 기후조건이 가능한 선이기는 하겠지만 - 고대 저술가들의 의견을 빌면 소박한 취미를 기르고 신체적 단련에 신경을 쓰도록 하는데 크게 기여한 바 있었다."(62) (베벨, p.51)

이처럼 고대 희랍은 헬레니즘(인본주의)의 본산으로 동서의 문명이 집합되었으며 아테네가 부계적이었던 반면, 스파르타에서는 모계적이었지만 모계주의를 원용한 아테네 남자들만의 직접민주주의로서 부계적인 민주주의를 만들었다는 사실에서 기층민에게 모계 유습이 남아 있었음을 이해할 수 있다. 하지만 남녀 동수로 참여하지 않은 부계만의 민주주의로서, 내용에 있어서도 물질적 기초를 보장하지 못했고 형식적으로도 불완전한 반쪽 민주주의라고 할 수 있다.

한편으로 비슷한 시기에 동양의 부계사회는 조화를 중시한 모계의 유습이 내재된 도교적 정서가 기층민에게 뿌리내려져 있었음에 따라 비록 유교의 남존여비사상으로 남자가 우월했던 것은 사실이지만 남성 천국은 아니었다. 이는 동양의 경우 인본주의 사회임에 따라, 출산하는 여성을 당연히 공동체의 한 축으로서 생각한 사실에서 이해할 수 있다. 즉 인간의 구심력을 이루는 모성애를 근간으로 하여 만든 가정에서 모성을 '안'이라고 보았고, 부성을 '밖'으로 생각하여 안팎의 역할을 충실히 하는 것을 사람의 도리라고 생각하였던 것이다. 그리고 동양은 남녀가 조화로운 관계를 유지하기 위해 상호존중이라는 예(禮)를 중시한 사실에서 이해할 수 있다. 즉 남녀는 독립적인 존재로서 상호간에 역할이 다름을 존중했던 것이다.

즉 전체적이고 사회적인 밖의 영역을 담당했던 부성과 국가의 기초조직인 가족을 모성이 담당함으로써 전체와 부분을 조화롭게 하는, 소위 '동양적가족주의'를 구현하는 것을 국가존립의 정당성으로 생각했던 것이다. 이는 가정의 화목을 세상의 으뜸이라고 하는 '가화만사성'(家和萬事成)에서 이해할 수 있다. 즉 인본주의의 원조라 할 수 있는 동양에서 인간을 재창조하는 여성을 폄하한다는 것은 인간 자체를 부정하는 것과 같았기 때문에 비록 가부장제사회였다 할지라도 가정의 중심을 모성으로 존중한 사회였던 것이다.

물론 공자가 여성과 소인배를 멀리하라고 한 것도 사실이지만, 공자자신이 여제사장이었던 모친을 존경하였듯이 여성에서 변모한 모성을 존중한 것도 사실이다. 하여 후일 서구의 문물교류와 아울러 사회가 발달하고 규모가 커져 여성의 지위가 추락한 것은 사실이지만, 모성의 경우 가정의 태양으로 생각하며 대우를 한 사실에서 여성을 소외한 서구적 가치와는 근본적으로 다르지만 구원의 여신과 함께한 모계의 다양한 투쟁이 모계적 가치를 내재한 민주주의가 성립되었다고 이해할 수 있다.

3. 성적 존재로 전락한 여성

초야권(Primaenoctis)과 정조죄의 모순

모계사회의 남성들은 출산을 하지 못함으로써 스스로 열등한 존재라고 생각했지만 부계사회의 등장으로 출산을 못하는 것이 오히려 강점이 되었다. 물론 '성교권'을 독점한 남성들에 의해 남성우월주의 성문화가 형성됨에 따라 폭발적인 성욕으로 인하여 사회문제가 되면서, 성교가 부끄러운 일로 변모하게 된 원인으로 볼 수 있다. 이는 성교는 순환 진보를 위한 상호교감의 쾌락이 아니라 부계혈통사회에서 남성의 무절제한 여성편력으로 인한 도덕성 시비가 끊이지 않기 때문이다. 뿐만 아니라 부계우월종교의 특징인 초월적인 자연신으로서, 태양신이나, 인격신으로서, 절대존재 등을 내세운 권력자들이 우월적 지위를 남용하여 성을 독점하였기 때문이다. 예를 들어 서구부계사회에서 정복자적 태도나 위압적인 약육강식을 상징하는 '초야권'을 들 수 있다.

이는 부계사회의 중앙집권적이고 결과물을 독점코자 하는 의도가 강하게 표출된 것이 '초야권'이기 때문이다. 즉 초야권은 상징적인 의미에서 여성이 동료로서 인간이라기보다 자연처럼 대상으로서 남성들에게 종속되어 있음을 각인시키고 정당화하는 과정일 뿐만 아니라, 여성의 민주성을 파괴하고자 하는 불순한 의도에 의해 만들어진 것으로 볼 수 있는 것이다. 다시 말해서 부계사회가 등장한 후 비폭력적인 구원의 여신이 존재하지 않거나, 무력하여 사회적 약자인 여성을 도울 수 없음을 입증코자하는 의도였다고 볼 수 있다. 물론 공포와 폭력이 조직원리가 된 부계사회와 배치되는 구원의 여신은 위협적이었기 때문이다. 이는 비폭력의 모계가 부계로 편입되는 과정을 베벨의 글에서 이해할 수 있다.

"바벨론에서는 처녀가 성년에 달하면 한번 밀리타 사원에 참배하여 자신의 처녀성을 희생물로 바치기 위해 한 남자에게 몸을 맡기는 종교상의 의무가 있었다. 멤피스의 세타페움에서는 아르메니아의 여신 아나이테스에서 제사를 지낼 때, 키프르스와 티루스 시든에서는 아스타르테나 아프로디테에게 제사를 지낼 때, 이와 비슷한 순서가 있었다. 이 관행은 이집트 이지스 제전에도 있었다. 이와 같이 처녀성을 희생물로 바치는 것은 결혼하여 한 남자에게만 독점적으로 몸을 맡기게 되는 것에 대해 여신(모신)께 속죄하는 것이라 한다. '한 남자의 품속에서만 시들어 버리라고 자연이 여자에게 온갖 아름다운 매력을 부여한 것이 아니기 때문이다. 자연의 법칙은 온갖 제한을 무너뜨리고 속박들을 혐오하며 독점은 신성에 대한 모독이라고 본다.' 미지의 남자에게 처녀성을 바치는 그런 희생의 과정을 통해서 더욱더 공고한 여신(모신)의 은총을 구해야만 하였다."(63) (베벨, p.52)

또한 마니아나제도, 필리핀, 폴리네시아, 아프리카 종족들 사이에 최근까지 풍습이 남아 있었던 사실을 베벨은 다음과 같은 쓰고 있다. "빌데아테스 섬의 경우 결혼 첫날밤 집안 남자들이 연령순으로 신부의 침대에 든다는 것이다. 끝에 가서야 겨우 신랑 차례가 온다. 이 습속은 어떤 민족에서는 종족의 사제나 족장(왕)이 모든 남자들의 대표 자격으로 신부에 대한 우선권을 행사하는 것으로 변형되어 있기도 하다. 또 말라바르 섬에서는 카이마르족의 승려를 아내의 처녀성을 파괴하기 위해 고용한다.… 왕이 결혼할 때는 최고의 승려, 종교지도자(제사장)가 일을 치를 의무를 지며, 왕은 그 대가로 금화 50개를 지불한다."(64) (베벨, p.53)

"신부의 처녀성을 파괴하는 일을 족장은 직책상의 임무로 삼았으며 그 보답으로 선물을 받았다. 심지어 어떤 종족에서는 이 처녀성의 파괴가 위에서 말한 것과 같은 목적 하에 생후 몇 개월 안 되는 여아에게까지 자행되었고 아직까지 그러한 지역도 있다. 독일을 포함한 유럽에서 중세 말엽까지 지켜졌던 초야권(Primaenotics)도 그 기원을 따져보면 사실상 전통에 기인한다. 스스로 하인과 농노의 지배자라 자처했던 영주가 종족 수장의 권리를 넘겨받아 행사하였던 것이다."(65) (베벨, p.53)

이처럼 부계사회는 성교권이 부계에 있음을 강조했고, 여성에게 굴욕감을 주어 종속된 존재임을 제도화함으로써, 기독교에서 말하는 인류의 원죄를 만든 후손으로서 여성이 실제로 벌을 받게 했음을 이해할 수 있다. 따라서 여성들이 민주적이고 복지적인 우수한 특성들을 열등한 것으로 만든 결과, 열등한 존재가 되었음을 알 수 있다.

이는 부계사회가 공고화되고부터 인간은 태양신이나 인격신에 의해 창조된 피조물로 전락함에 따라 인본주의를 근간으로 하는 모계주의는 의미를 잃게 되었으며, 마음으로 생각하는 모든 것을 갖고자 하는 탐욕이 배양된 결과로 볼 수 있다. 하여 부계유일신에 의해서 절대주의가 공고화된 서구의 경우, 여성이 소외되어 동성애가 만연하게 되었고, 상대적으로 남성들 간의 동성애가 만연하였던 사실을 볼 때, 부계주의가 인간의 삶과 배치됨을 이해할 수 있다. 이는 동성애(레즈비언)는 부계사회가 여성을 탄압한 결과 모신을 숭배하였던 여신자들에 의해 생성되었던 사실을 다음 베벨의 인용문에서 알 수 있다.

"기원전 600년경 여류시인 사포(Sappho)는 '레즈비언 나이팅게일'이라고 불린 동성애자였으며 여신을 숭모하며 기원하였던 시의 내용을 보자면 이해가 될 것이다. "꽃들 위에 정좌하고 계신 그대 전능의 지배자 오오 거품에서 태어난 이, 제우스의 딸 지혜로운 이여! 나의 탄원을 들을 틈을 내시어 한탄과 참기 어려운 번뇌에서, 오, 모신이여 나를 멸망케 하지 마소서!"(66) (베벨, p.50) 이처럼 모신에 대한 내용이 선명하게 부각되고 있으며 자신을 낳아준 어머니에게 갈구하는 내용으로 보아 이미 부계사회가 확고해졌음을 이해할 수가 있다.

이는 약 4000년 초기 부계사회까지 남녀가 자유로운 혼인과 교제가 있었던 반면, 부계사회가 공고화된 3000년 전경부터 여성은 남성에게 종속되었음을 알 수 있다. 그리고 서구는 로마제국이 성립된 후 부계우월주의와 함께 기독교적 남성우월주의가 통합되면서 남성은 정치적, 종교적으로 우월성을 인정받게 된 사실을 공공연하게 여성을 재산으로 간주한 사실에서 이해할 수 있다. 또한 독일과 유럽에서 중세 말엽까지 있었던 인류 역사가 여성에게 가장 가혹했다고 볼 수 있는 서구부계사회의 초야권(Primaenoctis)으로 나타난 사실에서도 10 대 1의 차별이 있었음을 알 수 있다.

아무튼 부계유일신사상을 근간으로 하는 서구 부계사회는 피조물로서 인간의 고통의 원인을 여성에게 전가하는 가운데, 심화 과정을 거치면서 초야권이 만들어진 사실은 부계주의의 비인간적인 면을 단적으로 보여주고 있다. 왜냐하면 일반 여성까지 초야권이 행하여졌다는 것은 자신의 몸이면서도 자신의 것이 아닌 노예로서, 인간을 재창조하는 여성이 사유재산처럼 대상(객체)이 되었기 때문이다. 물론 초야권은 전통 한국의 조선시대에 천민으로서 기생의 경우에 '머리를 올린다'고 하는 초야권 제도가 있었지만, 어디까지나 기생 생활을 위한 공식적인 통과의례였다는 점에서 서구의 초야권과는 다르다.

이처럼 서구 절대봉건제에서 귀족들이 처녀성을 독점한 것을 일반남성조차 긍정적으로 받아들였음을 생각해 볼 때, 부계주의가 얼마나 관념적인가를 알 수 있다. 하여 서구사회의 여성은 천민이나 거지보다 못한 입장에서 살게 됨에 따라, 성문화가 난잡하였으며, 성폭행이나, 학대를 당할 수밖에 없었음을 알 수 있다. 예를 들어 남성들이 권력을 갖게 되면 모든 여성을 자신의 것으로 할 수 있다거나, 하룻밤만 함께해도 자신의 것처럼 생각하는 등으로 여성에게 가혹하고 기막힌 유습은 오늘날까지 잔재하고 있다는 사실에서 얼마나 가혹했는지 알 수 있다.

즉 포로나 노예와 같은 여성들은 정조 죄가 엄격하게 적용되었고, 객체로서 상품화되어 있음에 따라 부정한 여성을 마치 흠 있는 상품처럼 생각한 그야말로 여성에게는 가혹한 사회였던 것이다. 이는 선의로 모권을 오래전 이양했음에도 불구하고, 여성을 마치 패잔병처럼 대우를 하거나, 인간과 동물사이의 존재처럼 극단적 차별을 하였기 때문이다. 이처럼 여성에게 부당함을 강제하였던 사실을 볼 때 성악설적인 사회로 발전하였음을 이해할 수 있다. 따라서 서구 부계사회가 극단적으로 승리감에 도취한 무모한 독선이나 편의에 따라 왜곡한 결과로 인하여 맞게 된 불확실성의 시대를 살면서 인본주의가 새롭게 등장하면서 과학이 발전하게 되었음을 알 수 있다.

부계 중심의 성문화

여성의 마음을 얻기 위한 수많은 방법을 고안해 내거나, 인기가 없는 남성들은 내심 불만을 갖는 등으로 인해 형성된 부계사회의 부계우월적인 성문화가 자유분방한 성문화로 변모하면서 불안정한 사회가 되었을 것이다. 이는 부권이 더욱 강화되는 만큼 정조의 의무를 여성에게만 부과된 사실에서 이해할 수 있다. 즉 부계사회에서 여성 자신을 방어할 능력도 없는 가운데 정조를 지킬 권리(법, 힘)도 부여하지 않으면서 의무만 있는 사회였던 것이다. 예를 들어 부계 독점으로 인한 방탕함을 여성에게 전가하는 불공정(부정의)한 사회였음을 여성이 정조의 의무를 지키는 않을 때 정조 죄로 다스려 지나치게 가혹한 사실에서 이해할 수 있다. 하여 정조는 권리가 없는 의무임에 따라 무효임에도 불구하고, 정조 죄로 강제한 사실은 여성이 노예 아닌 노예로서, 마치 자연물과 같은 정복의 대상처럼 생각한 비인간적인 사회였음을 이해할 수 있다.

즉 여성 자신의 몸을 자기 마음대로 못하는 이성이 없는 존재처럼 억지 사회였던 것이다. 왜냐하면 상호주의적인 입장에서 남녀가

다 같이 정조를 지켜야함을 간과하고 있기 때문이다. 물론 지역별로 여성의 지위가 차이가 있는 것은 사실이지만 정조의 죄는 동서양을 막론하고 대동소이하다. 즉 여성이 불리한 만큼 유리해진 남성들은 성욕을 주체할 수 없음에 따라 매매혼이 성행하거나 약탈혼도 자행되었으며, 남성에게 반항하는 여성은 패잔병처럼 다루어 여성들은 공포에 떨어야 했던 것이다. 이처럼 여성으로 태어난 것은 인과응보에 의한 벌로 마치 인류의 원죄에 대한 대가를 치러야 하는 존재처럼 푸대접을 받고, 대부분 여성들은 수동적인 삶으로 이중적 태도를 갖고 살아야 했음을 알 수 있다.

예를 들어 반항하거나 모순을 비판할 때 매로 다스려 부상을 입히거나, 심지어 험악한 곳으로 팔아버린 사실 등은 오늘날의 인신매매범죄보다 더 흉측했던 역사적 사실에서 이해할 수 있다. 즉 남성이 주도한 매매춘이 가장 적은 비용으로 고수익을 만드는 사업으로서 부를 창출하는 고정자산인 여성이 남성의 성욕 수요에 비해 언제나 부족하기 때문인 것이다. 물론 부계사회의 구조적 모순을 여성이 하소연해도 소용이 없는 까닭에 마치 창살 없는 감옥생활을 하는 것처럼 두려움으로 인한 정신병을 유발하거나, 나름대로 생존전략을 가져야 했던 것이다. 이는 오늘날 첨단과학기술시대를 살고 있음에도 불구하고 여성들이 남성들보다 우울증이나 조울증 등의 정신질환이 몇 배나 많다는 사실에서도 이해할 수 있다. 즉 태생적으로 복지적인 여성은 인간에게 늘 필요한 존재임에 따라 수많은 쟁탈전을 겪었으며, 근대사회가 성립된 후에도 사회적 미덕이라는 미명하에 고된 삶을 살았기 때문인 것이다.

아무튼 모계신본주의사회는 지구에서 다생의 삶을 통해 영적 진화를 하며 본향으로 가기 위한 수행하는 존재로 생각했다. 즉 모계신본주의사회의 신념이었던 대모신의 유시인 나눔을 실천하여 본향으로 꼭 되돌아오라고 한 '해혹복본'을 믿은 종교임에 따라, 여성이 성을 독점하였던 반면, 부계사회는 피조물로서 지구에서 생을 마감하는 일회적 인생을 생각함에 따라 부계혈통주의를 근간으로 하는 성문화가 형성되었다. 즉 부계 중심의 부족연합국가가 성립하면서부터 인격신으로서 모계유일신신앙은 부계우월종교의 초석이 되었고 종교생활을 주제했던 여성이 객체로 변모하였던 것이다. 물론 대모신의 유지를 구현하였던 여성 사제들은 남신을 위한 사제로 변모하게 되거나 후일 여성 사제들조차 성적 존재로 전락하였다.

예를 들어 모계유일신에서 부계유일신으로 변모한 유대교의 성립으로 모계신앙은 퇴출되었고, 이어서 발전한 기독교로 인하여 구원의 여신은 마귀할멈으로 전락한 사실에서 이해할 수 있다. 하지만 중세유럽에서 고차원의 신앙적 신비체험을 하게 된 비범한 다수의 여성을 마녀라고 하여 수십만 명의 여성이 화형이나 참형을 당했다는 사실 자체가 태고로부터 있어온 종교의 근간이 되는 모계신앙이 사라지는 것이 아니라 잠재하고 있음을 알 수 있다. 참고로 메르베 하빈 해리스는 15세기-18세기까지 약 50만 명의 여성이 마녀사냥에 의해 화형을 당한 것으로 추정하고 있다.

예를 들어 모계신본주의사회의 유습을 이은 전통 한국의 토속신앙인 무교(무속)의 경우, 부계사회가 공고화되고부터 여제사장인 무당이 갖은 학대와 멸시를 당함에도 불구하고, 이웃을 위로하면서 면면히 이어져 오늘날까지 비주류로서 존재하고 있다는 사실에서 이해할 수 있다. 즉 세상의 주류를 이루었던 모계유일신사상이 말기모계사회에 이르러 서서히 무너졌고, 중동에서 부계유일신사상으로 변모하면서 서구문화의 근간인 기독교로 이어졌다 할지라도, 태고로부터 여성과 함께하는 모계주의는 여성이 있는 한 소멸될 수 없음을 말하는 것이다. 따라서 중기 모계사회로서 모계사회에서 인간의 조상인 '대모신'에게 육화의 고마움을 표시하는 제의와 여제사장과 함께 기거하며 성인식을 하였던 초야를 생각해본다면, 일부부계사회가 초야권을 행사한 것은 성악설의 대표적인 예가 됨을 알 수 있다.

부계혈통주의로서 성씨

모계사회에서는 성씨(姓氏)가 없고 이름만 있었다고 전한다. 물론 모계시대는 신생아를 공동 양육할 만큼 인구가 매우 적어 씨족 상호간의 경계도 없었음에 따라 씨족이 운집한 곳의 특정한 지형이나 특산물, 많이 서식하는 동식물 등 지역의 특징에 의하여 구분을 하였다. 또한 모계신본주의사회에서 성씨에 의미를 두지 않았던 이유는 모신의 후손으로 순환 진보를 하는 존재로 믿음에 따라 혈통에 의미가 없다고 생각했기 때문일 것이다. 그리고 모계씨족사회는 다른 씨족에 대해서도 인간적 연대의식이 있었음을 모계가 분배권을 갖는 원시공산제(공유제)를 한 사실에서 이해할 수 있다. 하여 모권사회는 순환을 믿음에 따라 비 혈통사회로서 성씨를 가질 이유가 없는 사회였음을 알 수 있다.

그러나 부계사회의 등장으로 부족집합사회가 모여 연맹체가 형성되었을 때 영향력이 있는 몇몇 부족들은 대표적 인물의 부족지역의 특징이나 특산물, 직업의 분화에 의한 역할 등이 성으로 변모하였거나, 전쟁에 승리한 부족의 성씨가 공을 세운 씨족이나 부족에게 성을 하사하였다. 하여 부계혈통주의로서 성씨는 권력자에게는 신분 유지의 방패막이 되었고, 경쟁적으로 충성과 공을 세우려 신분 유지를 위한 보수적인 경향이 있음을 알 수 있다. 즉 부계혈통주의는 가부장제를 공고화할 수 있었으며, 신분제를 근간으로 하는 전체주의사회가 성립되는 원인이 되었던 것이다. 이처럼 여성은 구시대에서 학대를 받을지라도 하소연할 곳이 없는 가부장제사회였음을 알 수 있다.

이는 남녀 차별을 정당화하는 부계혈통주의가 수천 년에 걸친 공고화된 결과 진리가 됨에 따라 스스로 여성 자신의 입장을 개선할 수 있는 정치에 참여할 수 없었기 때문이다. 반면에 부계사회의 등장으로 남성들은 체력이 좋아지고 가부장의 권한이 강화된 만큼 부양의 책임이 무거워졌다고 할 수 있다. 또한 부계혈통주의는 남성들의 체력을 강화하거나 지배욕 등으로 인하여 유발되는 성욕은 여성을 성적 존재로 전락케 하였던 원인으로 볼 수 있다. 이는 옛날의 전쟁에서 남성의 전리품 중 여자 약탈이 상당한 비중을 차지한 사실에서 이해할 수 있다.

이와 같이 부계혈통주의는 가문의 영광을 인생의 궁극적 목표로 설정하였으며, 여성은 부계혈통 보존을 위한 성적 존재로 혼인한 성씨의 남성을 보조하는 삶을 살게 강제하였음을 알 수 있다. 즉 혼인을 한 후 가부장의 혈통을 만들어 가야함에 따라 친부모에게서 받은 혈통은 의미가 없는 것이다. 이는 남성은 부계혈통주의에 의해서 사회적으로나 개인적으로 아무런 변화가 없이 일관성을 유지하는 반면, 여성은 부계혈통을 위한 보조적 지위로 변모하기 때문이다. 따라서 부계혈통주의의 산물로서 성씨는 극단적 남녀 차별과 배타적인 인종 차별로 분쟁을 끊임 없이 일어나게 한 원인으로 작용하고 있음을 알 수 있다. 또한 성씨는 여성 자신의 정체성에 혼란을 가져오며 갈등이 유발되는 원인임을 이해할 수 있다.

예를 들어 서구의 경우 남편의 성을 따르지만 전통 한국의 조선시대에서 여성이 혼인을 한 후부터 소위 '출가외인'(出嫁外人)이라고 하여 남편의 가계에 소속되어 있으며, 자녀들은 부계혈통의 성씨를 잇고 있음에 따라 가족 내에서 여성 자신의 성씨를 유지하는 이방인이 되는 경우에서 이해할 수 있다. 물론 최근에 우리나라의 경우 성씨의 부계 독점을 거부한 여성계의 결사로 개정한 새로운 호적법에 의해서 모계 성씨를 사용할 수 있게 된 것은 고무적이라 할 수 있다. 하지만 호적법이 일부가 바뀌었다고 해도 수박에 호박 줄긋는다고 수박이 될 수 없는 것처럼 부계혈통주의가 여전히 주류를 이루고 있음에 따라 문제가 유발되고 있다.

즉 오늘날 민주주의 생활양식이 보편화되었다 할지라도 현실적으로 거의 모든 분야에서 부계주의를 근간으로 하는 양극화나 다수결과 같은 승자독식의 문화는 실재하고 있음에 따라 실효성에 문제가 있는 것이다. 물론 이를 극복하기 위해 실질적으로 경제적 기초를 보장하는 '모민주의' 정치경제제도로 적극적 복지사회를 구현할 때 실효성이 있을 것이다. 즉 모계주의를 근간으로 하는 민주주의와 합치되는 모계적분배양식이 보편화될 수 있는 '모민주의' 체제가 세계화되어야 하는 것이다. 이것은 정치 편에서 다시 한 번 논변이 있을 것이다.

그리고 성씨가 없었던 모계사회의 유습을 아메리카 인디언을 통해 이해할 수 있다. 즉 그들에게는 이름은 있어도 성씨가 없었다. 예를 들어 바람이 부는 언덕에서 출산을 했다면 그의 이름은 '바람 부는 언덕'이 된다. 물론 부족 명칭으로 구분을 하였지만, 부계혈통주의를 근간으로 하는 성씨와는 다른 것이다. 하여 인디언의 다양한 이름은 동명이인이 없다는 사실에서 인간의 개체성이 확립되고 있음을 알 수 있다. 물론 대다수 인디언의 삶은 평화적이고 직관적임에 따라 성씨를 갖고 배타적일 이유가 없었을 것이다. 즉 종교적 인간형이 주류를 이룬 사회로서 복잡한 규칙이나 말과 글이 그다지 필요치 않은 행복지수가 높은 단순한 사회였음을 말하는 것이다.

물론 서구인들은 적자생존의 상극문화로 인하여 그들의 삶을 제대로 이해할 수 없었기 때문에 인디언이 호전적인 미개한 사람들이라고 생각했다. 하지만 서구인들이 북아메리카에 도래했던 초기에 친절하였던 인디언을 수탈함에 따라 인디언 스스로 자구책을 강구한 사실에서 사실무근임을 알 수 있다. 물론 서구인들이 절대존재를 부정한 불확실성시대를 살면서 생성된 자본주의가 표리부동하며, 극단적이라는 점을 인디언들이 알 수 없었기 때문에 배신감을 느낀 결과로 볼 수 있다. 예를 들어 자본가들은 인디언에게 무기를 팔아서 엄청난 이익을 취했음에도 불구하고, 인디언이 야만적, 호전적이라고 한 사실에서 표리부동함을 이해할 수 있다. 하여 착취를 합리화하기 위해 극소의 부문만 침소봉대(針小棒大)하거나, 속임수를 정당화하거나 야만인으로 몰아가는 등 착취 기술의 발달이 인간성 황폐화로 나타나게 된 결과임을 알 수 있다.

따라서 인디언의 생활은 성씨를 갖지 않고서 동료로서 인간의 사회성(연대성)과 개인성이 균형을 이룬 사실을 두고 볼 때, 행복지수가 높은 사회였음을 이해할 수 있다. 또한 모계사회가 인간의 개체성에 부합되는 이름을 중시한 것과 달리 부계혈통주의를 근간으로 하는 성씨는 불합리하다는 사실을 카모디의 글에서 이해할 수 있다. "여신을 숭배하는 문화에서는 어떤 아이든 비합법적인 아이로 낙인찍는 관습이 없다. 이러한 사회는 모계사회(여성 혼자의 힘으로 출산이 가능하다고 믿고 있기 때문에 당연한 결과이다)이기 때문에 어머니가 누구인지를 아는 아이는 모두 합법적이다. 따라서 모든 아이들이 합법적일 수 있다."(67) (카모디, p.38)

하여 모권사회는 혈통주의 자체가 없었으며 성교 권을 여성이 갖고 있음에 따라 여성의 경우 정조의 의무가 없었던 반면, 부계사회는 성씨 독점과 아울러 성교독점권을 갖게 되면서부터 여성들에게 정조의 의무를 부과하였음을 알 수 있다. 즉 마치 절대자(왕)자신은 지키지 않는 법을 편의대로 제정하는 것처럼, 부계가 여성 위에 군림하는 것과 마찬가지였던 것이다. 따라서 부계혈통주의가 여성 자신이 몸 주인임에도 불구하고 주인이 아닌 것처럼 만들었음을 알 수 있다.

하여 부계혈통주의에 근거한 성씨가 신분제를 만들고, 닫힌사회를 지향함에 따라, 위험한 세상의 원인이 되었다거나, 여성을 억압하는 원인으로 작용하고 있음을 알 수 있다. 따라서 부계혈통주의는 인간 동료로서 남녀를 지배와 피지배의 관계로 만든 원인이 되었음을 이해할 수 있다. 물론 부계우월종교 내지는 부계유일신종교가 이를 정당화함에 따라 남성들은 동료인 여성을 종속된 상태로 만들 수 있었다. 이는 여성이 혼인을 하더라도 친가의 성씨를 유지하는 전통 한국을 제외한 대부분의 나라에서 여성이 혼인과 함께 남편의 성을 따르는 성씨의 남성 독점에서 이해할 수 있다.

물론 음양론에 충실한 전통 한국의 경우 인간의 개체성을 존중한 '안의 문화'가 있었기 때문에 비록 가부장사회라 할지라도 대가족 내에서 모성이 '안주인'이 되고, 부성은 '바깥주인'이라 하여 모성을 가정의 한 축으로 생각하였기 때문에 여성이 친가의 성씨를 유지할 수 있었다고 할 수 있다. 참고로 여성의 안정이 가정의 안정을 의미하고 있듯이, 모계적 가치를 근간으로 한 고대 한국(단국)은 대가족을 하나의 독립된 영역으로서 모성이 가족의 중심(구심력)으로서 존중한 것이 '안의 문화'라고 할 수 있다. 이는 안(安)은 집에 여자가 있어야 안정이 된다는 의미가 있음에 따라 안정의 근원을 안에다 두고 있음을 알 수 있다. 물론 '아내'라는 말에서도 이해할 수 있다.

성씨 독점의 문제

부계사회가 잦은 분쟁과 더불어 승리한 부족의 왕이나 귀족이 성씨를 만든 것은 지배를 공고히 하기 위한 방편이었을 것이다. 또한 부계사회에서는 인구의 증가와 더불어 유발되는 잦은 전쟁 등으로 인한 보상이나, 신분제를 유지하기 위한 연좌제나, 충성 경쟁 등을 위해 성씨가 필요했을 것이다. 실제로 고대사회의 대다수 하층민에게는 성씨가 없었고 부족을 대표하는 지배계급만이 성씨를 갖고 있었지만, 귀족만이 갖고 있었던 성씨가 후일 일부일처제의 가족제도와 함께 보편화된 사실에서 이해할 수 있다. 따라서 신분이나 역할을 의미했던 성씨가 부계혈통주의와 결합하여 정치세력으로서 발전하는 원동력이었음을 알 수 있다. 물론 성씨로 인한 차별이 극단적인 경쟁을 유발함에 따라 중앙집권을 가속화하는 원인이 되기도 하였다.

그리고 부계혈통주의가 종교까지 독점하면서 여신 종교가 무너진 사실을 카모디는 다음과 같이 쓰고 있다. "부계사회에서는 아이들의 혈통, 상속 그리고 합법성이 자신들의 아버지를 통해서 가능하기 때문에 아버지가 누구인지를 알아야 한다. 부계적이고 예언자적 종교들(유대교, 기독교, 이슬람교)이 중동의 여신숭배와 만났을 때 심각한 갈등이 표출되었다. 남성 중심적인 사회적 권위와 남신 중심의 신 관념은 여신숭배를 매우 위험한 것으로 인식을 하였다. 남성 중심의 종교가 세력을 확장하게 되자 그들의 종교사상과 문화적 권위가 '정통적'인 것이 되었고, 여성지향적인 여성을 숭배하는 종교는 사악하고 타락한 종교로 변하게 된다."(68) (카모디, p.38)

이처럼 부계혈통주의의 성씨 독점으로 인하여 여성들은 모계유습을 잊게 되었고, 우주창생원리를 의인화한 모계유일신의 후손인 구원의 여신은 남신으로 대체되었음을 알 수 있다. 이는 아마도 부계사회의 등장으로 비 혈통적인 모계사회에서 부성은 누구인지를 몰라도 모성이 출산한 아이는 확실하게 모성의 소속임을 알 수 있음에 따라 모계의 정치세력을 우려한 나머지 여신종교는 철저히 파괴하였을 것이다. 하여 모권사회에서 부권사회로 변화되는 과정을 베벨의 글에서 참고하면,

"아테네에서 아주 일찍이 그러나 여성들의 강력한 반발 아래에서 이루어졌을 것이 분명한 모권에서 부권으로의 교체 과정을 아이스킬로스는 비극「유메니데스(Eumenides)」에서 감동적으로 묘사하였다. 줄거리는 다음과 같다. 클리템네스트라의 남편 미케네 왕 아가멤논은 트로야 원정길에 오르기에 앞서 딸 이피게니아를 신탁에 따라 제물로 바친다. 모권에 의하면 남편에 속하는 것이 아닌 자신의 자식을 제물로 바친 것에 격분한 어머니 클리템네스트라는 아가멤논이 출정을 나간 사이 그의 부하인 에기스토스를 남편으로 삼았다. 고대 율법에 따르면 이는 결코 부덕한 일이 아니었다. 수년 후 미케네로 돌아온 아가멤논은 클리템네스트라의 사주를 받은 에기스토스에 의해 살해된다. 아가멤논과 클리템네스트라 사이에 태어난 오레스테스는 아테네와 아폴로의 도움을 받아 아버지 살해에 대한 복수로 자신의 어머니와 에기스토스를 살해한다. 에니리스(복수의 신)들은 어머니를 살해한 오레스테스를 고발한다.…

이렇듯 에니리스들은 아버지의 권리나 남편의 권리를 인정하지 않았다. 그들에게는 어머니의 권리가 있을 뿐이었다. 왜냐하면 남편은 혈연관계에 포함되지 않기 때문이다."(69) (베벨, p.40)

이처럼 서구가 부계사회로 어느 정도 공고화된 사회였음에도 불구하고 모성의 권위가 존중되었다는 사실을 볼 때, 여성의 정치세

력화를 두려했음을 알 수 있다. 하지만 로마의 부족사회가 중앙집권적인 계급국가로 로마제국이 성립하면서 소멸되었고, 다신교적이었던 로마는 후일 부계유일신사상을 습합함에 따라, 부계혈통주의는 강화되어 여성은 소외되기에 이르렀다. 예를 들어 여성이 부계에 종속됨에 따라 도덕적 타락에 의한 간통이 성행하여 최고의 귀부인까지 매춘부에 등록되었던 사실에서 이해할 수 있다. 또한 자포자기의 삶을 강제했던 부계혈통주의를 거부하는 여성들의 개인적인 복수도 많았던 사실에서 이해할 수 있다. 베벨은 다음과 같이 전하고 있다. "유베날리스의 보고에 의하면 당시(기원전 1세기 전반기) 로마에서는 남편의 독살조차 결코 진기한 사건이 아닐 정도였다고 한다."(70) (베벨, p.63)

이는 로마제국을 통해서 확고해진 남성우월주의로 남성들의 자만과 성폭력이 만연하게 되었기 때문이다. 베벨은 다음과 같이 쓰고 있다. "로마제국의 권력이 강화되고 그 영토가 팽창함에 따라 혼인에 있어서 도덕적 엄격함은 사라지고 가장 질 나쁜 악덕과 방탕만이 난무해 갔다. 로마는 이제 음탕, 탐닉, 육감적 세련을 당대의 모든 문명국들에 전파하는 중심지가 되어 버렸다."(70) (베벨, p.61)

이처럼 부계우월주의가 공고화되는 만큼 성적으로 문란해진 사회가 되었음에도 불구하고, 여성에게만 '정조의 의무'를 부과한 자체가 모순임을 알 수 있다. 즉 부계우월주의 성문화로 여성은 성적 대상이 되었던 것이다. 예를 들어 모성이 출산했을지라도 자녀는 부계 성씨를 갖게 되는 부계의 성씨 독점으로 여성은 성적 존재로서나 씨받이로 변모한 사실에서 이해할 수 있다.

즉 주체인 사람이 자연을 대상으로 보는 것처럼 남성이 주체이고 여성이 대상으로 전락되었던 것이다. 이는 오늘날 자본주의 인간의 상품화보다 훨씬 오래전 부계사회의 등장으로 여성들은 상품화되어 정조를 마치 흠 없는 상품처럼 생각했던 사실에서 이해할 수 있다. 이처럼 부계혈통주의는 남성들의 무절제한 성욕을 부추김에 따라, 이미 사회적 약자로 전락한 여성이 정조를 지키기 어려운 상황에 있음에도 불구하고 의무로 강제한 이중 고통에 시달리게 했음을 알 수 있다. 하여 모계신본주의사회에서 여성이 성교독점권을 갖고, 성욕과 수태를 조절하여 안정되게 살았던 것처럼 새로운 모계우월적인 성문화가 조성되어야 함을 알 수 있다. 즉 식욕과 달리 성욕은 문화적이기 때문에 문화적 존재인 인간은 동물들과 달리 고차원의 존재로서 자율적으로 성욕을 조절할 수 있는 모민주의 체제가 적합할 것이다.

아무튼 권력의 양극화와 더불어 남녀 간의 심각한 불균형에 의해서 피해를 입은 여성들은 조용히 힘을 축적하였으며, 균형을 이루기 위한 여성들의 비협조와 기만은 국가의 존망을 위태롭게 하는 경우가 많았음을 알 수 있다. 이처럼 내부의 적처럼 위험한 존재로서 저항을 한 결과, 여성들은 약간의 재산을 상속받을 수 있게 되었고 보잘 것 없는 지위라도 가질 수 있었다. 즉 전통 한국에서 양반층에서 여식에게 상속한 것처럼 주로 식견 있는 지식층과 사회적으로 덕망이 있는 중상류층은 여식에게도 상속을 하였다. 이러한 현상에 대해서 상당한 불만이 있었던 것을 베벨은 전하고 있다.

"부권제적 씨족이 몰락하고 그 의미가 퇴색되어간 후기의 상황은 로마 여성들에게 한편 유리하게 되기도 했다. 나중에 그들은 상속받았을 뿐 아니라 그 재산에 대한 관리권도 있었다. 그리스 여성들보다 훨씬 더 유리한 지위를 차지하였던 것이다. 이렇듯 여성들이 점진적으로 더 자유로운 지위를 획득해 가는 것을 보고 노년의 카토(Cato, BC 234년 출생)는 탄식을 했다. 집안에서 가장들이 모두 선조들의 본을 받아 각자 아내를 적당히 복종을 시키려고 노력을 했더라면 이제 와서 우리가 여자들로부터 이토록 공공연하게 시달림 받는 지경에 이르지 않았을 것이다."(72) (베벨, p.60)

이처럼 로마제국 여성들의 지위가 개선된 것은 소극적 투쟁으로 사회에 비협조적인 것으로부터 사회지도층이 각성하는 계기가 되었고, 지도층들에 의해 지원받는 비범한 여성들이 주도하여 중산층 여성들이 참여했기 때문에 가능했음을 알 수 있다. 물론 로마제국은 다신교적이었기 때문에 상속이 가능했다고 할 수 있다. 하지만 로마제국이 기독교를 받아들이면서 서구사회의 여성의 지위는 보잘 것 없었고 평균적으로 본다면 10대 1 정도로 매우 낮았음을 알 수 있다. 예를 들어 당시의 종교 역시 사회적 약자들의 안식처로서, 여신자들이 주류를 이루면서 복지활동을 하였지만, 부계우월종교에서 결코 여제사장이나 종교지도자의 지위를 가질 수 없었던 사실에서 이해할 수 있다. 따라서 부계혈통주의를 근간으로 하는 성씨 독점을 거부한 현대 한국 여성의 호주제 개정을 관철한 것은 기존의 성씨제도를 퇴출케 하는 전 단계로서 고무적임을 알 수 있다.

제 2 부

인간존엄

Ⅰ. 인간존엄시대

Ⅱ. 한민족과 인권

Ⅲ. 수난을 극복한 한민족

I
인간존엄시대

인권의 사전적 의미는 "인간의 생존에 있어서 불가결한 기본적인 권리로서 형식적으로 말하면 국가의 기본법인 헌법에 의해서 즉, 단순한 법률에 의해서 규정되는 권리보다도 가장 우선적으로 보장되는 권리를 말한다."고 했다. 이처럼 인권은 법을 해석하는 기준으로서 중요한 의미가 있음에도 불구하고 인권을 따질 경우, 일반적으로 까다로운 사람처럼 보는 이유가 무엇일까? 또한 자연법사상(천부인권)에 근거하여 법으로 보장받게 된 인간의 기본권으로서 인권은 의무가 없는 권리라는 점에서 인간존엄의 최고의 가치임에도 불구하고, 인권에 대해서 소홀하게 되는 이유가 어디에 있을까?

이는 시민혁명이라는 엄청난 대가를 치르고 성립한 근대사회의 위대한 유산을 반드시 유지 계승해야 함에도 불구하고, 구시대보다 더 많은 전쟁과 제국주의로 힘든 삶을 산 사실에서 답을 찾을 수 있을 것이다. 이는 절대봉건제가 무너지고 상대주의를 근간으로 하는 근대민주주의가 성립되었음에도 불구하고, 구시대의 권력양극화처럼 부의 양극화를 지향하는 자본주의에 원인이 있다고 할 수 있다. 다시 말해서 부계적 가치를 근간으로 하는 사회에서는 형식만 다를 뿐 언제나 양극화를 지향하고 있음을 말하는 것이다.

이는 자연법사상에서 발현된 자유주의(개인주의)체제에서도 이해관계가 충돌할 때 인권이 선언적인 의미에 머물게 되는 원인으로 작용하고 있다.

즉 부계적 분배양식을 근간으로 하는 자유주의가 양극화를 부추기는 배금주의를 형성함에 따라 인간존엄을 근간으로 하는 근대정신과 불합치함을 말하는 것이다. 특히 부계주의를 근간으로 하는 근대민주주의사회가 성립된 후 여권신장이 이루어진 것은 사실이지만, 절대다수의 여성이 구시대와 같이 변함없이 사회적 약자라는 사실에서 이해할 수 있다. 물론 인종차별과 다른 성격으로 오랫동안 부계주의에 의해 형성된 성차별의 결과일 것이다.

하여 지구촌사회를 살아야하는 신인류는 민주적, 복지적, 제한적 분배양식을 근간으로 하는 모계주의와 전체주의적, 무제한 소유를 근간으로 하는 부계주의가 균형을 이루는 새로운 모민주의체제의 세계화로 남녀 평등지수가 5대 5를 이루는 적극적 복지사회에서 살아야함을 알 수 있다. 이는 인권선언을 천명한 지 200년 이상이 되었음에도 불구하고, 자본주의 분배양식의 결과인 양극화로 인간존엄을 위한 역사 발전은 퇴보하고 있기 때문이다. 하여 시민혁명의 결과물인 오늘날 인권개념의 근간이 되는 서구인권의 역사를 알아보는 것은 의미가 있을 것이다.

1. 근대사회의 성립

중세 유럽이 헤브라이즘(부계유일신주의, 부계신본주의)을 거부하여 13세기 암흑기를 벗어남과 동시에 고대 그리스의 헬레니즘(인본주의)을 근간으로 하는 르네상스가 14세기에 일어나면서 자유주의가 발현되었다. 또한 자연법사상과 경험주의가 발달하게 되면서 산업혁명이 일어남에 따라 근대민주주의사회사회가 성립할 수 있었다. 이러한 일련의 현상은 모계주의를 근간으로 하고 있다는 점에서 주목할 필요가 있다. 이는 언행일치의 삶으로 인간이 영적 존재임을 보여준 성현들의 가르침이 후일 인간존엄이 법률로 보장된 것으로 볼 수 있기 때문이다.

물론 모계신본주의사회가 인간을 신의 후손으로 영적 존재임을 믿은 것과 맥락을 같이하고 있다. 즉 모계사회가 수많은 순환 진보의 과정을 거친 신인(성현)이 인류의 구원을 위해 현현한다고 믿었던 것처럼, 성현(진인)이 사람들에게 지역의 특성과 부합되는 가르침으로 인간존엄을 깨닫게 하고 문명화한 결과인 것이다. 따라서 부계신본주의를 근간으로 하였던 서구 사회에서 영국의 청교도 혁명(1642), 명예혁명(1688)과 미국의 독립혁명(1776), 프랑스 대혁명(1789) 등으로 근대 시민사회가 성립되었고, 시민혁명의 명분이었던 인권선언은 인류의 위대한 유산으로 남게 한 사실은 우연히 만들어진 것이 아님을 알 수 있다.

물론 동양에서 인간이 만물의 주체라는 인본주의를 근간으로 하는 인간존엄의 역사가 오래되었다. 이는 백성은 하늘이요, 백성이 있기에 왕이 있다는 민본주의에서 알 수 있다. 따라서 서구의 절대주의에 반동하여 생성된 상대주의로서 근대민주주의와 동양의 민본주의와는 인본주의라는 측면에서는 같지만, 근본적으로 차이가 있음을 알 수 있다. 다시 말해서 음양론을 근간으로 하는 '천지인' 사상은 하늘, 땅, 사람을 삼신으로 생각하면서 사람이 피조물이 아닌 주체로서 그 중심에 있다고 생각한 사상임에 따라, 서구의 자연법사상과 인간존엄이라는 측면에서 동일할지 모르나 광의로서는 다르다는 의미이다.

즉 피조물로서 천부인권을 갖고 있음을 말하는 자연법사상을 근간으로 하는 자유주의(개인주의)와 인간은 피조물이 아닌 스스로 주체라고 생각하는 민본주의와 다름을 말하는 것이다. 이는 민본주의는 고대동양의 사상으로서 세상만물과 어울리는 조화를 중시한 덕치주의의 연원이 되고 있으며, 율법주의에서 연원하는 서구 자유주의는 인간 상호간의 문제만 중시한 법치주의로 나타난 사실에서 뿌리가 다름을 이해할 수 있다. 예를 들어 민본주의를 근간으로 하는 동양은 남녀가 어느 정도 균형을 이루어 조화로웠던 반면, 구시대는 10대 1 정도의 차별로 여성이 소외되었던 사실에서 이해할 수 있다. 즉 동양의 민본주의는 백성을 하늘이라고 하여 인간 자체를 삶의 주체로 인식했던 것이다. 이는 인간은 주체로서 자율적 존재임에 따라, 스스로 자신을 갈고 닦아 모범을 보이는 소위 '수기치인'(修己治人)의 삶을 살 것을 주문한 사실에서 이해할 수 있다.

하여 조건부적인 동양보다 무조건적인 서구의 천부인권의 개념과는 차이가 있음을 알 수 있다. 따라서 서구의 자연법사상은 인간의 기본권으로서 인간존엄을 구체화하고 있다는 사실 자체가 동양보다 적극적임을 이해할 수 있다. 예를 들어 서구의 자연법사상은 인간존엄을 구현하기 위한 시민혁명으로 근대사회를 성립케 한 사실에서 이해할 수 있다. 하지만 인간의 개인성을 근간으로 하는 자유주의가 인간의 사회성과 부조화를 이루어 위험한 사회를 만들게 됨에 따라, 천부인권의 내용으로서 자연법사상의 본질이기도 한 '천부소유권'을 보장해야 할 필요가 있다. 다시 말해서 인간존엄을 구현하기 위한 최소한의 물적 기초를 보장하는 모계적 분배양식을 근간으로 하는 적극적 복지사회로 역사 발전되는 것이 자연법사상의 취지와 부합됨을 말하는 것이다.

자연법사상을 현실화

근대사회가 성립된 것은 상업 활동에 대해서 국가 개입을 거부하는 자유주의 토양이 다져진 가운데, 18C의 자연법 사상가였던 존 로크와 루소, 몽테스키외 등에 의한 사회계약설이나 천부인권사상이 이론적으로 구체화되었으며, 동시에 산업혁명으로 자본주의가 만들어졌으며, 이러한 상황이 계몽주의자를 중심으로 저변에 확대되면서 유발된 시민혁명의 결과이다. 즉 자유주의는 절대봉건제를 흔들었으며 사회계약론은 계몽주의자들에 의해 확산되었고, 과학기술의 발달로 가능했던 산업혁명에 의한 생산 양식의 획기적 변화와 구시대의 부패로 유발된 시민혁명으로 근대사회가 성립되었음을 말하는 것이다.

이를 법학자 권영성은 다음과 같이 쓰고 있다. "존 로크(J.

Locke)는 그의 시민정부 이론에서 국가 성립 이전의 자연 상태에서 인간은 자연법의 지배를 받았고, 인간은 누구나 자연법상의 생명 자유 및 재산에 관한 고유의 권리 즉, 자연권을 향유하였다고 하면서, 이 자연권의 보장을 위하여 인민 간에 체결된 계약이 사회계약이라고 하였다. 로크의 이러한 천부인권론 내지 자연권론이 인권관념의 형성에 주요한 이론적 근거가 되었다."(73) (권영성, 『헌법학원론』, 법문사, 1992, p.240)

하지만 자연법사상에 근거한 시민혁명의 결과가 여성들에게도 새로운 삶을 가능케 한 것은 사실이지만, 당시는 남성만의 자연법사상에 지나지 않았다. 이는 혁명에 참여하여 여권신장을 부르짖었던 대다수 여성 지도자들의 삶이 비참한 결과로 막을 내렸기 때문이다. 즉 근대사회를 성립케 하기위해 여성들은 혁명의 주체로서, 적극적으로 참여하여 희생의 대가를 치렀음에도 불구하고, 혁명의 객체로 전락케 하여 보상이 전무하고, 여성을 폄하하는 오랜 전통과 습속으로 여성 지도자들을 무능력한 존재로 만들거나 무시하였으며 심지어 처형까지 하였던 것이다. 다시 말해서 사냥이 끝난 다음에 사냥개를 삶아 먹는다는 '토사구팽'을 당하였다는 뜻이다. 하지만 이에 굴하지 않고, 여성들 스스로 여권신장을 위한 결사를 끝없이 한 결과가 자신들 뿐만 아니라, 사회적 약자의 인권을 개선할 수 있었으며, 바이마르헌법을 만드는 계기가 되었다.

그리고 프랑스 대혁명의 인권선언은 "모든 인간은 평등하게 창조되었고 자유롭게 생존한다. 단지 사회적 차별은 공동이익을 위해서만 설정할 수 있다."고 했다. 하지만 실제로는 한계가 있었다는 사실을 헌법학자 한상범은 다음과 같이 쓰고 있다. "시민적 기본권은 당초부터 한계를 지니고 있었다. 프랑스 인권선언(1789)은 애초에 '능동적 시민' 과 '수동적 시민'을 구별한 전제에서 출발하고 있었다. 수동적인 시민인 여성과 하층시민을 인권의 향유 주체에서 예외로 둔 것은 우리가 두루 아는 사실이고 당시로 보아서는 어쩔 수 없다고 하는 시대적 사회적인 한계를 양해해야 할지 모른다." (74) (한상범, 『기본적 인권』, 정음사, 1985, p.4) 이처럼 당시의 여성은 여성해방을 위해 혁명에 능동적으로 참여할 정도로 능력이 있었으며 뚜렷한 인권의식이 있었음에도 불구하고, 수동적 시민으로 분류된 당시의 여성은 가사노동과 함께 출산양육 등으로 힘겨운 생활을 했음을 알 수 있다.

베벨은 다음과 같이 쓰고 있다. "한마디로 순전히 부엌데기일 뿐이었으며, 일요일 교회 예배에 참석하는 것이 유일한 위안이었다. 결혼도 같은 사회계급 내에서만 가능하였으며, 다른 계급에 대한 배타적의식이 모든 관계를 지배하였다. 딸들은 이러한 정신적 상황에서 양육되었고 딸들에게는 가정에서의 은둔생활이 엄격히 강요되었다. 정신교육은 전무하였고 따라서 그들의 정신영역이란 협소한 집안일의 범위를 넘지 못하였다.…

그 위에 공허하고 천박한 형식주의가 가세해 그것이 교양과 정신의 골격을 이루었으니, 여성의 삶은 진정 천편일률적인 형벌 그 자체였다. 종교개혁의 정신은 완고한 관료주의적 형식주의로 타락하였고, 인간의 본능적 충동과 삶의 즐거움은 '품위 있는'이라고 지칭되는, 그러한 정신을 말살하는 산더미 같은 생활 규칙들 때문에 사라졌다. 공허함, 편협함 등이 시민계급을 지배하였으므로 사람들은 음울한 억압과 비참한 제약 속에서 생활했다."고 했다.(75) (베벨, p.105)

이처럼 단지 여자라는 이유만으로 소외되었다는 것은 이해하기 어렵지만 역사적 사실임에 분명하다. 이는 프랑스 대혁명에 참여했던 롤랑부인 같은 비범한 다수의 여성 지도자들이 단두대의 이슬로 사라졌다는 사실에서 이해할 수 있다. 즉 만민평화와 인간존엄을 근간으로 하는 근대사회를 성립하기 위해 여성이 혁명에 참여했음에도 불구하고, 정서적으로 여성의 정치세력을 용납하지 않는 서구 기독교문화가 실재하고 있었던 것이다. 다시 말해서 서구 기독교문화에서 여성은 수동적 시민으로서 뿌리 없는 꽃꽂이와 같은 존재임에 따라 여성 지도자는 정치적 힘이 없었음을 말하는 것이다.

물론 기독교가 설파한 인류의 낙원을 잃게 한 원죄자인 여성 '하와'의 후손이라는 상징성으로 형성된 여성비하문화가 정서로나, 제도 등으로 공고화된 결과로 볼 수 있다. 하여 서구의 부계신본주의 사회에서 여성을 전쟁포로처럼 노예화가 공고화되었기 때문에, 상대주의(인본주의)를 근간으로 하는 근대민주주의사회가 성립되었음에도 불구하고 여성의 정치 참여가 힘들었음을 이해할 수 있다.

또한 기독교율법주의를 근간으로 한 고대 법철학에서도 왜 여성이 소외되었는지를 이해할 수 있다. 이는 법학자 김철수의 다음 글에서 이해할 수 있다. "정의의 개념을 소피스트(Sophist) 중에서도 정의를 강자의 이익으로 본 트라시마코스(Thrasymachos)는 주장하기를 '정의란 보다 강력한 자의 이익 이상의 것은 아니다. 모든 정부는 자기의 이익이 되도록 법률을 만든다. 민주정치는 민주적인 법률을 전제정치는 전제적인 법률을, 그리고 그와 다른 정부도 마찬가지이다. 그리하여 일단 그들이 법률을 만들면 그들 자신에게 이익이 되는 것을 인민에 대하여는 정의라고 고집한다. 그리하여 이를 침해하는 자를 법과 정의에 위반한 자라고 처벌하는 것이다. 가장 우수한 자인 소크라테스여, 이것이 내가 말하고자 하는 것으로 모든 국가에 있어서 정의라고 하는 것은 확립된 정부를 위하여 이익이 되는 것과 동일한 것이다. 정부는 권력을 가지고 있다. 따라서 옳게 추리하는 자에게는 모든 경우에 있어서 보다 강력한 자의 이익이 되는 것이 정의이다' 이러한 정의개념을 후세학자들은 국가적 정의라고 하고 있다."(76) (김철수, 『법과 사회정의』, 서울대학교 출판부, 1991, p.87)

인권선언의 구현

시민혁명의 명분이었던 자유, 평등, 박애라는 인권선언으로 인간은 성선설적인 존재임을 입증하는 계기가 되었으며. 인류의 위대한 유산인 근대사회를 성립할 수 있었다. 즉 인간존엄을 구현할 수 있는 기초를 마련했다는 자체가 인간승리인 것이다. 특히 인간이 부계유일신으로부터 독립함에 따라, 모계유일신을 자유롭게 숭배할 수 있게 되었으며, 여성들이 복지적, 민주적인 자신들의 생태적 특성과 부합되는 체제를 만들기 위해 조직화한다든지, 여권신장을 위해 스스로 동참하여 사회적 지위를 회복하는 계기까지 마련되었다는 점에서 고무적인 것이다. 하지만 인간의 이기심을 동기유발로 하는 자본주의가 탐욕을 정당화함에 따라 만든 정경유착의 결과인 제국주의로 세상을 곤경에 빠트린 것이나, 수많은 전쟁으로 근대사회를 위기에 몰아넣은 일도 많았다. 즉 모든 인류를 위한다는 인권선언은 근대사회를 성립케 하였지만, 구시대와 마찬가지로 부계가 권력을 독점한 가운데 제국주의를 펼쳐감에 따라 식민지역은 인권선언을 착취를 위한 기만책 정도로 생각했던 것이다.

또한 자연법사상을 근간으로 하는 근대사회에서 남녀 차별이 여전했으며 신인류로 살아야 하는 오늘날까지 국회에 10대 1 정도에 머물러 있는 것은 문제이다. 즉 혁명 초기에 남성과 여성들의 공조투쟁으로 봉건왕조를 무너뜨린 후, 권력의 핵심에 진입도 못 한 채 여성 지도자들은 남성 지도자들에 의해 토사구팽을 당하여 오늘날까지 권력의 반을 획득하지 못하고 있음을 말하는 것이다. 하여 인권선언을 한 지 200년이 지난 오늘날 남녀 평등지수가 5대 5를 구현할 수 있는 체제의 세계화로 역사 발전되어야 함을 알 수 있다. 즉 지구촌시대의 신인류로 살기 위해 새로운 모계적 분배양식을 근간으로 하는 모민주의 체제로 적극적 복지사회가 구현되어야 5대 5를 지향하는 인권선언의 실효성이 있음을 말하는 것이다.

물론 수천 년에 걸쳐 억압을 받았던 여성들은 스스로 여권신장을 하고 있음에 따라 여성 자신들과 생태적으로 부합되는 적극적 복지사회의 구현을 주도할 수 있을 것이다. 이는 인권선언의 실효성을 위한 여성의 결사가 사회적 약자들의 인권을 개선하였으며, 결과적으로 소극적이나마 복지국가가 성립된 사실을 상기해볼 때 가능함을 알 수 있기 때문이다. 다시 말해서 그림의 떡과 같았던 초기 자본주의사회의 인권선언을 생태적으로 복지적, 민주적인 여성과 부합되는 복지국가를 성립하여 실효성을 갖추게 하였음을 말하는 것이다.

이는 1791년 프랑스 헌법에서 정복을 목적으로 전쟁하지 않으며, 다른 국민의 자유도 침해해서도 안 된다고 했지만, 실제로는 식민지나 국내 인권도 보장되지 못했던 표리부동한 사실로 인하여 형성된 당시의 혼란스러운 사회를 극복하기 위해 여성 운동가들이 모계적 해법인 복지사회를 제시한 결과인 것이다. 즉 남성들의 계급투쟁의 명분으로서 남성들만의 인권선언으로서, 실제 생활에 있어서 지켜지지 않는 공허한 약속에 불과했던 법과 현실의 차이를 여성 지도자들이 중심이 되어 개선하여 좁혀갔음을 말하는 것이다. 하여 생태적으로 복지적인 여성이 권력의 반을 갖고, 적극적 복지사회의 구현을 위한 모민주의 생활정치에서 활약할 때 가능할 것이다.

근대정신과 배치되는 자본주의

중세 암흑기를 벗어난 서구사회는 불확실성의 시대로 접어들면서 절대봉건체제는 날로 약화되었으며, 과학적 확실성에 의해 일어난 산업혁명으로 자본주의 생산양식으로 획기적인 변화를 하게 되었다. 즉 산업혁명으로 인본주의에 대한 확신을 갖게 된 결과 변화를 요구하기에 이르렀으며, 부계신본주의를 근간으로 성립한 절대봉건의 부패한 왕조는 시민혁명에 의해 퇴출되면서 근대사회를 성립할 수 있었던 것이다. 즉 인간은 태어날 때부터 하늘로부터 부여받은 '천부인권'을 갖고 있음에 따라 인간은 존엄한 존재로서 평등해야 한다는 자연법사상을 근간으로 성립한 근대사회인 것이다.

다시 말해서 자유경쟁을 국가가 간섭하지 말라는 자유주의가 시민혁명의 성공으로 관철됨에 따라 개인의 삶이 국가보다 우선하는 기능국가시대가 된 것이다. 즉 자유경쟁을 통한 물질적 풍요가 인간을 해방할 것이라고 믿음에 따라 스스로 국가의 주체가 되어 자유와 평등을 권리로써 보장받는 대신 복지 책임이 개인에게 있음을 전제한 사회를 말하는 것이다. 하지만 초기 자본주의는 자본가에게 끝없는 축적을 가능케 하고, 계약의 자유는 사회적 약자로서 노동자에게는 착취의 덫이었고, 오히려 절대봉건왕조에서도 있었던 시혜조차도 없었던 사회였다. 그리고 여성이나 노약자는 착취와 빈곤을 하소연할 수 없는, 그야말로 거지가 될 자유밖에 없었을 뿐만 아니라 자본가는 자본의 축적을 위해 말 바꾸기를 수시로 함에 따라 자유계약은 약자에게 늘 불리한, 착취를 합법화한 노예계약이었다고 할 수 있다.

하여 구시대가 퇴출되었지만 전체주의보다 강력한 원초적 본능에 기인한 배금주의가 각박한 사회로 만들었음을 알 수 있다. 즉 '천부인권'이 배금주의를 위한 형식상의 권리에 지나지 않음에 따라, 빈곤층은 하소연할 곳도 없는 냉정한 사회가 되었음을 말하는 것이다. 예를 들어 자본축적을 위한 극한충돌의 결과 제국주의를 만들었을 뿐만 아니라, 전쟁 동원과 빈곤 등으로 인해 민중의 분노는 극에 달하여 체제를 유지할 수 없는 상황으로 인하여, 독일의 칼 마르크스와 프레드리히 엥겔스가 1848년 '공산당 선언'을 천명하기에 이르렀던 사실에서 이해할 수 있다.

이는 자본주의를 빛 좋은 개살구로 비판한 사회주의사상이 있었음에도 불구하고 궁핍한 다수는 완고한 자본주의를 퇴출코자하는 극단적인 공산주의에 매료될 만큼 힘들었기 때문에 나타난 것이 공산당이었다. 물론 1917년 러시아 10월 혁명의 성공으로 공산주의사회가 실체로 등장함에 따라 자본주의가 수정되었다. 이는 대의제 민주주의와 다원적정당제를 퇴출하였고, 계획경제로써 토지나 생산수단의 국유화한 결과 유럽보다 처진 산업혁명을 성공적으로 이루어 사회주의적인 복지국가로 모범을 보임에 따라 주변국으로 확산되어 자본주의 체제가 무너질 위기에 있었기 때문이다.

즉 이러한 사실들은 유럽의 자본가들을 놀라게 했을 뿐만 아니라, 사회복지가 생산성과 기업에 유리하다는 사실을 인식하게 되었으며, 시민혁명의 의미를 다시 생각하게 되는 계기가 되었고, 근대민주주의의 복지 본질에 부합되는 소극적 복지국가로 방향을 선회할 수 있었던 것이다. 그리고 자유기업가들은 국가의 개입을 받아드려 1919년 독일의 바이마르헌법은 생존권 보장을 근간으로 하는 사회법을 명문화한, 국가의 복지책임을 전제로 하는 수정자본주의가 태동하여 소위 소극적복지국가의 기본 틀을 갖추게 되었다.

즉 바이마르헌법 (제151조 2항)에서 "경제생활의 질서는 모든 인간에게 인간다운 생활을 보장할 목적으로 정의의 원칙에 적합해야 한다."라고 하여, 인간의 기본권을 자유와 평등 그리고 사회권(생존권, 노동3권)을 확장하였던 것이다. 또한 복지국가를 구체화한 것은 1929년 미국 발 '세계 대공황'을 겪고 노조의 산업평화를 위한 양보의 대가로 복지제도를 만들었으며, 실제로 복지제도가 제대로 정착된 것은 제2차 세계대전 중 1942년 영국 의회의 비버리지 보고서가 채택된 후라고 할 수 있다.

이처럼 근대사회가 성립된 후 인간의 개인성에 편중한 초기 자본주의(자유방임주의)에서 인간의 사회성을 존중한 수정자본주의로 변모하는 과정까지 수많은 시행착오가 있었음을 알 수 있다. 이는 절대봉건체제의 권력이나 인격에 의해 형성된 신분제가 퇴출된 후, 돈이 인격이 된 배금주의 질서에서 부를 이루기 위한 욕망의 충돌이 지나치게 많았기 때문으로 볼 수 있다. 물론 부계신본주의 절대봉건제였던 서구 사회가 불확실성의 시대를 겪으면서 형성된 자유주의사상이 절대봉건체제를 무너뜨렸지만, 전체주의(절대주의)토양에서 만들어진 자본주의 역시 극단적이었기 때문일 것이다.

이는 서구 부계사회가 절대봉건제의 1대 99라는 권력양극화의 유습은 산업혁명에 의해 만들어진 자본주의에 의한 1대 99의 절대적양극화를 유발하고 있는 사실에서 이해할 수 있다. 이는 자본주의가 제국주의를 만들어 전대미문의 전쟁으로서, 세계 제1차, 제2차 대전과 수많은 분쟁, 냉전 등으로 인류를 힘들게 했으며, 탐욕의 배양으로 유발된 환경오염, 생태계파괴, 절대적 양극화 등으로 위험한 사회가 된 원인으로 볼 수 있다. 하여 근대사회의 성립취지인 분권화와 배치되는 자본주의 분배양식은 퇴출되어야 함을 알 수 있다.

2. 여성시대로 역사 발전

서구 여성들이 시민혁명에 참여한 후 100년 동안 끝없는 다양한 20세기 초에 피선거권, 참정권 등을 쟁취하여 여성 자신에게 적합한 복지국가를 가능케 하였다. 즉 프랑스 대혁명 당시의 여권선언으로 엄청난 대가를 치렀으며, 바이마르헌법이 성립되었음에도 불구하고, 1944년 제2차 세계대전 후 여성의 적극적 정치참여로 복지사회가 구체화되었던 것이다. 예를 들어 1776년 미국독립선언서에서도 행복추구권까지 규정되어 있었지만 별로 행복하지 못했고, 세계 제2차 대전 후 결사로 복지제도가 정착되었던 사실에서 이해할 수 있다.

즉 부계편향의 정치로 복지지향적인 여권선언은 선언적 의미로만 있었던 것이다. 이는 서구는 오랫동안 여성을 소외한 전통과 아울러 트라시마코스의 주장처럼 강자에 편승하는 사회임에 따라 여성들은 조직을 형성할 수 없었기 때문이다. 즉 기독교문회에서 파생된 도덕률이나 사회적, 문화적 풍토로 인하여 여성 자신들의 정치세력을 형성할 만한 사상을 발현할 수 없었던 것이다.

물론 오랫동안 노예화된 상태의 여성들은 무산자로, 사회적 약자로서 설령 여성에게 인권유린, 폭력, 감금, 고문 등이 가해져도 하소연할 곳이 없는 상태에서 아무것도 할 수 없었다. 이러한 초토화된 상태가 오랫동안 지속된 결과가 인권선언을 구현하기 위한 근대 민주주의사회가 성립되었음에도 불구하고, 남녀 차별은 10대 1 정도를 유지했던 이유로 볼 수 있다. 물론 동서양을 통해서 근대전, 여성들이 학문적으로 유능했다거나, 저술이 있다거나, 성현이 없었기 때문에 남녀 차별이 있었다고 볼 수 있다.

이는 아마도 여성들은 혼인을 한 후에도 가부장에게 종속된 입장임에 따라 대다수 여성들은 교육의 기회가 없었으며 가사, 양육, 부업 등으로 힘든 삶을 했기 때문일 것이다. 하지만 근대사회가 성립된 후 여성 지도자들은 여성의 정치적 소외는 여전함에 따라 뜻있는 여성들 중 결사 투쟁하고, 심지어 죽음을 통해 부계독점정치를 고발하여 후일 차별금지법으로 명문화되는 새로운 전기를 마련하였다. 예를 들어 프랑스 혁명 당시 M. O. Guju(구주)는 여성도 남성과 같이 대등하게 단두대에 오를 권리가 가졌다고 하여 쟈코뱅파의 단두대에서 이슬로 사라졌던 경우이다. 즉 구원의 여신처럼 삶을 산 비범한 여성 지도자들의 살신성인은 극단적인 남녀 불평등으로 야기된 '여권선언'의 의미를 다시 한 번 생각하는 계기가 되었던 것이다.

남녀 차별의 현실

오늘날 대부분의 나라에서 남녀평등을 헌법으로 보장하고 있으며, 실효성을 보장하기 위해 하위법인 근로기준법에서도 차별금지법이 명문화되었다. 하지만 지키지 않아도 될 만큼 회피기술이 발달하고 있음에 따라, 현실성이 없는 것도 사실이다. 다시 말해서 정서적으로 법의 실효성에 대해서 의문을 품고 있음에 따라 선언적 의미에 머무르고 있다는 의미이다. 따라서 남녀평등의 문제는 법과 현실이 다른 대표적인 예가 됨을 알 수 있다.

이는 차별금지법이 있지만 실제로 정치권력을 부계가 독점하고 있는 가운데 현실적으로나 정서적으로 남녀가 불평등하기 때문이다. 즉 부계적 가치가 지배하는 세상에서 남성이 주류가 되고, 여성은 비주류가 됨을 말하는 것이다. 따라서 남녀평등법의 실효성을 갖추기 위해서는 여성이 남성과 대등한 정치적인 힘을 갖추어야 함을 이해할 수 있다.

이는 사회정서가 일반의사로서 법을 만드는 구성 요소임에 따라, 사회적 합의를 도출할 수 있는 정치적 결사에 의해 법의 실효성을 유지하는 방법 외에는 없기 때문이다. 예를 들어 근로기준법상의 동일노동에 대한 동일임금은 여성에게는 그림의 떡이지만, 부계와 균형을 이룰 수 있을 만큼 모계의 정치적인 힘이 있을 때 현실화된다는 사실에서 이해할 수 있다. 물론 서구 여성들이 시민혁명을 비롯해서 100년에 걸친 투쟁과 결사로 인하여 바이마르헌법이 소극적 복지사회를 천명한 사실을 상기해본다면 현실화될 것이다. 즉 수천 년에 걸쳐 공고화된 남녀 차별의 정서를 일시에 극복할 수 없지만, 인류는 소극적 복지사회를 경험함에 따라 적극적 복지사회로 역사 발전할 수 있음을 예측할 수 있는 것이다. 예를 들어 옛 성현들의 가르침으로써 단군의 홍익인간, 석가의 자비, 노자의 도덕, 공자의 예, 소크라테스의 너 자신을 알라, 예수의 사랑, 마호메트의 황금률 등을 몸소 실천하며 보여준 가르침의 결과가 오늘날 지구촌사회의 시대정신으로 나타나고 있다는 사실에서 이해할 수 있다. 뿐만 아니라 녹색생명운동을 주도하는 여성 NGO나, 탈 부계적인 분배양식을 구현코자 하는 지난날의 노력 등을 볼 때, 적극적 복지사회로 역사 발전되고 있음을 알 수 있다. 물론 적극적 복지사회를 세계화해야 하는 현실적인 이유는 성현의 가르침을 실천하는 정치문화가 형성되어야 할 만큼 위험한 사회가 되었기 때문이다.

아무튼 우리나라 헌법 제11조에 “모든 국민은 법 앞에 평등하다. 누구든지 성별, 종교, 또는 사회적 신분에 의하여 정치적, 경제적, 사회적, 문화적 생활의 모든 영역에 있어서 차별받지 않는다.” 그리고 제36조 1항에서는 ”혼인의 자유, 양성평등과 더불어 가족제도에 대한 민주주의적 제도보장을 규정하고, 제6공화국에서 국가는 여자의 복지와 권익이 향상을 위해 노력해야 한다.” “국가는 모성보호를 위해 노력해야 한다.”라고 규정하고 있다. 아울러 최근에 가족법이나, 남녀 차별금지법, 호적법 등을 개정하였다. 하여 인권보장의 실효성을 위해 가부장제를 근간으로 하는 기존의 호주제를 폐지할 만큼 굳은 의지를 보여주고 있다는 점에서 진일보했다고 할 수 있다.

이는 근대사회가 성립된 후 여성들이 빠르게 성장하여 역량을 갖춘 결과라는 점에서 의의가 크다 할 것이다. 물론 여성의 인권도 남성과 마찬가지로 동등하게 법률로 보장됨에 따라, 권리와 의무 또한 동일할 것이다. 하지만 여성과 남성은 이질적임에 따라 경우에 따라 의무의 내용이 다를 수도 있다. 이는 실정법에서 권리로서 남녀평등을 보장하고 있음에도 불구하고, 부계주의의 오랜 전통과 관습으로 인한 차별 정서가 남아 있기 때문이다. 예를 들어 부계주의가 주류로서 오랫동안 의식을 지배함에 따라 차별금지법으로 실효성을 보장하고 있을지라도 현실성이 없다는 사실에서 이해할 수 있다. 물론 남녀평등은 법 이전의 사회문화적 바탕에 기인하는 정치적 문제로서, 실력(세력)을 뒷받침할 수 있는 제도적 뒷받침이 있다면 5대 5라는 실질적 평등이 이루어질 것이다.

즉 여성들이 모계적 분배양식을 근간으로 하는 모민주의 정치경제체제를 세계화한다면 남녀평등법은 실효성을 갖추게 됨을 알 수 있다. 하여 헌법의 평등권보장을 믿고 법대로 평등하기를 바란 개인 여성이 차별을 극복하기 위한 노력은 바위에 계란을 치는 것과 같음을 이해할 수 있다. 따라서 사회적 약자인 여성들은 사용자와 근로자 간의 대등한 관계를 형성할 수 있는 노동조합처럼 조직화하여 모계적 분배양식을 구현하기 위한 독자정당을 만들거나, 더불어 동일한 의원 수를 보장하는 정치체계를 성립하는 것이 필수적임을 이해할 수 있다. 이는 정치 편을 참고하기 바란다.

그리고 민주주의는 각각의 다른 성으로서 모계와 부계와 대등한 한축을 이루어 견제와 균형을 이루도록 하기 위한 정치적 의무가 있다. 이는 일반의사로 형성되는 법이 사회가치체계에 부합되어야 법의 안정성이 지켜지는 것처럼 인간존엄을 구현하기 위해 성립된 근대정신과 부합되어야 하기 때문이다. 하여 모계적 가치를 내재한 민주주의는 모계가 부계와 함께 정치의 한축을 담당하도록 하는 체제를 발전케 할 정치적 의무가 있음을 알 수 있다. 또한 헌법에서 인간의 기본권으로서 인권을 보장하고 있음에 따라 여성스스로 남녀평등권의 실효성을 강제하기 위한 일정한 세력을 가질 수 있는 권리가 있으며, 동시에 여권신장을 도모할 정치적 의무도 있다. 물론 헌법에서 보장하는 남녀평등의 실효성을 위해 여성운동가들이 중심이 되어 현실적인 힘(조직적 세력)을 만들고 차별금지법으로 강제하고 있지만 '모민주의'의 성립과 같은 근본적인 체제변화가 있어야하는 것이다.

물론 이러한 것이 가능한 이유는 자연법사상을 근간으로 하는 근대사회의 정치규범인 헌법에서 인간존엄을 최고의 가치로 설정하고 있기 때문이다. 하지만 인간존엄을 개선하기 위해 '천부인권'의 내용인 물질적 기초로써, '천부소유권'이 보장되어야 하는 과제가 남아 있다. 또한 부계질서와 균형을 이루는 견제세력으로서 모계주의를 관철하고자 하는 정치적 실력체가 존재하지 않는 상태에서 남녀평등은 정치적 수사에 불과하다고 볼 수 있다. 하여 '천부인권'의 실효성을 보장하는 적극적 복지사회의 구현을 가능케 하는 모민주의 정치경제체제가 남녀평등의 실효성을 보장할 수 있음을 예상할 수 있다.

그리고 자본주의가 발달할수록 자본축적의 기술이 고도로 발전하여 인간성 황폐화, 환경오염, 먹이사슬 붕괴 등으로 인류가 해결할 수 없는 상황에 이르게 됨을 인식하게 되었다. 즉 일방적 부계주의가 1대 99라는 절대적 양극화로 인한 위험한 사회를 만들고 있음을 알게 된 것이다. 다시 말해서 새로운 모계적 분배양식으로 진보해야 함을 인식하게 되었음을 말하는 것이다. 하여 부계주의 분배양식은 남녀평등 수준의 여권신장을 구현할 수 없음에 따라, 탈 부계주의적인 분배양식을 위한 정치경제체제가 세계화되어야 함을 알 수 있다. 왜냐하면 형식적 평등을 넘어 실제로 평등함을 보장받는 것은 정치적인 문제이기 때문이다.

물론 인권은 법률로 규정되어 있음에 따라 인권신장을 위한 풍토

조성과 홍보, 제도정비, 법을 지키려는 의지, 적극적 참여 등을 통해서 인권선언을 지키고 발전 계승할 의무도 있다. 즉 인권선언을 무시하거나 부당한 대우를 할 때 자주적인 결사로 지켜지도록 강제하거나 제도를 만들면서 역사발전을 해야 할 인간으로서 도리를 말하는 것이다. 이는 헌법학자 한상범의 글에서 잘 이해할 수 있다. "역사적 경험을 통해 보아도 어느 시대 어느 사회에서도 저절로 모든 사람의 권리가 보장되어 온 적은 없다는 점이다. 또 한 가지 분명한 것은, 기득권이나 이득이 정당치 못할지라도 그것을 당사자가 스스로 포기하는 일은 오히려 드문 예외였다. 아직도 그러하다고 하는 점이다. 정의는 고상한 이상이지만 현실에서 가만히 있다고 해서 그것이 이루어지는 것이 아니라는 것을 우리는 알고 있다.…

특히 이 시대에 가장 중요한 문제의 하나는 사회기구나 정치제도가 그 구성원의 능동적 주체적인 의식적 참여와 참여할 만한 자질이 없이는 제대로 꾸려갈 수 없다고 하는 점이다. 몽테스키외는 시민의 정치적 자질을 시민의 덕이라고 하는 말로 표현했다. 우리가 자유롭게 산다고 하는 것은 이 사회 속에서의 일이며 이 사회는 정치를 떠나서는 있을 수 없기 때문이다. 나치의 지배 아래 들어간 독일 시민 층에 대한 토마스만이 한 말 '정치를 경멸하는 국민은 경멸당할 만한 정치를 가질 수밖에 없다'는 뜻을 새겨보아야 하겠다. 우리가 문명의 위기를 걱정하면서도 그래도 사회의 발전을 믿는 것은 사람의 지위가 역사를 통해서 조금씩이나마 향상되어 오고 그것이 자유라고 하는 말로 나타나고 있다는 것이리라."(77) (한상범, 정음사, p.13)

이처럼 성현의 가르침을 이해하는 현자들에 의해서 구체화된 자연법사상이라는 유산을 받은 인류는 시민혁명의 성공으로 근대시민사회를 성립할 수 있었던 사실을 상기해볼 때, 인권신장을 위해 노력해야 할 의무가 있음을 이해할 수 있다.

우수한 여성들의 등장

애덤스(A. S. Adams)는 '미국의 신헌법이 여성의 선거권을 인정하지 않는다면 여성들은 공화국 헌법을 따를 필요가 없다'고 1783년에 선언을 하였으며, 남북전쟁 후 극도의 인종차별을 당했던 흑인에게조차 참정권이 있었음에도 불구하고, 여성의 경우 1920년경 참정권을 획득한 사실에서 여성을 소외한 서구적 가치가 서구인들의 의식을 지배하고 있었음을 알 수 있다. 또한 영국에서는 '여성참정권협회 전국동맹'과 '여성사회 정치동맹'에서 존 스튜어트 밀(J. S. Mill)이 제출한 여성참정권법안을 옹호하는 가운데, 여성들이 실력투쟁으로 1918년 참정권을 획득하였다. 즉 근대사회의 성립 후 100여년에 걸쳐 여성들이 각고의 노력의 결과 20세기 초에 겨우 참정권을 획득할 수 있었던 것이다.

따라서 수천 년에 걸쳐 여성을 무력하게 만들었음에도 불구하고, 근대사회가 성립된 후 근대민주주의가 부계민주주의로서 여성에게 불리함에도 불구하고, 빠르게 여권신장을 하고 있음을 볼 때, 잠재된 정치력이 발현되고 있음을 알 수 있다. 물론 이미 모계신본주의 사회에서 복지사회의 구현을 위한 공유제(원시공산제)로 평화로운 사회를 오랫동안 유지할 수 있을 만큼, 정치 감각이 우수했음을 알 수 있다. 하여 인류의 이상인 적극적 복지사회를 구현하기 위하여 모계적 분배양식을 성립하고, 부계와 모계가 정치적 견제와 균형을 이루는 정치경제제도를 성립할 수 있음을 예상할 수 있다.

한편 1918년 러시아사회주의 혁명의 인권선언은 '착취를 당하는 인민의 권리선언'으로 자본주의를 비판하였다. 즉 경제적 기초가 없는 인권은 의미가 없는 것을 선언하였던 것이다. 이는 자본주의가 수정자본주의(국가자본주의)로 변화를 하게 된 주요 원인으로 볼 수 있다. 즉 인간의 개인성을 중시한 자유주의가 인간의 사회성과 균형을 이루어야 했던 것이다. 다시 말하면 1919년 복지국가를 구현하기 위한 독일의 바이마르헌법은 공공복지를 위해서 소유권제한을 전제로 한 국가의 개입을 허용함에 따라, 생활권으로서 사회적 기본권을 추가한 이른바 사회법인 노동 3권을 보장하기에 이르러 자유방임주의의 야경국가를 포기한 것이 국가자본주의인 것이다.

즉 비복지적인 자유방임주의를 수정하여 사회복지를 위한 국가의 소극적 간섭을 허용한 이른바, 복지국가를 구현하기 위해 소유권에 관한 절대성을 부인하기에 이르게 되었던 것이다. 이는 스스로 인간다운 삶을 살기 위한, 노동자의 결사에 대해서 사회정의에 근거한 사회법으로 보증한 사실에서 이해할 수 있다. 즉 국가의 복지책무를 이루기 위해 완전고용을 위한 계획경제를 수용한 행정국가로 발전하였던 것이다. 물론 초기 자본주의는 제국주의를 만들었으며, 이해관계로 인한 잦은 충돌과 주기적인 공황으로 형성되는 빈곤층의 확대 등으로 인하여 자유주의에 대한 실망의 결과로 볼 수 있다.

하여 인류가 경험하지 못한 대규모경제로 발생하는 전대미문의 사회적 갈등으로 자유주의는 한발 후퇴해야 했음을 알 수 있다. 즉 착취기술의 발달로 빈곤층이 확대되면서 자본가나 노동자나 다 같이 곤경에 처하게 되는 공황이 주기적으로 발생하면서 만들어지는 인간성 황폐화나, 가족해체 등을 방지하기 위해 국가의 개입이 필요했던 것이다. 그리고 이윤극대화를 본질로 하는 자본주의가 저임금으로 일을 잘하는 여성 근로자를 선호함에 따라 모성보호라는 차원에서 국가개입을 허용해야만 했다. 하여 복지지출과 정부투자에 의한 고용창출은 자본주의체제 유지를 위한 고육지책이었음을 이해할 수 있다. 따라서 자유, 평등, 박애라는 인권선언이 복지주의를 근간으로 하고 있음을 인식하다면 여성이 복지사회의 주체가 되는 적극적 복지사회를 구현할 수 있는 '모민주의' 체제가 세계화되어야 함을 알 수 있다.

왜냐하면 부계편향의 사회는 생태적으로 복지적인 여성이 가족복지뿐만 아니라, 복지의 수혜자로서 정책을 개발하거나, 제도를 만드는 주체로서나, 집행하는 자로 역할을 하기가 어렵기 때문이다. 그리고 수정자본주의가 복지사회를 구현하기 위한 계획경제가 관료제를 비대하게 한 결과 정경유착이라는 폐단과 더불어 시장의 기능이 약화됨에 따라 등장한 비복지적인 신자유주의는 생태적으로 복지적이고 민주적인 여성에게는 매우 불리한 이념임을 알 수 있다.

하여 여성들이 의회나 행정, 사법부 등에 참여하여 복지정책의 실천을 중시하는 생활정치의 주역이 되는 새로운 모민주의 정치경제제도가 성립되어야 함을 알 수 있다. 즉 근대 민주주의사회가 부계민주주의를 근간으로 함에 따라, 유발된 위험한 사회를 극복하기 위해 모계적 분배양식을 근간으로 하는 모계 민주주의사회로 진보해야 함을 말하는 것이다. 다시 말해서 부계적 가치에 부합하는 남성들처럼, 모계적 가치에 부합되는 여성이 지구촌사회에 적합한 적극적 복지사회를 이끌어가야 함을 말하는 것이다.

물론 오늘날 첨단시대를 살고 있는 신인류는 균등한 교육의 기회로 여성의 지적능력이 남성과 대등하게 되었고, 전문성을 갖춘 여성이 많이 배출됨에 따라, 조만간 정치의 한축으로서 생활정치의 주체가 되어 적극적 복지사회를 구현해야 할 사명이 있는 것이다. 물론 지구촌시대를 사는 오늘날 부계와 모계가 균형을 이룬 온전한 민주주의로서 '모민주의'가 성립이 된다면, 적극적 복지사회가 빠르게 정착될 것이다. 이는 정치 편에서 다시 한 번 논변이 있을 것이다.

지구촌시대정신

모계주의가 비주류로 이어져 오늘날까지 함께하고 있음에도 불구하고 태고로부터 선사시대로 이어지는 모계사회에 관한 고고학적 자료나 물증이 빈약한 가운데, 근대사회가 성립되기 전까지 철학자, 종교지도자, 성현 등으로 이름을 남긴 여성은 전무함에 따라, 태고의 현생인류에서부터 오늘날까지 마치 부계가 이끌어온 것처럼 착각할 수 있다. 예를 들어 태고로부터 이어지는 모계주의를 근간으로 하는 민주주의를 부계적 가치로 오해하고 있다는 사실에서 이해할 수 있다. 물론 부계의 독단이 가시적인 성과를 냄에 따라 세상사람들은 부계주의가 우월하다고 인식하고 있는 것도 사실이다.

그리고 서구는 부계신본주의를 근간으로 하는 기독교문화에서는 여성을 피조물 중의 피조물로 폄하하고 있다. 즉 중동에서 발현된 부계유일신사상의 등장은 부계사회가 공고화되는 계기가 되었던 것이다. 이는 기독교의 천지창조론에서 인류의 짧고 유한한 수명과 더불어 고통스런 삶의 원인이 여성 하와의 원죄에 의한 것으로 설정된 것을 굳게 믿고 있기 때문이다. 즉 남성 피조물의 작은 갈비뼈 한 조각으로 만든 2차적 피조물인 여성이 창조주의 명령을 무시함에 따라 낙원을 잃고 삶의 고통이 시작되었다고, 명문화된 것을 믿고 싶었던 것이다.

이러한 믿음은 여성은 증오의 대상이며 착취를 정당화할 수 있는 근거가 됨에 따라 서구사회에서 여성은 종교에 의해 소외되었던 반면, 동양은 사회가 발달하면서 자연스럽게 여성의 지위가 하락했음을 이해할 수 있다. 하여 서구적 가치로 형성된 자본주의로서 실질적인 남녀평등을 구현하기 어렵다는 사실을 이해할 수 있다. 하지만 민본주의를 근간으로 한 동양이나 여러 지역에서는 여신에 의한 창세신화가 있다. 그리고 오늘날 위험한 사회가 되고부터 편향적인 것이 잘못되었음을 알게 되었으며, 동시에 여성의 우수한 능력을 알고부터 탈 부계주의를 지향하는 방향으로 선회하고 있다. 이는 오늘날 캐치프레이즈인 '여성시대'가 대표적인 예가 될 것이다.

예를 들어 오늘날 복지 축소를 지향하는 신자유주의사회로 발전하면서 생태적으로 민주적이고 복지적인 여성들은 불리하게 됨을 인식한 여성들이 조직화하여 탈자본주의적인 녹색혁명운동을 전개하고 있다는 사실에서 이해할 수 있다. 즉 지구촌시대를 살아야 하는 신인류를 위한 새로운 체제의 세계화를 위한 전단계인 것이다. 물론 지난날 부계주의로 인한 극단적 차별을 받은 여성들에게 보상의 의미로 여성들의 결사를 지원해야 할 것이다. 이는 가부장사회에서 부계동일체로 성차별 하여 마치 가축은 사람의 처분을 기다리며 결국 먹히는 것과 같은 수동적인 삶을 벗어나 모계동일체로서 집단의 힘을 갖추고 투쟁하겠다는 여성사회주의인 '페미니즘'이 확산되고 있다는 사실에서 이해할 수 있다.

또 하나의 예로, 마치 고양이가 쥐를 배려하지 않는 본능처럼 부계가 동반자로서 여성을 배려하지 않음에 따라 일어난 미국 여성운동의 남적론(男敵論)을 통해 여권신장이 되었던 사실에서도 이해할 수 있다. 물론 법치주의는 이러한 사실을 용인하고 있다. 하여 인류의 반인 여성이 스스로 행복한 인생을 위해 모계주의 분배양식을 구현코자 하는 것을 부계는 보상 차원에서 성의를 다하여 실현가능토록 해야 함을 알 수 있다.

한편 모계사회가 남성에 대해서 오랫동안 지나친 처벌이나 가혹행위의 결과 부계의 반발로 전복되어 지위가 격하되었던 것으로 추정하는 경우도 있다. 예를 들어 고대 중동에서는 여성들이 남성에 대한 가혹한 처벌을 한 경우가 될 것이다. 하지만 모계신본주의 사회에서 여아를 선호하였지만 남녀 차별이 없었던 사실을 미루어 볼 때, 인구 증가는 생존환경의 변화 등의 요인에 의해서 자연스럽게 부계사회가 등장했다는 것이 설득력이 있다. 이는 모계신본주의사회가 나눔과 양보, 약간 부족한 생활을 만족하면서 오랫동안 안정된 사회를 유지했다고 하기 때문이다. 따라서 여성이 남성을 소외했거나 가혹하게 다루어 부계사회가 등장한 것이 아니라, 마치 공룡이 지구상에서 갑자기 전멸했던 것처럼 인구 증가와 어떠한 자연환경의 변화로 인한 식량 사정의 불균형에 의한 것으로 추정할 수 있다.

즉 모계사회가 농업정착을 하고 잉여생산물을 만들게 되면서부터 유발된 교류의 확대로 불안정한 사회가 됨에 따라, 부계사회가 등장하게 되었던 것이다. 이는 아마도 부계사회가 등장하고부터 전쟁 등으로 인한 소비증대와 생산 감소로 만성적인 식량부족을 겪게 되었기 때문일 것이다. 즉 모계사회로 있을 때 풍요했던 자원이 부계사회가 등장하면서부터 전쟁, 수탈, 착취 등으로 인하여 부족하게 된 것이다.

하여 서구가 불확실성의 시대를 겪으면서 형성된 경험주의는 민주주의를 태동케 하고 과학을 발달케 하여 산업혁명을 일으켰으며, 이어서 시민혁명으로 이어지면서 근대 민주주의사회가 성립된 경우처럼, 인간은 스스로 합리적인 결정을 한 결과 부계사회가 등장했음을 알 수 있다. 예를 들어 오늘날 지구의 온난화와 환경오염 등으로 인한 생태계의 커다란 변화를 방지하기 위해 여성들이 녹색생명운동이나 환경보전운동 등을 능동적으로 전개하고 있다는 사실에서도 이해를 할 수 있다. 즉 부계편향으로 인해 만들어진 위험한 사회를 극복하기 위해 부계주의의 종말과 동시에 새로운 모계주의 분배양식을 선택코자 하는 것이다.

이는 태고로부터 오늘날까지 함께하는 종교가 나눔(사랑)을 교리로 일관성 있게 전하고 있다는 사실을 상기하면서 무한소유를 정당화하는 부계주의와 인간과는 불합치함을 알았기 때문이다. 물론 오늘날 첨단과학기술시대를 살고 있음에도 불구하고, 부계적 분배양식으로 인하여 배타적 인간관계나 생명경시풍조로 인한 위험한 사회가 됨에 따라 지구촌시대를 사는 신인류에게 적합한 모계적 분배양식을 구현하기 위한 정치경제제도인 '모민주의'가 등장하였다. 이는 모계사회를 시작으로 부계사회를 이어 지구촌시대를 살게 된 지혜로운 인류는 정반합의 변증법처럼 모계와 부계가 혼재하며 조화를 이루는 신인류로 살기 위한 체제를 선택한다면 '모민주의'가 적합하다고 볼 수 있기 때문이다.

3. 부계주의의 종말

부계사회의 등장과 함께 배양된 남성의 과도한 성욕은 매춘을 유발케 하였다. 즉 무한한 수요에 비해 공급 부족으로 만성적인 불균형을 이루는 사회가 된 것이다. 하여 남성의 과도한 여성편력은 여성이 조금만 방심해도 불행한 삶을 살 수 있는 상황에 있음에 따라 방어적이고 수동적인 삶을 살게 된 원인으로 볼 수 있다. 또한 모든 인간이 부모에 의해 평등하게 양육되고, 인간답게 살기 위한 교육을 받을지라도 부계적 성문화가 의식을 지배하는 현실에서 여성은 스스로 불리한 입장에 있음을 자연스럽게 인식하고 있다. 즉 수천 년간 부계적 가치를 근간으로 한 남성 지배의 정당성과 경험 축적은 현재 순리로써 작용하고 있음을 말하는 것이다.

이는 부계주의가 순리가 된 세상의 정서를 인정치 않을 경우, 부계로부터 상당한 공격을 감수하거나 불행한 삶을 살게 되는 경우가 많다는 사실에서 이해할 수 있다. 실제로 여성들이 학교교육이나 사회교육을 통해서 인권에 대한 각성과 더불어 남녀평등을 산술적인 평등으로 생각하여 부계적 토양이 인간의 의식을 지배하고 있는 것이 현실임에도 불구하고 애써 무시하면서까지 개방적 성문화를 추구하거나, 의도적으로 대립하는 등의 경우 종국에는 불행한 삶을 사는 여성들이 많아지고 있다.

물론 여성의 경우 '모민주의' 체제의 정당성을 관철할 수 있는 일정한 정치세력을 갖춘다면 상황은 달라질 것이다. 다시 말해서 무기와 군대, 경찰 등의 물리적 강제력을 갖고 자신들의 뜻을 관철시킬 수 있는 정치권력의 반은 최소한 보장하는 체제를 성립케 하는 것을 말하는 것이다. 하지만 비록 모순이 있을지라도 부계주의에 기초한 정치적 결정이 오랫동안 누적되어 공고화된 정치문화가 방해를 극복하기 위한 부계와 모계가 정치적 균형을 이루기 위해 상호 견제할 수 있는 새로운 정치문화가 형성되어야 하는 어려움이 있다. 다시 말해서 인류의 이상인 적극적 복지사회를 구현할 수 있는 모계적 분배양식을 세계화해야 함을 말하는 것이다.

하지만 서구의 자유주의가 1,000년에 걸친 수많은 역사적 경험으로 형성되었으며, 이어서 산업혁명에 부합되는 경제제도로서 자본주의가 시민혁명으로 유발케 하는 원동력이 되어 구시대가 무너진 후, 100년이 지나서 소극적 복지국가로 발전한 사실을 통해서 유추해 볼 때, 적극적 복지사회로 역사 발전된다고 예상할 수 있다. 왜냐하면 지혜롭고 조심성이 있는 인간은 행복한 인생을 살기 위해 스스로 창조한 문화로 역사 발전하고 있기 때문이다. 따라서 인간이 의식화해서 문화적 토대를 이루고, 일반의사가 되어 행동(의사결정)으로 나타나는 데는 적어도 수십 년 이상의 세월과 시행착오를 하는 과도기 과정이 필요한 것처럼 소극적 복지국가에서 신자유주의라는 과도기 과정을 통해 적극적 복지사회로 진보할 것을 예상할 수 있다.

또한 지구촌시대가 된 오늘날, 종교에서 연원하는 여러 민족의 전통문화와 서구의 배타적인 종교문화가 충돌함에 따라 파생된(혼재한) 국적불명의 문화가 생성되고 있지만 민주주의의 복지본질에 충실한 적극적 복지사회로 진보하는 과정으로 볼 수 있다. 물론 이러한 과정을 통해 인류가 지역별로 오랫동안 형성된 고유한 문화와 외부의 다양한 문화들 간의 문화적 차이를 배금주의로 극복할 수 없음을 알게 되었다. 즉 문화적 존재인 인간은 '경제적 동물'처럼 살아갈 수 없는 존재임을 확인한 것이다. 물론 이전투구의 결과 제국주의로 불행한 인생을 살았던 역사적 경험을 통해서도 앞의 사실은 증명되고 있다.

또한 자본주의가 형이하학적인 경제를 중시한 물신주의(物神主義)를 형성케 함에 따라 주체인 인간이 객체로 소외되고 있음을 알게 되었다. 하여 주체로서 인간은 이성적 존재인 까닭에 물심양면이 균형을 이루어야 바람직한 것처럼 형이상학적인 정치와 형이하학적인 경제가 균형을 이룰 수 있는 복지지향적인 모계적 분배양식에서 '존재의 삶'을 살아야 함을 알 수 있다. 이는 인간은 사회협동으로 자신의 처지를 극복하고 개척한 사실이나, 종교적 심성을 갖고 스스로 구원하기 위한 문화를 창조한 사실과, 장기간에 걸쳐 진보한 결과로써 첨단과학기술시대를 열은 사실이나, 스스로 세상의 주인공으로서 존엄함을 인식하는 존재라는 점과, 시공을 초월하는 마음을 간직한 사실 등에서 볼 때, 창조적 존재로서 영적 존재임을 확신할 수 있기 때문이다. 따라서 인간은 스스로 인간다운 삶을 위해 '천부소유권'을 보장하는 분배방식인 모민주의 '소유상하한제'를 보편화하여 '존재의 삶'으로 행복한 인생을 살 수 있음을 예상할 수 있다.

물론 부계주의 종말로써 탈 부계적인 새로운 정치경제제도인 모민주의 체제를 세계화한다는 것은 쉬운 일이 아닐 것이다. 즉 부계우월주의 정서가 순리로 공고화되어 있음에 따라 모계적 분배양식을 근간으로 하는 새로운 정치경제제도의 성립이 어려운 것이다. 이는 인간에게 강력한 욕구를 배양하는 자본주의 분배양식이 공고화로 중독되어 있기 때문이다. 물론 모계적 분배양식을 근간으로 하는 모민주의가 성립된다면 탐욕의 중독에서 해방될 것이다. 물론 근대사회가 성립됨에 따라 생태적으로 복지적이고 민주적인 여성에게 적합한 적극적 복지사회의 구현이 가능하게 되었다. 하여 남성의 동반자로서 여성들이 새로운 분배제도의 정당성을 획득하기 위해 마치 노조처럼 조직적으로 결사를 해야 하는 과정이 남아 있음을 이해할 수 있다.

이는 태고로부터 모성의 태에서 출생한 남녀는 동반자임에도 불구하고, 남성은 하늘에서 떨어진 존재처럼 생각하며 여성을 무시하기 때문이다. 뿐만 아니라 지구촌시대를 살아가는 오늘날 인류는 적극적 복지사회로 역사 발전해야 할 때가 되었음에도 불구하고, 아직도 부계주의가 주류를 이루고 있음에 따라 소극적 복지국가에서 벗어나지 못하고 있기 때문이다. 하여 오늘날 인류에게 인권의 위력이 발휘된 주요 원동력이 여성인권운동의 결과였으며, 여성해방운동으로 스스로 여권신장을 하고 있다는 점을 상기해 볼 때, 적극적 복지국가가 구현될 수 있을 것이다. 또한 적극적 복지사회를 구현하기 위한 생활정치의 주역이 될 능력과 소양이 있기 때문이다. 물론 정치공학적인 투쟁전략과 전술경험이 있는 여성 지도자들이 중심이 되어 노력한 결과 소극적 복지국가가 성립된 사실을 상기해 볼 때 적극적 복지사회의 구현을 위한 모민주의의 세계화도 가능할 것이다.

예를 들어 종이호랑이였던 인권선언이 여성들이 여권신장운동을 함에 따라, 실제 호랑이가 되어 실효성을 갖추게 된 사실에서 이해할 수 있다. 즉 많은 여성들이 스스로 여권신장을 위해 결사에 참여한 결과, 사회적 약자의 권익향상과 더불어 민주주의가 공고화되는 데 일조하였던 것이다. 다시 말해서 우수한 지도자들의 헌신적인 노력의 결과, 대다수 국가에서 차별금지법이나 행복권, 생존권 등이 명문화되어 복지사회의 기초를 이루었던 것이다. 물론상호보완적인 기하학적 남녀평등을 구현할 수 있는 새로운 정치경제제도의 성립을 위한 초석이 되었다고 할 수 있다.

즉 태고로부터 동고동락한 동료인간으로서 남녀 누구나 주체가 될 자격을 갖고 있음에 따라, 남녀 누구나 주체가 될 수 있는 체제를 말하는 것이다. 하지만 부계사회의 등장으로 형성된 수천 년간의 부계우월주의가 오늘날까지 의식을 지배하고 있음에 따라 정서적으로 극복해야 하는 과제가 남아 있다. 예를 들어 오늘날 불평등을 극복하기 위해 여성이 남성에게 무모한 행동을 한다면, 폭력을 불러오게 되거나 공격을 당하는 등 불행한 삶을 사는 경우가 많은 사실에서 이해할 수 있다. 즉 부계우월주의가 엄연한 현실에서 남성에게 개인 여성이 감정적인 도전을 한다는 것은 바위에 계란을 치는 무모한 것이다.

하여 이러한 현실을 무시한다면 가까이 가면 송두리째 빼앗으려 하고 멀리 하면 원망하는 탐욕스런 소인배처럼 보이게 됨에 따라, 현명한 여성은 비록 보잘것없는 여성운동집단이라 할지라도, 공동의 목적을 위해 결사에 참여하는 가운데 다른 단체와 연대하고 있는 것이다. 물론 남녀 차별을 순리로 하였던 부계주의가 인간존엄을 근간으로 하는 근대사회의 성립으로 역리가 됨에 따라 남녀평등이 순리가 되기 위한 탈 부계적인 정치문화가 형성되어야 할 것이다.

즉 남녀평등 자체가 인권처럼 의무가 없는 권리임에 따라 실질적으로 대등한 관계가 되기 위해 힘의 균형을 이루는 체제의 성립을 말하는 것이다. 다시 말해서 근대사회는 남녀평등을 권리로 보장하는 만큼 실효성을 위해서 불평등의 당사자인 여성에게 권력의 반이 보장되는 모민주의 사회를 말하는 것이다. 이는 여성스스로 모계동일체결사에 참여하여 만든 권력에 의해 스스로 보호를 받을 수 있어야 하기 때문이다. 물론 여성의 생태적 특성과 부합되는 적극적 복지사회의 구현을 위해 마치 근로자 스스로를 위하여 성립한 노동조합처럼 여성들 스스로 자신을 존중하기 위한 모계동일체로서 역사발전을 이끌어가야 하기 때문이다. 왜냐하면 부계사회의 등장으로 형성된 여성이 여성의 적이라는 콩가루와 같은 상태가 지속된다면, 인류의 이상이며 여성에게 적합한 적극적 복지사회를 구현할 수 없기 때문이다.

아무튼 권력과 부가 비례한 구시대는 부계의 권력 독점으로 척박한 환경에서 살아야 했던 대다수 여성은 남성에게 버림을 받을 경우 모든 것을 잃는 절박한 입장이었기 때문에 여성 상호간에 모래알과 같은 상태가 된 것으로 볼 수 있다. 아울러 여성에서 2차적으로 변모한 모성은 가족복지를 위해 올인(All in) 해야 함에 따라 사회생활의 늦은 참여로 경험이 부족하였다. 하지만 첨단과학기술을 근간으로 하는 지구촌시대를 맞이한 인류는 생태적으로 복지적이며 민주적인 여성이 위험한 사회를 극복하기 위한 녹색생명운동 등 사회단체에 참여함으로써 여성이 여성을 이해하는 동지로 변모하고 있다.

또한 사심(사리사욕)으로 가득한 결과로 형성된 위험한 사회를 극복하기 위한 방안으로 모계적 분배양식의 세계화가 필연적임에 따라 자연스레 여성이 주체가 되고 있다. 물론 유교에서 소인배와 여성과 전혀 다름에도 불구하고 동류로 보아 경계하라고 하면서 여성을 폄하한 것을 인용하는 경우가 많지만, 근대사회가 성립된 후 여성의 눈부신 발전을 상기해 볼 때 비교할 수 없을 만큼 달라졌다.

따라서 부계주의와 결합한 반쪽 민주주의를 넘어 완전한 민주주의로서 모계민주주의가 성립되어 적극적 복지사회가 구현되도록 사회적 합의가 필요함을 알 수 있다. 물론 아무도 인류의 반으로서 역할하기 위한 모계동일체 같은 조직이 없음에 따라 실현가능성을 의심하는 견해도 있지만, 부계사회의 모태가 되는 모계사회가 인류를 수만 년간 이끌어갔다는 사실을 모계신본주의사회에서 전하고 있음을 상기해 볼 때 가능할 것이다. 하여 지구촌시대를 맞아 민주주의 본질과 부합되는 모계민주주의를 성립하여 모계가 인류의 한축으로서 부계와 견제와 균형으로 조화를 이루며 민주주의가 공고화되어야 함을 이해할 수 있다.

즉 사람은 시대정신에 부합하는 가치질서인 문화를 창조하여 스스로 복종하는 문화적 존재임에 따라, 적극적 복지사회의 구현을 위해 여성이 세상을 주도한다 할지라도 전혀 이상하지 않는 완전한 민주주의가 성립된 세상을 말하는 것이다. 물론 모계신본주의사회가 모계유일신을 숭배하고 인간을 후손으로 믿으며 사람들이 여제사장을 추대했던 사실을 상기해볼 때 오늘날에도 여성 지도자들이 세상을 이끌어 갈 수 있을 것이다.

Ⅱ
한민족과 인권

인간이 인간답게 살기 위해 노력하는 이유는 인간의 독특한 본능에서 연유하고 있다. 즉 행복한 삶을 살고자 하는 인간의 본능 자체가 궁극적인 삶의 목적이라는 의미이다. 이는 고조선의 국시인 인류의 행복을 위한 삶을 살라는 '홍익인간'사상에서 이해할 수 있다. 이는 '당신이 인간답게 살고 싶다면, 상대를 인간답게 대우하고, 인간답게 살 수 있는 사회를 만드는 일에 동참하라'고 해석할 수 있다.

1. 한민족 도덕규범의 연원

모계신본주의사회의 유습

전통 한국의 도덕규범을 헌법학자 김철수는 다음과 같이 쓰고 있다. "한민족의 도덕사상의 특색은 도덕이론의 빈곤이었으며 중정불편(中正不偏)이나 이타(利他)를 중심으로 한 실천적인 것으로 보고 있다. 그런데 상고인(上古人)의 고유도덕사상은 ①인본주의 ②효도윤리 ③인의, 예양, 결백, 정절의 윤리 ④충절의 윤리라고 보고 있다. 이러한 고유사상에 유교, 불교 등의 외래사상이 전달되어 한국의 전통윤리가 확립되었다고 보겠다."(78) (김철수, 법과 사회정의, 서울대 출판부, 24p) 이처럼 전통 한국은 중국의 도덕규범과는 다소 다름을 알 수 있다. 물론 한민족은 말보다 실천을 중시하였음을 알 수 있으며, 공손하고 공평하여 배려를 중시한 성실한 민족이었다고 할 수 있다. 이는 아마도 한민족은 모계신본주의사회의 중추적 역할을 한 동이족의 정통성을 이었기 때문일 것이다.

이는 모계신본주의 유습을 이은 초기 신라가 신궁에 여성들만이 제사를 지내고, 출산하는 관습이 있었으며, 비록 나이가 많은 남자라 할지라도 어린소녀에게도 존댓말을 써야 했던 사실에서 이해할 수 있다. 이는 전통 한국의 무교가 여제사장이 제의를 주도한다는 점이나, 한민족의 기층민에게 일반화되어 있었던 토속신앙을 근간으로 하여 조직화된 동학(천도교)에서 '인내천'의 교리와 더불어 남녀평등관이 뚜렷한 사실에서도 이해할 수 있다. 다음 인용문에서 앞의 내용을 이해할 수 있을 것이다.

"서민 간에는 같은 중국계의 문화인 불교 및 도교가 북아시아의 샤머니즘의 원류를 발하는 고대의 무속문화와 잘 친화한 까닭에 유교가 침투할 수 없었다고도 할 수 있다. 일면에서는 유교문화가 주로 지배층과 남성에게 큰 영향을 끼친 데 대하여 고래의 전통문화는 서민과 여성에 의하여 전래되었다고 보는 경향도 있다."(79) (김철수, p.36) 따라서 한민족이 무교, 도교, 불교, 유교 등으로 이어오다가 일제강점기에 정신말살정책의 일부로 기독교를 받아들임에 따라 모계신본주의사회의 유습을 이은 한민족의 고유한 풍습이 점차 사라지고 있음을 이해할 수 있다.

참고로 고대 한국의 독특한 문화는 중기 모계사회(20만 년~1만 년)의 인류문명의 시원을 이룬 모계신본주의사회로부터 연유한다. 즉 1만 년 전후에서 7,000년 사이에 이르는 모계신본주의사회는 인간을 모계유일신의 후손으로 믿고, 다생의 순환진보의 원동력으로써 나눔을 체화한 후, 본향으로 돌아올 것을 믿어 의심하지 말라고 한 하나님의 유시로서 '해혹복본'을 믿은 사회였던 것이다. 이후 동이족이 중심이 되어 인류 최초의 모계씨족연합체로서, 소위 12 한국이라고도 하는 고대 한국(단국)을 성립하였다고 '한단고기'와 '부도지'에서 전하고 있다.

이는 모계유일신을 믿은 느슨한 네트워크적인 연합체로 부계국가가 성립하기 전 원형국가였다고 할 수 있다. 즉 동이족과 신념을 같이하는 여러 부족이 연합한 다민족 종교제국이었던 것이다. 물론 '한단고기'와 '부도지'에서는 모계대제국으로 표현하지 않지만, 여러 정황이나 기록물과 아울러 전통 한국의 토속신앙인 무교 등을 참고로 할 때 모계대제국이라는 용어가 적당할 것이다.

모계신본주의사회의 유습을 이은 단군조선(고조선, BC 2333~BC 238)은 '홍익인간 제세이화'를 국시로 하고 '8조 법금'을 기초질서로 하여 성립하였다. 참고로 조선(朝鮮)이라는 국호는 새벽에 물고기를 놓고 제사를 지낸 민족이라는 의미가 있다. 즉 고조선은 모계신본주의 유습을 이은 여러 민족이 함께하는 개방적인 다민족국가로서 우수한 농업기술, 천문학 등을 전파한 인류최초의 대제국이었던 것이다. 또한 고조선은 삼조선이라고 하는 포트폴리오 구조를 가진 독특한 체제를 유지하였다. 이는 고조선을 이은 삼한도 3개의 국가로 구성되어 경쟁보완관계로 있었던 독특한 체제에서 이해할 수 있다. 이는 살아남기 위한 전략으로서 마치 성장성, 안정성, 수익성을 위한 포트폴리오 전략처럼 삼각형 구조와 매우 흡사하다.

하여 식민사관에서 한민족은 고조선(삼조선)이나 삼한시대의 3국이 분열을 좋아하는 민족성처럼 부각하였지만, 다시금 생각해 볼 때 한민족이 살아남기 위한 방편이었음을 알 수 있다. 즉 마치 위험분산을 위한 포트폴리오 전략처럼 생존전략이 뛰어난 끈질긴 생명력을 갖고 진보하는 현명한 민족이었음을 말하는 것이다. 이는 아마도 세상은 이미 부계사회로 공고화함에 따라 1체제 3국으로 모계신본주의사회의 신념인 '해혹복본'의 유시를 이어가고자 하였기 때문일 것이다. 물론 살아남아야 하는 이유는 '홍익인간'의 삶에서 찾을 수 있다.

이는 모계신본주의사회에서 모계대제국인 12한국(아시아 대륙, 유럽일부와 중동 등)이 위축된 후, 성립한 고조선이 3조선으로 이어지다가 멸망한 후 삼한시대로 이어져서, 고구려는 고대 중국의 한나라와 맞서 싸운 강대한 나라로서 고조선의 일부를 되찾았고, 백제가 일본에 문물을 전하여 상당한 공헌을 하였으며, 고구려와 백제는 고대 중국의 강력한 부계사회를 방어할 수 있었기 때문에, 신국(神國)이라 일컫는 신라가 고대 한국의 유습인 선교(仙敎)를 유지할 수 있었던 사실에서 이해할 수 있다.

이는 마고삼신을 숭배한 모계신본주의의 발원지였음을 유럽과 아시아 전역에 걸친 고인돌의 반 이상이 한반도에 분포되어 있다는 사실에서도 이해할 수 있다. 물론 유구한 역사를 간직한 한반도의 지형지세가 바라만 보는 악산보다 전체적으로 동산이나 무릉도원과 같은 노년기 산이 많은 원만한 생로병사를 할 수 있는 지역 특성에서도 이해할 수 있다. 예를 들어 불로장생하는 신선이 수행하는 곳으로 특효가 있는 산삼이나, 약초 등이 생산되는 지역으로서 오래전부터 알려져 있었음을 진시황이 불로초를 한반도에서 찾았던 사실에서 이해할 수 있다. 물론 노년기 지역이라는 사실에서 알 수 있듯이 오래전부터 사람이 살았고 뚜렷한 사계절과 좋은 산수는 약효가 확실한 약초가 많음에 따라 발달한 한의학과 자가 치료가 가능한 침구술이 발달되어 있었다고 할 수 있다.

이는 초기 신라 귀족이었던 박제상이 신라의 정통성이 마고하나님시대부터 이어져오고 있음을 기록한 신라역사서인 '부도지'에서, 오래전 인간성 황폐화의 과정을 겪으면서 동물과 같은 심성과 외모로 변모함에 따라 이를 수정하기 위해 수도자들이 천 년에 걸친 기도와 수행으로 현행 사람과 같이 되었다고 기록하고 있으며, 독특한 약효가 있는 산삼을 채취하여 신시를 통해 물물 교환된 사실을 전하고 있음을 볼 때 한반도는 이미 오래전부터 몸과 마음의 병을 치료하고 불로장생하는 수도장이었음을 알 수 있기 때문이다. 이는 한반도의 산삼이나 인삼의 약효는 유일하며 침구술이 독보적인 사실에서 이해할 수 있다. 하여 아무런 대가도 없이 인간의 행복을 기원했던 신선(신인)의 '수증'에 의해 외모도 멋지고 마음도 선한 유능한 존재로 발전되었다고 하는 것은 '홍익인간' 사상과 맥을 같이함을 이해할 수 있다. 종교 편을 참고 바란다.

신선사상

진시황(秦始皇)(BC 259~BC 210)이 고대 중국을 통일하면서 고조선은 멸망하게 되었지만, 이를 이은 초기의 삼한은 '해혹복본'의 뜻을 같이한 다민족의 고조선처럼 상호간에 경쟁보완하며 한민족을 유지계승한 사실은 세계 어느 곳에도 없는 유일한 형태라고 할 수 있다. 즉 음, 양, 충기(沖氣, 중간, 공간, 장)라는 3요소가 조화를 이루는 것처럼, 3국의 역할분담으로 이루어진 사실을 두고 말하는 것이다. 하여 마고삼신사상에서 음, 양, 중을 의미하는 3은 생명을 의미하는 숫자로 한민족에게 숫자 이상의 중요한 의미를 갖고 있음을 이해할 수 있다. 따라서 오래전부터 있었던 한민족종교로서 만물과 화합을 중시한 자연친화적인 신선도(선교, 도학)가 상당한 수준에 있었음을 추정할 수 있다. 예를 들어 신라 중기의 원효대사는 만사가 마음먹기 달렸다는 '일체유심조'를 설파하였으며, 화합을 최고의 덕목으로 한 사회통합이론인 '화쟁사상'(和爭思想)을 설파하거나 실천하는 등으로 해동성국의 해동성자라고 칭송했던 사실에서 이해할 수 있다.

뿐만 아니라 전통 한국이 중앙집권적인 전제군주국이었음에도 불구하고 나라가 어려울 때마다 백성이 자율적으로 먼저 일어났던 사실이 앞의 사실을 증명하고 있다. 예를 들어 일제식민통치를 거부하여 민족 전체가 목숨을 걸고 저항하며 거국적 민족의 역량을 보여준 3·1독립운동은 세계사에서도 유래가 없으며, 민본주의를 근간으로 하는 동양에서도 찾아볼 수 없다는 사실에서 이해할 수 있다. 하여 모계신본주의 문명을 전파한 한민족은 유구한 역사와 전통을 갖고 있는 '홍익인간 제세이화'를 구현하고자 하는 선진문화민족이었음을 알 수 있다. 물론 고대 중국이 형성되기 전 세상의 중심적 역할을 하였던, 12한국을 이은 고조선에서 이해할 수 있다.

즉 공자는 고조선을 군자가 사는 도덕적인 나라라고 흠모하여 '동방예의지국'이라 칭하였던 것이다. 이는 고대 중국이 예(禮)를 근간으로 통치하였기 때문이다. 이는 아마도 여제사장이었던 공자의 모친을 통해 모계신본주의 유습을 이은 고조선의 제례(제의)문화와 풍속을 잘 이해하고 있었기 때문일 것이다. 즉 신선도를 생활화하였던 고조선의 위상과 문화를 높이 평가하였음을 말하는 것이다. 예를 들어 고조선은 남녀가 유별하고 예로써 대하여 남녀가 역할이 다름을 존중한 가운데 조화로운 관계였다고 전하는 사실에서 이해할 수 있다. 즉 '안'(安)은 내부의 구심력으로서 국가의 정체성과 같은 의미였고, 밖은 외부의 원심력으로 가변적인 성질로 보아 사로가 다름을 존중하여 균형을 이루는 것이다. 물론 오늘날까지 부성을 바깥주인으로 모성을 안주인이라는 용어로 남아 있다.

홍익인간 사상

전통 한국의 경우 여성의 이름과 성을 혼인 후에도 멸실되지 않고 보존하였던 사실에서 모계 유습이 남아 있음을 알 수 있으며, 안팎의 균형을 조화롭게 이루는 선비집안을 존경하여 양반으로 칭했던 사실에서, 모계적 가치와 부계적 가치가 공존하는 사회였음을 알 수 있다. 이는 전통 한국이 유교사회가 되었음에도 불구하고 도학의 근원인 모계신본주의 유습이 기층민에게 잔재하였기 때문이다. 물론 유교가 공고화된 조선 중기부터 여성들이 지위가 추락했을지라도 여성의 성과 이름은 혼인 후에도 유지된 사실을 볼 때, 모계신본주의사회의 유습이 이어졌음을 이해할 수 있다. 예를 들어 한민족의 전통사상으로서 '경천애인'(敬天愛人) 사상과 토속신앙을 체계화한 동학에서 '사람 즉 하나님'이라는 '인내천 사상'을 설파한 사실에서 인간을 대모신의 후손으로 천명했던 모계신본주의와 같음을 이해할 수 있다.

하여 동학교주 최시형 선생의 '인내천 사상'은 마치 인간을 신의 후손으로 믿었던 모계신본주의사회를 체험한 것처럼 일관성이 있음을 알 수 있다. 실제로 동학에서는 모든 사람이 평등하다고 하여 신분제를 타파하고 남녀평등을 실천하였다. 물론 선생은 성현들처럼 몸소 실천하여 솔선수범하였다. 하여 서구 기독교가 인간을 부계유일신의 피조물로 설정한 것이나, 동양의 민본주의 등과도 차이가 있음을 이해할 수 있다. 따라서 1만 년 전후 모계유일신이 지배한 마고시대로부터, 12한국이라고 하는 고대 한국(단국)과 고조선, 삼한시대를 이어 고려, 조선으로 오늘날 대한민국으로 이어지는 유구한 한민족의 역사는 모계신본주의의 쇠퇴 과정으로 볼 수 있다.

참고로 서구는 중동에서 발현된 유대족의 헤브라이즘(신본주의)과 고대 그리스의 인본주의인 헬레니즘과 융합을 이룬 사회로 발전하였다. 이는 BC 4세기경 고대 그리스의 절대주의철학자 플라톤의 '사단칠정론'(四端七情論)을 사도바울이 신약성서를 집필할 때 원용하였던 사실에서 이해할 수 있다. 그리고 고대 그리스의 헬레니즘(인본주의)은 '인간은 만물의 척도'라고 정의한 프로타고라스

(Protagoras)가 대표적이다. 또한 상대주의 철학자였던 아리스토텔레스는 국가존립의 정당성을 개인의 행복을 구현하는 데 있다고 하였으며, 이와 부합되는 정치가 민주주의임을 설파하였다. 즉 절대주의와 균형을 이루는 법치주의의 근간이 되었던 것이다.

또한 '에피쿠로스' 학파는 쾌락을 최고의 선으로 주장하여 개인주의(자유주의)의 기초를 제공한 사실이나, 소크라테스는 사회의 안정을 위하여 악법도 법이라고 하여 독배를 마셨던 사실 등은 법치주의의 근원으로 볼 수 있다. 물론 소유권을 중시했던 로마제국의 12표법(BC 450)에서도 법치주의를 이해할 수 있다. 따라서 서구 법치주의는 고대 그리스의 인본주의와 기독교의 율법주의와 습합되어 있으며, 중앙집권의 신성로마제국이 성립하면서 공고화되었음을 이해할 수 있다. 이후 로마제국이 기독교를 받아들이면서 3세기경부터 교황체제의 종교제국으로 변모함에 따라 기독교 율법주의의 공고화로 한층 더 발전했다고 할 수 있다.

이후 5C경 로마제국이 멸망함에 따라 유럽은 절대유일신이 지배하는 절대봉건영주시대가 되면서 헤브라이즘의 전성기인 중세 암흑기(3C-13C)를 겪어야 했다. 하지만 13세기 초 칭기즈칸의 세계화로 북유럽과 아시아대륙, 중동 등을 아우르는 문물교류가 활발히 전개하면서 절대존재를 불신하게 됨에 따라 중세 암흑기는 막을 내리게 되었다. 이후 유럽은 동양의 민본주의와 더불어 고대 그리스의 헬레니즘(인본주의)을 다시 연구한 결과, 철학적 경험주의가 발달하면서 자유주의를 구체화하기 시작하여 14세기 르네상스 시대를 열게 되었다.

이후 유럽은 불확실성의 시대를 겪으면서 헤브라이즘은 퇴조하고 헬레니즘이 재등장하는 가운데 자연법사상을 근간으로 하는 자유주의가 구체화되었으며, 상업주의는 산업혁명을 일으키게 되었고, 이에 적합한 새로운 경제제도가 등장하기에 이르렀다. 즉 아담스미스의 자본주의는 이기심을 동기유발로 무한소유를 정당화하며 불로소득으로써 금융소득을 골자로 하는 자유방임주의를 국부론에서 주장하였던 것이다. 하여 경험주의를 근간으로 한 과학의 발달로 일어난 산업혁명과 더불어 개인의 권리투쟁을 정당화하는 법치주의가 자본주의사회를 가능케 했음을 알 수 있다.

한편 동양은 자신의 수양으로 모범을 보여 따르게 한다는 의미인 '수기치인'(修己治人)을 시작으로 '수신제가치국평천하'(修身齊家治國平天下)라고 하여 자신을 닦고, 가족을 평안케 하기 위해 사회참여를 하는 것을 중시한 사회였다. 이는 국가존립의 정당성을 가족의 안위와 개인의 도덕적 수양에 두었음을 알 수 있다. 즉 인간상호간에 조화로운 삶의 원리를 도덕성에 두었던 것이다. 그리고 고대 중국의 윤리는 예(禮)라고 할 만큼 예의를 중시하였다. 이는 자신을 극기하는 것이 예라고 한 공자의 '극기복례'(克己復禮)에서 이해할 수 있다. 하지만 제례행사로부터 연유한 것으로서 자연법칙의 질서와 같은 예는 인간존중이라는 면과 동시에 불평등한 면을 내포하고 있다. 하여 고대 한국의 윤리는 효를 만행의 근본으로 보아 최고의 덕목으로 생각한 것과 차이가 있음을 알 수 있다.

마지막으로 근대사회가 서구의 법치가 세상을 지배하고 있음에 따라, 오천 년 이상의 역사를 갖고 있는 한민족의 전통적 가치와 서구적 가치가 충돌하는 소위 아노미현상(가치부재, 가치혼란)으로 사회통합에 어려움을 겪고 있다. 즉 서구의 자유주의가 시민혁명을 통해서 정당화되어 성립된 근대사회가 성립되고부터 동양의 덕치는 의미가 약화될지라도 의식을 지배하고 있음에 따라 갈등이 있음을 말하는 것이다. 이는 지역 환경에 의해 형성된 전통문화(가치)임에 따라 서구적 가치를 수용하기 어렵기 때문이다. 하여 오늘날 위험한 사회를 극복하기 위한 제3의 가치체계가 필요함을 알 수 있다. 물론 지구촌사회와 부합되는 동양적 가치로서 덕치주의와 서구 법치주의가 수렴된 '홍익인간 사상'을 참고한 '모민주의'가 적합할 것이다.

2. 한민족 수난 1

모성을 대우한 한민족

전통 한국은 사농공상을 근간으로 한 신분제사회였다. 하지만 도학과 선비정신이 지배하는 사회로서 개과천선(改過遷善)하면 신분이 상승했고 잘못하면 하락했음을 볼 때, 인도 힌두교에서 항구적인 신분제로 카스트제도와는 전혀 다른 성격을 갖고 있음 알 수 있다. 즉 사회적 공헌도를 근간으로 한 신분제로서 어느 정도 열린 사회였던 것이다. 이는 한민족의 정체성인 '홍익인간' 사상이 열린사회를 지향하고 있다는 사실에서 이해할 수 있다. 따라서 한민족의 신선사상(도학)에 유학이 습합하여 이루어진 신분제는 선비의 청빈한 삶을 최고의 덕목으로 하여 만든 질서임을 알 수 있다.

참고로 전통 한국의 선비는 모계신본주의사회에서 여제사장을 선비(비범한 사람)라고 칭한 것과 동일한 의미라 볼 수 있다. 왜냐하면 모계신본주의사회에서 대나무가 반듯하지만 속은 비어 실속이 없는 것처럼, '해혹복본' 신념을 진리로 믿고 수증(修證)하는 여제사장을 선비라고 했기 때문이다. 즉 모계신본주의사회의 선비는 앞서 순환진보사상에서 순환을 많이 한 비범한 여제사장을 의미했으며, 진리를 탐구하고, 진실을 위해 목숨까지 거는 이들의 대쪽 같은 정신이 선비정신인 것이다. 하여 유교가 들어오기 전부터 있었던 선비정신은 태고 한국의 모계신본주의사회에서부터 있었으며, 전통 한국의 선비정신과 유사한 것임을 밝혀둔다. 즉 모계신본주의사회의 신선사상에서 발현된 선비정신은 한민족의 정체성인 것이다. 따라서 조선시대 중기까지 남녀가 대체로 평등하였던 이유는 공정한 사회를 위해 자신을 갈고 닦는 선비정신에 의한 것임을 알 수 있다.

예를 들어 조선의 국법(헌법)이었던 '경국대전'(經國大典)에서 유언이 없는 경우에 남녀 자녀에게 균등상속으로 차별이 없었던 사실에서 알 수 있다. 이는 모계신본주의의 남녀평등 유습이 기층민에 의해 유지 존속된 일반의사로서 국법에 반영되었던 것이다. 예를 들어 경북 안동지방의 이응태의 묘에서 출토된(1998년) 한글의 편지에서 조선 중기의 부부관계가 수평적인 사실을 알 수 있었으며, 조선 중기에 경북 안동지역의 어떤 문중에서 균등재산을 유언으로 한 문서가 매체로 알려진 사실에서 이해할 수 있다. 자세한 내용은 지면 관계상 생략하기로 하고, 이는 아마도 모계신본주의의 정통성을 이은 신국으로서 신라가 개국하기 전에 있었던 안동의 여인국의 유습이 잔재한 지역이었기 때문일 것이다.

이는 초스피드시대를 살아가는 현대와 달리 전통사회는 완만함에 따라 오랜 세월이 흘러도 쉽게 변치 않기 때문이다. 예를 들어 조선이 17세기 전까지 유교가 중앙정부의 의지와는 달리 지방 토호세력이나 풍속에 그다지 영향력을 갖지 못한 사실에서 이해할 수 있다. 즉 조선이 유교적 중앙집권국가였음에도 불구하고 초기에는 고려의 지방분권제의 영향이 잔재하였으며, 심지어 신라의 풍속을 유지하였던 것이다. 예를 들어 조선이 숭유억불정책을 펴나갔음에도 불구하고, 실제로는 왕실이나 기층민들이 토속신앙인 무교에 습합된 도교나 불교를 믿었던 사실에서 이해할 수 있다. 이는 아마도 한민족 특유의 미륵신앙이 기층민에 의해 유지된 가운데, 영감으로 체험되고 이어지고 있기 때문일 것이다. 하지만 조선 중기 17세기부터 유교윤리가 공고화됨에 따라 무교, 불교, 도교 등은 쇠퇴하였고, 유교윤리로서 남녀유별, 부부유별, 남존여비, 여필종부, 칠거지악 등으로 여성의 지위는 급전직하하였다.

예를 들어 허균의 누이인 허난설헌(許蘭雪軒, 1563년-1589년)의 시에서 고려 여성들의 자유분방함이나 신선도를 그리고 있음을 볼 때, 기존의 모계주의적인 도학적 가치와 부계혈통주의를 근간으로 하는 충, 효라는 유교적 윤리가 서로 갈등을 빚고 있었던 사실에서 이해할 수 있다. 따라서 초기 조선사회에서 조상제사의 주관을 필요에 따라 모계상속처럼 여성도 할 수 있었던 사실을 상기해 볼 때, 기층민의 경우 부계혈통주의는 큰 의미가 없었음을 이해할 수 있다.

이는 일반 백성의 경우 조선 말기에 이르러 부계혈통주의를 근간으로 하는 족보가 등장하기 시작한 사실에서도 이해를 할 수 있다.

이러한 사실로 볼 때, 비록 조선이 가부장제 국가였지만 모계신본주의 유습을 이은 나라였기 때문에 다른 지역보다 모성이 대우를 받았던 이유를 알 수 있다. 물론 모계대제국이 쇠퇴하는 과정을 겪는 가운데 모계신본주의사회의 유습이라 할 수 있는 무교가 무시당하고 있음에도 불구하고, 유지계승하고 있었던 사실에서도 이해할 수 있다.

일제의 역사왜곡

20세기 초 일본제국주의에 의해 조선이 멸망하면서 한민족의 정체성은 빛 좋은 개살구가 되었고, 식민사관으로 인류문명의 시원을 열은 모계신본주의사회까지 허구로 인식하게 되었다고 할 수 있다. 즉 일제는 모계신본주의사회였던 마고시대로부터 고대 한국을 통해 인류에게 공헌한 민족임에도 불구하고 보잘 것 없는 민족으로 비하하였던 것이다. 예를 들어 태고의 역사가 상징으로 무형문화로서 이어짐에 따라 한민족의 정체성을 이루는 전설이나, 수많은 기록물이나, 유무형의 문화 등을 통해 통찰력으로 이해할 수 있는, 토대가 되는 서책을 일제가 무려 20여만 권을 태워버림에 따라 서로 연결되지 않게 되어 밝혀내기 힘들게 되었음에도 불구하고 마치 부정직한 민족처럼 매도하면서 역사왜곡을 한 사실에서 이해할 수 있다.

또한 모계적 가치를 근간으로 한 미풍양속이 조선 중기 임진왜란 이후 서서히 약화되기 시작하였으며, 일제식민통치를 받으면서

부터 서서히 자취를 감추게 되었다. 즉 서구 기독교문화와 일제식민정책에 의해 모계신본주의유습인 전통신앙체계와 고유한 미풍양속과 음양오행철학 등은 구시대의 유물처럼 전락케 했던 것이다. 예를 들어 1만 년에 이르는 유구한 역사를 갖고 버팀목이 되었던, 삶에 의미를 부여하고 지키고자할 만한 가치가 있었던 모계신본주의사회나, 6,000년 전 12한국의 역사를 알 수 있는 4,300년 전 단군조선을 허구 내지는 신화로 폄하함에 따라 민족혼인 홍익인간 사상을 하루아침에 무의미하게 만들고 영구지배를 획책코자 했던 사실에서 이해할 수 있다.

또한 어느 민족에게도 있는 민란이 가끔씩 발생한 것을 두고 마치 반사회적 정서를 가진 민족으로 폄하하였던 것이나, 고조선에서 알 수 있듯이 삼한의 경쟁보완 관계를 마치 철천지원수처럼 부각한 것은 분열을 조장하는 식민사관으로 왜곡하였다고 볼 수 있다. 이는 국가의 정체성이나 체제를 부정한 것이 아니라 탐관오리의 부당함에 대한 결사임에 따라 정부는 백성의 뜻을 비교적 빠르게 수용하여 무마했던 사실에서 이해할 수 있다. 그리고 한민족의 정체성의 뿌리로 볼 수 있는 모계신본주의 유습을 이어 성립한 신라가 지방자치를 중시하였던 사실과 더불어 삼국통일 후 지역차별이 없었던 사실을 고려에서도 자방자치를 중시하였으며, 단지 작은 특정 지역만 차별이 있었던 사실에서 이해할 수 있다.

물론 삼한 초기와 달리 강력한 부계사회였던 고대 중국으로부터 한민족이 살아남기 위해 통합이 필요했던 후기 통합 과정에서 어느 정도 충돌이 있었던 것도 사실이다. 이처럼 일제는 민중을 분열

시키기 위한 방편으로 패망의 원인을 지역 색과 사회지도층에 있다고 논리를 펼치면서 이간질하고, 무능하면서 부패한 지배층을 대신하겠다는 명분으로 식민통치를 정당화하였음을 알 수 있다. 즉 일제는 조선의 정치인(사대부)을 착취집단으로 매도하면서, 서구의 식민지를 정당화한 인종차별적 제국주의보다 한 수 높은 헌병통치를 하였던 것이다.

식민사관으로 분열을 조장

식민사관으로 역사왜곡을 하여 영원히 지배코자 하는 식민지 정책의 결과 모계신본주의사회로부터 오랫동안 형성된 한민족의 홍익인간사상과 선비정신 등은 식민사관에 의해서 일방적으로 폄하됨에 따라 한민족의 정체성과 방향성을 잃게 되었다. 즉 '홍익인간'이라는 공동목표를 구현할 정치지도자는 없는 가운데 소통이 없는 일방적인 일제 헌병통치에 의해 혹독한 시련을 겪으면서 패배의식을 갖게 함에 따라 동양적 가치와 한민족의 전통적 가치를 부정하는 냉소적인 인격을 형성케 되었던 것이다. 문제는 무능하고 천박한 민족으로 만들고자 획책한 악의에 찬 사람들도 분명히 죽게 되지만, 식민지의 더러운 찌꺼기를 씻어내는 데는 오랜 세월이 필요한 데 있다.

예를 들어 식민지로 수탈을 당한 제3세계가 국내 갈등으로 인한 충돌로 유발되는 사회적비용의 폭발적 증가와 빈곤의 악순환에서 빠져나오지 못하고 있다는 사실에서 이해할 수 있다. 이는 대자연의 한계법칙과 상반되는 인간의 무한한 탐욕을 정당화한 부계적 분배양식에서 살고 있기 때문이다. 즉 생태적으로 유한한 인간은 유한한 자원을 무제한 소유를 할 수 없음에도 불구하고, 가능한 것으로 착각한 결과인 것이다. 이는 오늘날 전 세계에 걸쳐 일어나고 있는 다양한 방식의 테러가 유발되는 원인으로 볼 수 있다.

아무튼 일제의 앞잡이가 된 사람들은 동족을 괴롭힘에 따라 한민족의 정체성인 '홍익인간 사상'을 스스로 부정하였다. 그리고 일제에 의해서 일방적으로 만들어진 왜곡된 식민사관에 의해 한민족 특유의 믿고 의지하는 연대성이 무너짐에 따라 서로 불신과 원망하는 모래알 민족이라고 폄하되거나, 허풍이나 떠는 민족으로 놀림을 당하는 수모를 겪게 되었다. 즉 역사적 사실을 식민사관으로 왜곡한 것을 믿고 정체성을 부정하고 자책을 한 결과로 인한 것이다.

예를 들어 모계신본주의를 근간으로 하는 태고의 12한국(단국)에 대해서 고고학적으로 실증이 곤란한 부분이 있다 하더라도 단군시대는 고고학적 유물로 실증이 되고 있을 뿐만 아니라, 문헌으로도 입증됨에 따라 역사의 연속성이라는 입장에서 볼 때, 모계신본주의사회였던 마고시대를 통찰력으로 이해할 수 있음에도 불구하고, 식민사관은 고조선의 단군을 부정함으로써 한민족의 위대한 상고사를 신화로 생각하게끔 한다는 사실에서 이해할 수 있다.

하여 단군조선이 '홍익인간'을 국시로 창업한 사실이나 모계신본주의사회를 이끈 동이족이 위축되어 고조선의 한민족으로 변모하였으며, 전통 한국으로 축소되는 과정에서나 1,000여 차례의 침공을 받으면서도 먼저 공격을 한 적이 없었으며 평화적이고 방어적이었다는 사실에서 문화민족으로서 긍지가 있어야 함을 알 수 있다.

즉 일제는 한민족 스스로 나약한 민족으로 생각하게끔 했던 것이다. 이는 구한말에 있었던 신미양요를 통해서 한민족의 특성을 이해할 수 있다.

즉 1866년 대동강에서 미국 상선 제너럴샤먼 호를 격침시킴에 따라, 1871년 등장한 미국 함대가 엄청난 화력으로 공격을 하였음에도 불구하고 조선군이 격퇴를 한 역사적 사건에서 한민족은 유구한 역사를 갖고 있으며, 철학적 토대가 튼튼한 문명국을 이루고 있었기 때문에 폭력에 의해 굴복되는 민족이 아님을 알 수 있는 것이다. 따라서 한민족의 의식을 지배하는 신선사상이나 선비정신이 스스로 비겁하고 단순한 약육강식을 거부하였으며, 세상의 주체로서 인간은 품격을 갖추어야 한다고 생각했음을 알 수 있다.

반면에 일본은 10세기 정도부터 공포적인 사무라이 무력통치를 하였음에도 불구하고, 미국 함대의 단 한 번의 포격으로 무릎을 꿇고, 1854년 3월 31일 미 해군제독 매슈 페리와 일왕과의 '미일화친조약'이라는 불평등 조약을 하였다. 하지만 당시의 일왕이 실권자로 아니었기 때문에 막부의 쇼군과 대표자들과 함께 페리는 재합의를 하였다.

이후 유럽의 각국들과 통상조약이 체결됨과 동시에 물가폭등으로 인한 시민폭동과 무사들의 불만 등이 직접적인 원인이 되어 1868년 메이지유신이라는 왕정복고를 하기에 이른다. 따라서 미국의 힘에 의한 강제적 개방의 결과 실권자였던 사무라이 막부로부터 왕권이 회복되었음을 알 수 있다. 참고로 메이지 유신 전의 사무라이는 전쟁전문가로서 왕이 있었는지도 몰랐으며, 정적 암살이나 패거리로 몰려 다니며 영주에게만 충성하는 집단이었다. 이는 유교의 충과도 다르며 서구의 기사도와도 다르다고 할 수 있다.

이러한 정황에서 볼 때, '홍익인간', '선비문화'를 가진 후덕한 문화민족이기 때문에 나라를 잃어버린 특이한 경우였다고 할 수 있다. 물론 '해혹복본사상'을 이은 여러 종족이 '홍익인간 제세이화'를 구현하기 위해 성립한 고조선을 이은 전통 한국이 멸망한 것은 이해하기 힘든 것이다. 왜냐하면 고대 중국에 흡수되지 않고 비록 약소국으로 전락되었다 하더라도, 예부터 '해동성국'(海東聖國)으로 일컬으며 굳건히 국가의 위상을 갖고 당당하게 세상에 존립할 수 있었기 때문이다.

뿐만 아니라 곰 신앙(고마운, 감사함)을 삶의 본질로 생각하는 한민족의 성향이 오히려 먹이가 된 사실을 이해할 수 없는 것이다. 다시 말해서 동양의 주인공이었던 '홍익인간' 한민족의 자부심이 일제의 간계를 이해할 수 없었음을 말하는 것이다. 물론 전통 한국이 자본주의와 배치되는 사농공상의 가치체계를 가진 도덕국가로서 일제의 사술을 인식할 수 없었음은 당연한 것이다.

아무튼 왕권의 독주를 견제하고 백성의 권익을 대변한 선비문화와 서구적 가치가 충돌함에 따라 제대로 된 변화를 이루기 위한 쇄국정책이나, 일제에 결사항전을 한 사실조차도 식민사관은 폄하하고 있다. 예를 들어 유교가 공고화된 조선 중기부터 일부 지배층의 탐욕과 당쟁으로 인한 피해가 백성의 증오의 대상이 된 것이나, 조선 말기에 탐관오리의 횡포가 있었던 것 등도 사실이지만, 어디까지나 일부분으로서 국가전체가 도덕적 타락을 한 것이 아니었음에도 불구하고, 일제는 식민통치를 정당성화하기 위해 침소봉대하여, 마치 전 국민의 도덕성이 무너지고 부패가 만연한 국가처럼 정치지도자와 민중을 서로 원망하도록 이간질한 결과를 홍보함에 따라 '홍익인간' 한민족의 연대성이 단절되어 흩어진 사실에서 이해할 수 있다.

또한 '수신제가치국평천하'(修身齊家治國平天下)를 이상으로 삼은 선비들은 정직성과 도덕성을 갖춘 지식인으로서, 백성과 의사소통이 원활함에 따라 관료나 정치지도자가 되었을 때 중앙과 지방이 균형을 이룰 수 있었던 사실이나, '수기치인'(修己治人)하기를 격려하며 민본주의적 리더십으로 상하관계가 이루어졌던 사실 등을 식민사관은 간과하고 있다. 특히 선비문화에 의해 남녀의 조화를 통한 균형을 이룰 수 있었지만, 일제의 사이비자본주의의 적용과 근50년 정도 정치지도자가 없는 사회가 됨에 따라 가장 큰 피해자가 여성이었음에도 불구하고, 모성은 후손을 위해 희생을 아끼지 않았던 점은 한민족의 정체성을 알 수 있는 매우 중요한 점으로 볼 수 있다.

3. 한민족의 수난 2

홍익인간의 수난

조선 말기 전통가치와 서구적 가치의 충돌로 인하여 안팎으로 어려움에 처해있을 당시, 일본에서는 제2차 산업혁명으로 진입하던 서구 열강으로부터 무시당하면서 제국주의 악습을 익히고 있었다. 이러한 가운데 일본이 1876년 무력으로 불평등조약을 강제한 강화조약으로 조선은 반식민지가 되었고, 이어서 청일전쟁과 러일전쟁에서 일제가 승리함에 따라 1910년 한일합방에 의한 식민지로 공식화되었다. 즉 태고로부터 모계신본주의사회의 정통성을 이은 12한국을 이은 삼조선이 멸망한 후 삼국으로 위축은 되었지만, 한 번도 나라를 잃은 적이 없는 한민족이 일본제국주의에 의해서 멸망했던 것이다. 하여 모계신본주의 사회를 이끌면서 존경을 받던 한민족 여성은 최악의 혹독한 삶을 피할 수 없었음을 이해할 수 있다.

그리고 동양에서는 서구 자본주의를 중용, 조화, 안정과 배치되는 극단적 사조로 규정하여 방어적이었던 반면, 일본은 서구의 입헌군주제를 모방하여 1889년 '대일본제국헌법'을 만들어 자본주의를 수용한 입헌군주국으로 변모하였다. 물론 서구의 입헌군주제가 시민혁명의 결과임에도 불구하고 체험하지 못한 상태에서 성립한 일본식 입헌군주제는 태생적으로 문제가 있었음에도 불구하고, 자국의 백성조차 사무라이문화로 1,000년에 걸친 억압의 풍토는 공고화되어 있음에 따라 서구제국주의를 쉽게 모방할 수 있었다. 하여 스스로 동양에 자본주의를 가르치는 국가처럼 우쭐거리며 제국주의를 펼쳐 동양의 각 나라를 사이비자본주의로 주변국을 식민화하거나 수직적인 관계를 형성코자 한 무모하기 짝이 없는 짓을 하였음을 알 수 있다.

예를 들어 자국의 3백만 이상의 군인과 민간인이 죽었을 뿐만 아니라, 2천만 명 내외의 중국인과 인도네시아에서 2백만 명, 베트남에서 2백만 명, 필리핀에서도 1백만 명 이상의 인명 사상과 더불어 한국은 36년간 식민지로 인하여 한민족의 정체성의 훼손과 가혹함으로 인한 인간성 황폐화와 정신질환의 유발 등이나, 수탈로 재기 불능의 경제상태 등 정신적, 경제적인 천문학적 손실이 있었을 뿐, 동양의 이웃을 비롯해 세상사람 누구에게도 덕이 되지 못하였고, 오히려 잊지 못할 원한을 갖게 했다는 점에서 무모했음을 알 수 있다. 특히 서구는 식민지에 대해서 실익이 없음을 경험하였기 때문에 일본을 앞세워 아시아에 대해서 엄청난 실리를 취할 수 있었던 반면, 일제는 실속도 없이 지정학적으로 함께 살아야 할 이웃나라에 원한만 남긴 꼴이 되었다는 사실이 가장 큰 손실이 될 것이다.

물론 일제가 전통 한국을 식민통치한 사실은 사무라이정신이 지배하는 섬나라로서 대륙의 일부나마 지배했다는 사실이 자랑스러웠을지 모르지만 경박함의 대가를 치러야 될 것이다. 이는 '홍익인간' 한민족이 문화민족으로서 타민족을 해코지하지 않았으며, 인류역사 발전에 기여한 사실과 비교함으로써 이해할 수 있다. 즉 때린 놈은 오므리고 자고, 맞은 놈은 펴고 잔다는 격언과 같은 상황인 것이다. 또한 서구 자본주의는 자본가가 자본축적을 위한 상업적 이유로 미개한 지역을 식민화하였지만, 일제는 국가가 주도하여 동일문화권의 근원을 공격하고, 식민통치한 경우임에 따라 민족적 책임이라는 무거운 짐을 안고 있다는 점에서 근시안적인 사고에서 비롯된 것임을 이해할 수 있다.

그리고 일제강점으로 인하여 한민족의 정체성이 붕괴되어 혼란한 가운데, 인류의 위대한 유산으로서 1919년 3·1독립운동이 거국적으로 일어나게 됨에 따라 민족혼을 말살하여 식민노예로 만들기 위한 문화정책으로 전환하였다. 물론 일제강점 초기 선비와 우수한 인물로 구성된 약 12.000여 명에 달했던 애국지사는 1922년을 전후해 거의 멸문지화(滅門之禍)를 당했기 때문에 노예화를 위한 혼 빼기 작업이 가능했던 것이다. 즉 문화말살정책으로서 찬란하고 유구한 역사를 증명했던 20여만 권에 이르는 방대한 양의 각종 서적을 소각했을 뿐만 아니라, 태고로부터 이어온 모계신본주의 유일신원형종교를 이은 무교를 미신으로 만들었으며, 나눔을 실천하는 '홍익인간정신'과 진리를 탐구하는 선비정신을 나약한 보잘것없는 것으로 폄하하였던 것이다.

즉 식민통치의 정당성을 주입하기 위해, 뚜렷한 민족혼과 우수한 문화를 갖고 있는 한민족을 천민자본주의보다 못한 사이비자본주의로 교육하면서 분열을 획책하는 가운데, 고조선의 국시로서 한민족의 정체성인 '홍익인간'을 어리석은 삶으로 각인케 하여 노예근성을 의식화했음을 말하는 것이다. 이는 5,000년 이상의 역사를 소각하겠다는 발상은 불가능한 것임에도 불구하고, 일개가문이나 대가족을 파괴하는 정도로 생각한 일제의 무모함은 그야말로 '무식이 용기'로서, 스스로 국가의 품격을 떨어뜨리고 보잘것없는 민족으로 각인되며 후손에게 오랫동안 짐이 된다는 사실을 몰랐기 때문이다.

뿐만 아니라 1920년경 당시 한반도의 인구가 1,200만 명으로, 1,200만 석이 필요했지만, 수요의 반인 600만 석을 목포항을 통해서 수탈해간 것을 볼 때, 민중들은 하루에 한 끼 정도 식사를 할 수 있었을 것이다. 그나마 친일분자가 세 끼를 다 먹거나, 창고에 쌓아두고 고리대금을 하는 경우도 있었기 때문에 대다수 사람들은 초근목피로 생명을 연장할 수밖에 없었을 것이다. 하여 농토를 헐

값에 넘기고 유리걸식하거나 소작농으로 전락하였던 이유를 알 수 있다. 이러한 상황에서 서로가 불신하며, 1,000년 전의 불확실한 사건 등을 들추어 각색하거나, 온갖 방법으로 감정을 조장하여 지역 간, 이웃 간, 상하 간, 서로가 원망하는 등 온통 갈기갈기 찢어 만신창이가 되도록 혼신을 다해 이간질의 구조화를 쉽게 구축할 수 있었다고 할 수 있다. 즉 사회통합을 완성한 한민족의 노력을 무시한 채 과거집착 형으로써 서로 원수가 되도록 획책했던 것이다.

따라서 일제수탈과 기업의 착취로 인한 기아의 공포가 만연한 상황과 함께 철권통치로 인권은 생각할 수도 없었으며, 내면세계 또한 몰락하여 인간성 황폐화로 모든 것이 끝난 상태였음을 알 수 있다. 이처럼 '홍익인간' 한민족은 유구한 역사에 비해 허물이 적음에도 불구하고 일제는 사소한 역사적 사건을 부정적인 측면에서 침소봉대하여 노예화를 추진한 것은, 일제가 사무라이 칼 문화를 근간으로 하는 섬나라로서 역사적 경험의 일천함과 인문학적 역량의 부족으로 인하여 입체적 고찰을 하지 못한 경박함에서 비롯되었다고 볼 수 있다. 즉 인간이 순환 진보를 하면서 완성도를 높여가는 영적 존재임을 체험하지 못했음을 말하는 것이다. 또한 국가 상호간의 경우 이웃 나라에 부당함을 강제한 것에 대한 대가를 언젠가 치러야했던 역사적 경험이 일천했기 때문일 것이다.

포로수용소로 변모한 한반도

일제의 철권통치로 인한 참혹한 생활을 겪게 됨에 따라 '안의 문화'의 주인공인 여성은 생지옥과 같은 생활로 과거보다 몇 배의 고통을 겪으면서 살아야 했다. 즉 동물의 세계에서 먹이사슬의 하단부에 위치한 존재처럼 여성이 가사와 양육뿐만 아니라 사회노동까지 담당했던 아녀자의 고통은 이중삼중으로 중첩된 상황이 오랫동안 지속되었던 것이다. 예를 들어 일제하에서 여성들이 당한 고통을 너무나 뼈에 사무치게 경험된 결과, '딸을 낳으면 부모가 3번 운다'는 정서가 형성된 사실에서 이해할 수 있다. 그 예가 제2차 세계대전 중 '태평양전쟁 일제강제군위안부'라 하는 일명 '정신대'를 20만 명 이상을 강제로 차출하여 끔찍한 인권유린을 하였던 사실에서 이해할 수 있다.

아울러 징병과 징용을 70만 명 이상의 청장년을 강제 동원하여 죽음으로 몰고 갔던 것을 당시의 1,200만 명 정도의 인구수를 고려해볼 때 인종청소나 다름없다고 할 수 있다. 따라서 동일문화권에 있으면서 문명을 선린우호로 교류했던 이웃 나라 조선에게 지나치다할 만큼 제3세계의 나라들이 겪었던 서구 식민통치보다 참담했음을 알 수 있다. 물론 '홍익인간' 한민족은 일본에 대해서 착취를 하거나 원한을 살 만한 사실도 없었음에도 불구하고, 작은 잘못을 침소봉대하여 적개심을 고취하는 등으로 한반도를 정복해야 한다는 '정한론'을 공고화한 것은 비정상적이라 할 수 있다. 이는 아마도 문치주의 전통이 있는 한민족과 사무라이 문화와 배치됨에 따라, 소통 자체가 불가능하기 때문일 것이다. 이러한 사실을 미루어 볼 때 오래 전부터 약탈과 침략을 일삼는 왜구를 경멸하였으며, 소위 왜인(작은 사람, 소인배)이라 하여 무시할 만한 이유가 있음을 알 수 있다.

아무튼 일제는 한반도를 포로수용소처럼 헌병통치하면서 온갖 비열한 술수와 과학적 근거를 내세운 진화론적 우생학 등으로 인종차별과 식민지를 합리화하여 양심을 포장한 사실은 성악설을 입증한 사례로 인류문화사에 기록되고 있다. 이는 보이지 않는 세계를 두려워할 줄 모르는 야만종족처럼, 인간임을 포기한 온갖 악행을 저지른 것을 자랑으로 여겼기 때문이다. 즉 인간으로서 가져야 할 치심(부끄러운 마음)이나 양심이 없는 천인공노할 사례였던 것이다. 이는 일제의 인종말살정책으로 승리자의 입장에서 우수한 자만 살아남아야 한다고 한 우생학, 적자생존논리, 약육강식의 합리화 등과 폭력, 독선, 위선과 거만함 등에 의해 저질러진 안하무인의 경박함을 국가가 주도하였기 때문이다. 물론 오늘날 첨단과학시대에 밝혀지고 있는 초과학적 현상이나 영적 존재로서 인간임을 이해했다면 인류가 존재하는 한 악마로 기억되는 일은 하지 않았을 것이다.

이처럼 혹독한 일제식민통치를 받게 것은 조선 중기에 유교가 공고화되면서 모성의 지위가 급락하여 구심력을 잃게 됨에 따라 국력이 약화된 결과로 볼 수 있다. 예를 들어 서구는 근대사회가 성립되면서 여성의 지위가 획기적으로 변함과 동시에 국력이 강력하게 되었지만, 전통 한국은 서구와 반대로 조선 중기부터 여성의 지위가 급락했던 사실에서 이해할 수 있다. 즉 남녀의 조화를 중시한 '홍익인간' 한민족의 유구한 전통문화인 '안의 문화'가 조선 중기에 약화됨에 따라, 유발된 갈등이 국력을 쇠약케 했던 것이다. 이는 수천 년간 한민족사회를 안정시켰던 마고시대부터 모성을 가족의 태양으로 존중하였던 '안의 문화'가 일제에 의해 퇴출됨으로써 가정폭력이 난무하게 된 사실에서 이해할 수 있다.

물론 일제가 가족 간의 분열과 불화를 조성하기 위해 퍼뜨린 말로서, '조선의 여성은 명태처럼 두들겨야 부드러워진다'고 한 사실은 참고가 될 것이다. 이는 해방 후에도 일제의 더러운 찌꺼기로 남아 때로는 남녀 상호간에 적개심을 품게 됨에 따라, 성폭력이 난무하고 성도덕이 문란하거나 폭력으로 이어지고 있다. 이는 식민지를 당한 대부분의 나라의 경우, 대다수 아녀자들이 가부장의 폭력에 괴로움을 당하는 특징으로 나타나고 있다.

또한 일제는 전통적 가치를 존중한 것처럼 전통적인 대가족제를 권고하였지만 사실은 왕권을 장악한 후 전체백성을 노예화할 수 있었던 것처럼, 연좌제를 실시하여 헌병통치를 원활하도록 하기 위한 방편이었다고 할 수 있다. 즉 일제헌병통치에서 민중을 포로나 패잔병처럼 대우함에 따라 유발되는 반발을 무마하기 위해 대가족 전부에게 연대책임을 부과하기 위한 수단이 연좌제였던 것이다.

물론 일제가 핵가족으로 발전케 하는 자본주의를 역행하는 대가족제를 권장한 자체가 집단이기주의로 대립하고, 분열이 일어나기를 바란 만큼 뜻대로 되었다. 하여 일제의 대가족제 권장은 남녀 갈등과 세대의 갈등을 부추겨 독립운동의 생성을 근본적으로 막기 위한 방편이었음을 이해할 수 있다.

미개한 민족으로 전락

일제는 고대 중국에서 '동방예의지국'(東方禮義之國)이라 한 고조선을 전후한 유구한 역사와 함께 만들어진 전통가치를 무시하면서 온갖 회유와 폭력, 이간질, 역사왜곡 등으로 '홍익인간' 한민족을 소멸케 하려고 했다. 즉 서구의 제국주의가 자본축적을 위한 식민지를 개척하는 과정에서 미개종족에게 행했던 것과 달리, 조용한 아침의 나라를 일군 문화민족을 영원한 노예로 만들고자 했던 것이다. 이를 두고 무식이 용기라고 하는 것이다. 이러한 사실은 인류가 존재하는 한 반면교사가 되어 교훈으로 남게 됨에 따라 국민의 부담으로 작용되고 있다.

그리고 일제에 의해 노예화의 과정을 겪으면서 노예근성을 배양하여 노예처럼 변모함에 따라, 한민족의 정체성인 '홍익인간' '선비사상' 등 전통적 가치를 스스로 부정하게끔 되었다. 즉 '홍익인간'의 긍정적인 삶을 고집한 유구한 역사를 가진 문화민족이 일제의 계략과 칼에 의해 무너진 다음 수탈로 초토화되고 멸망의 원인을 식민사관으로 합리화함에 따라 아무것도 믿지 않는 타율적, 냉소적 인간형으로 변모했던 것이다. 이는 방향을 설정하고 감독하는 정치가 없는 일방적 지시와 관리만 있는 식민통치사회에서 노예로 살았기 때문이다.

예를 들어 동고동락을 같이 한 역사공동체에 대한 부정, 공중도덕의 실종, 출세주의, 기회주의 등이 만연한 사실에서 이해할 수 있다. 이는 일제가 수천 년간 일구어온 땅을 빼앗고 초과생산을 강제하였을 뿐만 아니라, 자신의 땅에서 만든 포로수용소에서 포로인생을 지낸 기막힌 인생을 산 결과이다. 물론 일제 당시 나부터 먼저 살고 보자는 '아생연후'라는 신조어가 일반화되어 있었으며, 이러한 노예정서는 해방 후에도 잔재하여 사회통합을 방해하였다.

한편 이러한 참담한 상황에서 한민족 여인은 시종일관 나보다 너를 위한 나눔의 삶을 수행으로 생각했던 동이족의 후예답게 혹독한 삶을 살면서도 가정의 태양이 되어 주린 배를 움켜잡고, 한민족 고유사상인 이웃에 정성을 다해 봉사하라는 의미인 '경천애인'과 '지성이면 감천'한다는 믿음으로, 매일새벽 장독대 한 모퉁이에 정화수 한 그릇을 떠놓고 '천지신명'(天地神明)과 비범했던 조상신에게 지극정성으로 가족들이 '홍익인간'의 행복한 인생을 살기를 기원하였다. 이처럼 고대로부터 끊임없이 아름다운 마음의 씨를 뿌리고 가꾸었던 주인공이 모성이었음을 상기해 볼 때, 한민족이 만든 국가는 여성들의 마음씨(여성성)를 근간으로 이루어진 나라임을 알 수 있으며, 언제나 한민족의 구심력으로서 작용하고 있음을 알 수 있다.

이는 기층민들의 한민족 고유의 토착신앙을 근간으로 하여 성립한 동학이 사람을 하느님이라 하였으며, 양성평등을 교리로 한 사실과 고대 한국에서 신부의 나이가 신랑보다 위인 경우가 많았던 사실 등에서도 이해할 수 있다. 그리고 모계하나님의 유시인 '해혹복본'(解惑複本)을 구체화한 '홍익인간' 사상이 동학의 교리로 이어지고 있음을 볼 때, 모계신본주의의 맥을 일관성 있게 이어가고 있음을 알 수 있다. 예를 들어 한민족의 여인들의 새벽기도로 조용한 아침을 열면서 자신이 출산 양육한 자녀가 '홍익인간'으로 살아가길 염원한 사실에서 이해할 수 있다.

물론 서구에서 여성이 소외되어 있었던 것처럼 전통 한국의 여성도 양육, 가사, 농사일 등으로 험한 삶을 살았다. 즉 동서양의 여성들은 사회적 미덕이라는 미명 아래 상당한 고통의 삶을 한 점은 대동소이함을 말하는 것이다. 물론 한민족 여성의 경우 일제식민기간 동안 세상을 살면서 생지옥을 경험하였다. 따라서 일제가 모계신본주의 유습을 이어온 한민족 여성에게 세상에서 가장 참혹한 삶을 가져다 준 가해자였음을 알 수 있다.

천박함이 의식을 지배

일제가 전쟁도 없이 채무 등을 빌미로 하여 왕조를 축출하여 하늘인 백성의 뜻과 상관없이 마치 전승국의 노획물처럼 식민통치를 한 것은 부도덕함이 승리할 수 있음을 보여준 예가 될 것이다. 이는 백성을 하늘로 설정한 민본주의를 제대로 이해 못한 일제의 무지함도 작용했지만, 탐욕을 배양하는 자본주의를 안빈낙도(安貧樂道)와 안분지족(安分知足)의 삶을 권장하는 선비문화가 터부시한 것도 원인으로 볼 수 있다. 이는 농업이 갖고 있는 자연의 순리에 부합되는 정직성과 성실함을 중시한 한민족 사회는 서구의 농노제와 달리 일찍이 농업을 국가의 근본으로 보아 '농자천하지대본'의 구호에서 알 수 있듯이 농민을 대우한 것이나, 사적 자치를 허용하였음에도 불구하고 소유권 충돌이 별로 없었던 사실 등에서 이해할 수 있다.

하여 '사농공상'의 가치체계를 유지한 전통 한국에서 자본투자의 이식으로 얻는 불로소득을 정당화하는 자본주의를 정서적으로 수용하기 어려웠음을 알 수 있다. 즉 탐욕을 배양하여 상극의 삶을 살게 하는 자본주의와 상생의 삶을 인생의 궁극적 목적으로 하는 '홍익인간'과는 물과 기름이었던 것이다. 다시 말해서 소유권의 절대성을 근간으로 '소유의 삶'을 인생의 궁극적 목적으로 하는 자본주의는 '상생의 삶'을 중시하는 한민족의 정서와 배치됨을 말하는 것이다. 물론 당시 전통 한국에서는 서구 제국주의를 부정적으로 보았다.

실제로 서구가 식민개척을 하면서 먼저 본 자가 임자로서 기득권을 문서화한 사실에서 이해할 수 있다. 이는 나폴레옹 당시의 민법 이론으로서 주인이 없는 것은 먼저 차지한 자가 임자라는 의미인 '무주물 선점'(無主物 選點)에서 이해할 수 있다. 즉 식민지 나름대로 만들어진 전통적인 생활양식을 부정하여 자신들의 생활양식으로 만든 일방적 논리로 강탈하였던 것이다. 다시 말해서 전체주의 사회로서 식민지역의 원주민들은 선조가 일군 땅으로 생각함에 따라 본질적으로 땅을 공유한다는 전제하에 추장이나 권력자가 분배한 것을 두고, 서구는 세상을 창조한 유일신의 것으로 전제하며 자신들의 방식에 의해 일방적으로 처분하였던 것이다. 하여 서구와 다른 생활양식을 갖고 있는 식민지 사람들은 자신들이 살고 있는 곳을 오랫동안 뿌리를 내리고 있음에 따라 서양인들을 이방인으로서 생각하였으며, 패전으로 빼앗기지 않는 한 자신들의 것으로 믿었던 것을 악용하였음을 알 수 있다.

예를 들어 식민지 나름대로 문화를 갖고 수천 년을 기독교와 상관없이 살아온 지역을 일방적으로 기독교를 믿을 것을 강제하며, 믿지 않으면 악마라고 하여 매도하거나, 자신들이 일방적으로 만든 법으로 처분을 하거나, 자본주의에 대한 무지를 이용해 자본가들이 간단한 선물로써 소유권을 취득하는 등으로 합법화하여 수탈하거나 지켜지지 않을 때는 군사력(실력행사, 폭력)으로 강제한 것 등은 무효임에 따라 배상을 해야 한다고 제3세계가 주장한 사실에서 이해할 수 있다. 이처럼 당시 식민지역 사람들은 가치체계가 각각 다르며, 자신들과 역사적 연관성도 없으며, 기여한 바도 없음에 따라 연고권을 가질 수 없다고 생각했던 것이 빼앗긴 원인으로 볼 수 있다. 하여 개종을 명분으로 식민통치를 받은 사람들이 오늘날까지 혼란과 빈곤한 삶을 살고 있음에 따라 전통 한국이 서구적 가치를 부정한 것은 옳은 판단이었음을 알 수 있다.

한민족 정체성의 파괴

제국주의의 발원지인 서구에서조차 자국민의 항구성과 명예를 위해 금기시했던 토지강탈이라는 수탈적 악성자본주의를 일제는 실현하였다. 즉 총독의 지시로 1909년 '동양척식주식회사'를 설립하여 합법을 가장한 수탈의 예로써, 농민에게 연리 4할 4푼 복리를 기본으로 악성 고리사채업자 수법과 동일한 악랄한 여러 방식을 통해서 소유권을 강탈하였던 것이다. 또한 친일분자들의 경우 합법적 소유권을 주어 일제의 수탈을 돕는 앞잡이로 활용하여 정보라인을 잘 구축하고 있었다. 즉 일제의 호의로 착각을 일으킬 만큼 용의주도하게 소유현황을 '동양척식주식회사'를 통해 파악한 후 수탈을 본격화하였던 것이다.

하여 유구한 역사와 전통을 갖고 있는 한민족 사회는 상호간에 신뢰를 근간으로 하는 안정된 사회로서 문서 없이 말로 한 약속이라도 지켜진 신용사회였음에 따라 문서에 의한 소유권 개념이 희박한 것을 아는 일제총독부가 친일앞잡이의 정보를 통해서 토지와 재산을 쉽게 수탈할 수 있었음을 알 수 있다. 즉 조선이 중앙집권제 국가면서도 변치 않는 지역의 고유한 문화와 지방호족을 존중한 사회였기 때문에 수탈이 쉽게 이루어졌던 것이다. 다시 말해서 한민족의 정체성으로서 '홍익인간'의 삶을 근간으로 수천 년에 걸쳐 뿌리내린 토착민의 오랜 전통으로 성립된 불문법적인 향약 등 자치규범을 갖고 상호부조를 하며 살았던 까닭에 토지소유권을 문서화할 이유가 별로 없었던 신의 성실이 지켜진 사회였던 것이다.

아무튼 인류 최초의 모계대제국을 만들어 인류의 문명을 연 고대 한국(12한국, 단국)이나 고조선 등은 후일 고대 중국이 BC 2세기 통일되기 전 세상의 유일한 대국으로서 수천 년에 걸쳐 중심적인 역할을 한 사실을 일제는 상상도 할 수 없는 까닭에 허구로 생각할 수밖에 없었을 것이다. 하지만 대륙을 경영한 경험이 없는 일본은 서구제국주의를 교사삼아 조선과 중국이 순간적으로 쉽게 무너졌기 때문에 동양의 역사나 가치관은 무시를 하였음을 알 수 있다. 이는 한민족의 역사가 대륙역사임에 따라 인류 역사 발전의 중심축으로 역할을 한 사실을 섬나라 일본은 알 수 없었기 때문이다.

물론 일제는 한민족의 위대한 역사를 말하는 조선인들은 거짓말을 많이 하는 민족으로 매도하여 실재하는 고조선의 역사조차도 전설로 만들어 버렸다. 이후 일제의 수탈의 의도를 알고부터 사람들은 일제 앞에서 찬란했던 상고사나 진실을 말할 수 없었다. 또한 일제가 불신한 기독교를 통해 한민족의 위대한 선조였던 단군성조를 숭배한 것을 우상숭배로 매도하여 '홍익인간' 한민족의 정체성을 파괴하거나, 모계신본주의유습을 이은 모계종교의 원형인 무교를 무속으로, 미신으로 폄하하였다. 이는 한민족의 정체성이면서 민중의 카다르시스를 풀어주었던 유일한 군중집회가 독립운동의 기운을 갖게 될 것을 두려워했기 때문이다.

하여 아마도 한민족이 본래 욕설과 거짓말을 할 줄 모르고, 거짓말을 할 수 없는 사회구조로서 어떠한 면에서는 지나치다고 할 만큼 도덕성을 요구하는 엄한 사회로서, 집안 단속을 잘한 도덕국가였기 때문에 오히려 나쁜 마음만 먹는다면 수탈하기 쉬운 국가였음을 알 수 있다. 즉 전통 한국은 오염이 없는 청정지역으로 면역력이 없는 사회였던 것이다. 따라서 일제는 '홍익인간' 한민족으로서 고유한 문화를 갖고 면면히 이어온 사실을 식민사관으로 부정하고 거짓말쟁이로 폄하하여 불성실하게 만들었음을 알 수 있다. 즉 헌병통치의 포악성으로 인하여 이중적인 태도로 살아야 하는 구조를 만들어 놓고 거짓말쟁이로 몰아붙였던 것이다. 즉 한민족을 노예근성이 있는 질 나쁜 민족처럼 각색하였던 것이다. 이를 두고 날강도라고 한다. 또한 일제의 말을 그대로 믿고 앵무새처럼 전달하는 무지한 민중이 스스로 '엽전은 안 돼!'라고 동족을 비하한 것이 오늘날까지 회자되고 있음을 상기해 볼 때, 일제가 영구지배를 위한 전략이 얼마나 철저하고 지독했는지 알 수 있다. 물론 한민족 전체를 종으로 부리고 싶었기 때문일 것이다.

4. 한민족의 수난 3

위대한 한민족

인류의 문명을 연 모계신본주의사회를 이어 말기 모계사회였던 12한국을 이은 고조선을 단군왕검(檀君王儉)이 창업하였다. 즉 동이족이 먼저 체험한 모계하나님의 '해혹복본'의 유시를 이은 고조선이 국시로서 '홍익인간 제세이화'라고 천명하며 성립하였던 것이다. 하여 부계사회의 등장으로 모계원형종교에서 새롭게 변모한 종교의 제사장 호칭인 단군에서 고조선은 실존하는 하나님의 후손이 지배하는 종교국가였음을 알 수 있다. 물론 오늘날 여러 고고학적 자료로 실존 인물임을 확신을 가지게 되었다. 하여 인류에게 여신으로만 알려져 있는 비범했던 여제사장을 이해하거나, 유일신종교원형을 이해할 수 있는 태고의 모계신본주의의사회를 이해하는데 중요한 국가라 할 수 있다.

물론 식민사관에서는 한민족을 이룬 단군성조를 전설의 인물로 부정했지만, 실존했던 고조선까지는 부정할 수 없음에 따라 오늘날에는 모계유일신종교의 대제사장으로 인정하고 있다. 이는 한민족의 무형문화재인 토속신앙에서 마고할매, 삼신할매(할머니)와 함께 단군할배(할아버지) 등으로 나타나지만, 사실은 위대한 성현으로 단군은 인격신인 유일신사상을 구체화한 인류의 스승이라 할 수 있다. 따라서 이미 조상신으로 숭배되고 있음에도 불구하고 오히려 실존의 여부에 대해서 의심을 하게 된 것은 일제식민사관이나 서구의 세련된 관념적인 신관이나 서구의 우수한 과학기술문명의 영향으로 볼 수 있다.

물론 한민족은 태몽이나, 신생아의 몽고반점이나, 여러 종류 등의 실제 체험을 통해 마고삼신을 인식하고 있으며, 비범했던 조상을 신으로 숭배한 실증주의적인 신관을 갖고 있다는 점에서 서구와는 많이 다르다. 하지만 천지인 삼신을 믿은 고조선은 고대 중국이 통일되기 수천 년 전부터 동양의 대국이었음에도 불구하고 진시황(BC247-BC210)에 의해 멸망하였다. 즉 고조선은 모계신본주의사회의 유습을 이은 종교국가로서 방어적임에 따라 중앙집권적인 부계주의에 의해서 몰락했던 것이다. 이처럼 뿌리 깊은 역사를 갖고 인류에 공헌한 '홍익인간' 한민족을 일제가 알 수 없었던 것은 당연한 것이다.

예를 들어 태고의 모계신본주의사회의 유습을 이었다고 볼 수 있는 전통 한국의 무교는 한민족의 토속종교이며, 전통문화로서 생활화되어 조직화할 이유가 없으며, 비록 태고의 것이라 할지라도 각색되지 않은 원형종교로서 완벽함에도 불구하고 미신으로 폄하한 사실에서 이해할 수 있다. 물론 세력을 만들 수 있는 결사의 유일한 방편이었던 무교제의를 방해하여 자율성의 근원이 되는 민족혼의 파괴로 노예근성을 공고히 하고자 했기 때문이다.

즉 태고로부터 이어지는 모든 종교가 비과학적이라는 사실을 알고 있음에도 불구하고, 수탈을 위한 책략이었음을 말하는 것이다. 이는 무교가 순환진보라는 곡선적인 시간개념을 갖고 있음에 따라 무교제의로 결사를 할 경우, 일제가 감당할 수 없음을 경험했기 때문이다. 하여 전통가치를 낡은 것으로 간주하여 파괴를 시도한 것은 수탈을 위한 명분이었음을 이해할 수 있다. 물론 문화적 존재로서 인간의 삶은 불가지의 비합리적인 부분을 빠트리고는 인간을 절대로 이해할 수가 없다는 점을 알고 있음에도 불구하고, 자신의 것만 옳다고 합리화하면서 공격적이고 배타적인 삶을 통해 조금은 얻을 수 있을 것이다. 하지만 경이로운 소우주 인간이 대우주와 연동되어 순환되고 있다고 믿은 모계신본주의의 '해혹복본'의 신념이 옳다는 사실을 첨단과학기술시대를 통해 믿을 수 있음에 따라 소탐대실의 우를 범하고 있었음을 알 수 있다.

물론 제정일치의 모계신본주의시대는 '나눔의 실천'이 일상화된 단순한 사회였기 때문에 부정할 수도 있을 것이다. 하지만 단순한 교리였다고 미개한 것으로 볼 수 없는 것이다. 이는 오늘날 복잡하고 거대하게 발전한 기성 종교의 관념적인 교리가 번듯하지만 실천이 빈약한 것과 달리, 모계신본주의사회의 원형종교는 나눔(사랑, 박애)을 실천하는 단순한 신앙이었지만 진리임을 확신하여 실천하고 있기 때문이다. 즉 부계우월종교는 사후문제에 비중을 두었던 반면, 모계신본주의사회는 시간의 끝을 살아가는 인간이 새로운 세계의 시간에서 살기 위한 준비를 한다고 생각하여 나눔을 중시한 것 자체가 인간의 종교적 심성과 어울린다는 의미이다. 다시 말해서 현실에서 실천하지 않는 진리는 진리가 아닌 것이다.

이간책으로 분열 조장

수천 년을 조용한 아침의 나라에서 살았던 한민족은 일제가 의도한 대로 만들어진 식민사관에 의해 무능한 민족으로 전락했으며, 지역 간, 지도자와 민중 등으로 대립케 하여 분열을 조장함에 따라 불신사회가 되었다. 즉 적어도 모계신본주의의 1만 년의 역사를 갖고 단군성조로부터 시작된 5,000여 년간 '홍익인간'으로 살아온 한민족의 장구한 역사에서 볼 때 별로 의미 없는 조그마한 사건을 두고, 식민사관으로 침소봉대하고 폄하하여 마치 미개한 야만종족처럼 부각하거나, 한민족의 위대함을 알 수 있는 3국통일과 사회통합 과정을 통해 이미 오래전에 완성했던 사실까지 역사왜곡하고 지역감정을 자극하여 분열을 획책하였으며 나라가 망한 것을 민족성에 원인을 두어 서로 원망하게 만들었던 것이다.

따라서 이미 화해의 과정의 산물인 3한 통합을 이룬 지 1,500년이라는 세월에서 융화되어 사라진 것을 마치 현재 있는 것처럼 역사 퇴보케 하도록 끄집어내어 지역감정을 조장하고, 지도자와 민중, 남녀노소 간의 갈등, 과거에 발목을 잡히게 하는 등 분열불신을 조장하여 모래알로 만들었음을 이해할 수 있다. 물론 모래알 같은 민족이었다면, 만 년 이상의 역사를 증명하는 단군의 역사와 한민족은 중국에 흡수되어 소멸되었을 것이다. 즉 아마도 3·1독립운동이나 2002년 월드컵에서 나타났듯이 본래 찰떡같이 잘 뭉치면서, 선의의 경쟁을 하는 다이내믹한 민족이었던 것이다. 이는 3조선에서도 지역 간 경쟁을 하여 이루어진 힘으로 한민족을 유지한 사실을 놀이문화를 통해서도 이해할 수 있다.

하지만 일제는 한민족은 개인은 우수해도 사회협동을 못 한다고 하면서 식민통치를 정당화하였다. 즉 모계신본주의사회의 중심 역할을 하며 대륙의 역사발전을 이끌었던 동이족은 모계하나님을 숭배한 민족으로서 제사장의 나라였으며, 이를 이은 여러 부족이 결합한 한민족이 고조선을 성립한 위대한 역사를 일제식민사관에서 신화로 설정하여 왜곡하였던 것이다. 물론 일본 역사에서 대륙을 경영해본 적이 없기 때문에 이해할 수 없을 것이다. 따라서 일제는 반만 년 이상의 역사를 갖고 있는 '홍익인간' 한민족을 수십 년으로 멸망케 할 수 있으리라고, 손바닥으로 하늘을 가릴 수 있다고 생각한 것처럼, 세상을 지국의 막부정도로 착각했음을 알 수 있다.

이는 일본이 전통적으로 자신들의 백성에게 칼(무력)로 억압했던 것처럼 일제에 의해 주도된 사이비자본주의로 한민족의 천민화, 노예화정책의 일환으로 일제식민통치를 거부하는 지주를 소작농으로 전락시켰으며, 헌병과 경찰의 비호 아래 노사 간 계약 등을 불공정하고 불평등한 봉건적 주종관계계약을 하였음에도 불구하고, 일제가 전통 한국의 문명화를 돕는다고 자화자찬하여 세계만방에 홍보한 사실에서 이해할 수 있다. 물론 오늘날에도 일본이 사무라이문화로 인하여 전통 한국을 식민지로 지배했다는 사실을 두고 자부심을 갖고 우월적으로 생각하는 어리석은 사람이 많음에 따라 자국의 역사발전에 걸림돌이 되고 있다. 이는 21세기를 살면서 인류는 역사발전을 하고 있음에도 불구하고, 아직도 19세기를 그리워하는 것과 마찬가지로 볼 수 있다.

하지만 선진자본주의국가의 경우 자본가가 착취의 주체였던 반면, 일제는 국가가 직접 수탈을 주도함으로써 권력자나 몇 사람은 이익을 보았을지 모르지만 국민에게 엄청난 피해를 전가하였을 뿐만 아니라, 세상 사람들에게 나쁜 일제로 기억함에 따라 언제나 일본민족의 부담으로 남게 됨을 모르고 있는 것이다. 이는 제국주의 시대 식민지에서 자본가가 착취를 했더라도 소속되어 있는 국가의 이미지를 나쁘게 하여 오늘날에도 오해를 받고 있는 것을 더하여 서구와 달리 국가가 직접 수탈을 주도한 일제는 세상 사람들에게 차별화된 나쁜 이미지가 각인되기 때문이다. 물론 가해자로서 부담이 수탈로 이룬 자본축적과 동기유발로 경제발전을 이룰 수 있지만, 인간의 궁극적인 삶의 목표와 배치되는 경제는 역사발전의 관점에서 볼 때 한계가 있음을 몰랐을 것이다. 이는 인류는 선함을 지향하며 비록 시행착오의 과정을 겪지만 역사발전하고 있기 때문이다.

모계원형종교를 파괴

일제는 주식회사를 허가제로 하여 민족자본의 축적을 막았다. 예를 들어 자급자족의 생활이 가능했던 농촌의 경우, 자신들의 상품을 팔기 위해 농촌의 물레를 부수고, 면화 밭을 파괴하여 원천적으로 원사를 조달할 수 없게 만들었으며, 최악의 노동조건으로 만든 원단을 구매토록 강제했던 것이다. 이처럼 모든 분야에 걸쳐 수탈적 방식을 동원함에 따라 세계 최악의 식민지로 파탄하였으며, 5,000년 역사를 통해 유래를 찾을 수 없는 가혹한 삶을 겪어야 했다. 그리고 남자들의 경우 폭력과 모멸로 사람이기를 포기하도록 강요당한 결과, 유발된 외상 후 스트레스로 인하여 남성들의 폭력과 폭언이 여성에게 그대로 전가됨에 따라 여성들은 이중적인 고통을 당했다. 즉 태고로부터 모계신본주의 사회를 이끌고, '홍익인간' 한민족을 낳고 양육한 한민족 여성은 세상에서 가장 가혹한 삶을 살았던 것이다.

그리고 구한말까지 기층민의 삶의 일부로서 활성화되어 있었던 무교는 배타적이지 않음에 따라 부계우월적인 외래 종교와 병행하였으며, 민중은 굿을 통해 위로 받고 사회협동을 이루는 원동력임을 알게 된 일제가 미신으로 폄하하여 소멸코자 하였다. 이는 한민족사회가 부계사회로 변모한 후에도 무교의 여제사장을 중심으로 여성들 나름대로 비밀정보 조직처럼 유지 존속되었고, 국가적인 제사나 행사, 동제, 제사 등 각종 행사나 제사를 통해서 군중집회나 여론을 형성함에 따라 일제가 가장 두려워했기 때문이다.

이는 일제가 기독교 논리를 적용해서 전통 한국의 무교를 미신으로 폄하하였음에도 불구하고, 자신들의 종교인 신교를 미신으로 폄하하지 않다는 사실에서 이율배반적임을 이해할 수 있다. 이는 일제가 국교인 신교(神教)에 신사참배를 유지하면서 기독교 신자가 거의 없다는 사실에서도 이해를 할 수 있다. 물론 최근까지도 일본인 기독교인은 거의 없다. 하여 한민족의 역사발전의 구심력을 이루었던 모성들의 공식적인 집회로서 여제사장들이 주도하는 제의로서 굿을 원천봉쇄하여 독립운동을 불가능하게 하려는 의도였다고 할 수 있다.

그리고 노사관계에 있어서도 마치 서구절대봉건제의 농노처럼 주종관계로 있었으며, 죽기를 바라는 열악한 환경과 저임금으로 노예보다 못한 상태였다. 이처럼 혹독한 환경은 수천 년을 서로 의지하고 믿었던 '홍익인간' 한민족의 연대성은 하루아침에 붕괴되었고, 일제의 분열책인 이간질로 유발되는 악의에 찬 경쟁을 통해 자본축적을 하였음을 알 수 있다. 이는 혹독한 착취로 유발되는 노동력의 상실로 인한 빠른 교체를 유도한 전대미문의 가혹한 사회였다고 할 수 있다.

더구나 수탈로 인한 기아의 공포는 사람을 비굴하게 만들었고, 심지어 양심까지 저버리고 살아야 하는 자체가 '홍익인간'에게 치욕적인 삶을 살게 하였다. 이러한 일제의 만행으로 인한 굴욕감은 남녀 갈등을 심화케 하여 여성에 대한 폭력이 일상화되는 원인이 되었고, 해방 후에도 여성과 노동자를 폄하하고 노사관계를 격렬하게 하는 원인이 되었다고 할 수 있다. 즉 전통 한국은 성실성이 요구되는 농업사회로서 노동을 중시했지만, 일제의 관존민비와 사이비자본주의로 인해 노동을 경시하는 경향으로 변모하였기 때문인 것이다. 이처럼 일제 헌병 통치는 마치 컴퓨터 프로그램에 바이러스를 넣어 오작동하게 만드는 것처럼 한민족이 수천 년에 걸쳐 이룩한 안정된 체계를 무너지게 했음을 알 수 있다.

즉 일제의 탄압과 공작은 한민족 스스로 자신의 정체성을 부정케 하는 식민사관으로부터 시작해서, 원망과 증오를 유발케 하는 이간질책동을 통해 민중을 모래알과 같이 자포자기의 무력한 상태로 만들어 버린 것이다. 이는 마치 성악설에 근거한 인종청소처럼 600만 명 이상의 유태인을 학살한 나치의 공포보다 장기적이고, 심각하다고 할 수 있다. 예를 들어 일제의 치안유지법의 '예방구금제'는 자신들의 폭압에 대해 저항할 수 없게 했으며, 독립운동을 하는 애국지사들은 범법사실이 없음에도 불구하고 언제나 체포나 구금, 고문 등을 할 수 있었을 뿐만 아니라, 횡령, 강도, 도둑 등 파렴

치범으로 날조할 수 있음에 따라 오늘날까지 보안법 자체를 불신하는 원인이 된 사실에서 이해할 수 있다.

즉 오늘날 남북대치로 인하여 보안법이 만들어졌음에도 불구하고, 일제의 치안 유지법과 흡사하다고 생각함에 따라 보안법의 존폐 여부를 두고 우리 사회가 갈등을 겪고 논란이 끊이지 않은 것이다. 물론 남용한 사례가 많았던 것도 사실이다. 따라서 자라 보고 놀란 가슴 솥뚜껑 보고 놀란다는 격언처럼 일제망령의 더러운 잔재가 우리의 의식을 지배하고 있음을 알 수 있다. 하여 일제의 영구지배 의도에 의해서 만들어진 악습의 잔재로 인하여 민주적 권위조차 무시당하거나, 사회협동을 이루는 데 어려움이 있음을 볼 때 행정편의보다 국민편의가 우선되어야 함을 알 수 있다. 왜냐하면 가혹함으로 만들어진 깊은 상처는 장애로 남아 있음에 따라 국가에 대한 원망이나 불신으로 사회통합을 이루는 데 문제를 일으키고 있기 때문이다.

하여 일제 잔재는 핵심코드인 이간질, 불신감 등을 배양하고 뿌리를 깊게 박아놓은 것이 사회의 각 분야에 걸쳐 광범위하게 작용하고 있음에 따라, '홍익인간' 한민족의 자율성이 배양되어야 일제 잔재를 극복할 수 있음을 알 수 있다. 예를 들어 풍수지리학에 근거해서 한반도전역에 걸쳐 정기를 끊어 힘을 뺀다고 하며 쇠말뚝을 박은 것을 최근에 발견하여 제거하고 있음을 볼 때 일제의 영구지배 집착을 이해할 수 있다. 따라서 일제의 망령에서 벗어나기 위해 마치 밭에서 잡초를 끊임 없이 제거하는 것처럼 지속적으로 악성바이러스를 제거하는 가운데 모계주의를 근간으로 형성된 '홍익인간' 한민족의 정체성에 부합되는 새로운 모계적 분배양식을 근간으로 하는 정치경제제도의 세계화에 앞장서야 함을 알 수 있다. 다시 말해서 지구촌사회가 요구하는 적극적 복지사회를 구현할 수 있는 모민주의의 세계화를 말하는 것이다.

인과응보

서양의 시민혁명에 버금가는 갑오농민전쟁으로서, 동학란의 위력은 3·1독립운동으로 이어가는 원동력이 되었다. 물론 3·1혁명을 두고, 중국은 '홍익인간' 한민족의 독립정신을 격찬하였으며, 세계는 한민족의 저력을 알고, 새로운 눈으로 보게 된 계기가 되었다. 이는 전 세계의 식민지국 중에 제국주의에 맞서 거국적 투쟁을 한 나라는 없었을 뿐만 아니라, 민족자결주의를 실천한 유일한 나라로서 세상 사람들에게 감동과 신선한 충격을 주었기 때문이다. 또한 3·1독립운동은 제국주의가 실익이 없음을 알게 되는 계기가 되었으며, 탈 제국주의를 준비하게 된 점에서도 의의가 크다 할 것이다. 그리고 민중이 스스로 참여하고 주도했던 3·1독립운동은 인류의 위대한 유산으로 남아 있다. 하여 일제의 한민족 초토화 정책에서도 살아남아 산업화와 민주화, 정보화를 성공적으로 이룬 모범적인 나라가 되어 한류가 일어나는 것은 우연한 것이 아님을 알 수 있다.

아무튼 서양은 식민지 개척이 실익이 없음을 알고부터 수정자본주의로서 중화학 공업을 근간으로 하는 제2차 산업혁명을 시작할 때, 일제는 초기자본주의를 답습하는 수준에 있으면서도 마치 자본주의교사처럼 행세하였다. 즉 동양은 제국주의의 근원이 되는 자본주의를 거부하였던 반면, 일본은 서구 제국주의를 수용했던 것이다. 다시 말해서 상생을 중시하는 한민족의 '홍익인간 사상'과 상극의 삶을 살게 하는 서구 자본주의는 물과 기름과 같은 것이다. 이는 전통 한국이 사농공상의 가치체계(질서)로 살아간 사실에서 이해할 수 있다. 하여 서구에서 한물간 제국주의로 대륙을 지배하겠다는 대동아공영의 망상은 유아적 태도로 볼 수 있다.

이는 일제가 청일전쟁을 승리함에 따라 조선을 식민화하는 것을 시작으로 해서 무능한 동양을 지배할 운명을 타고난 것처럼 역설하였기 때문이다. 이는 아마도 부정적인 과거 역사만 들추어내어 역사왜곡을 하면서 이간질로 서로가 감정의 골을 깊게 만들어 분열을 조장한다면 가능할 것으로 착각했기 때문일 것이다. 따라서 인간에 대한 무지와 역사적 경험의 부족이나, 각 나라 간 선린우호 역사가 더 많았음을 눈앞의 이익을 위해 의도적으로 간과하거나, 소통이 되지 않을 만큼 다른 마음을 품는 등의 경박함에서 비롯되었음을 알 수 있다. 즉 벼는 익을수록 고개를 숙인다는 속담을 마음속 깊게 새기지 못한 것이다. 물론 손바닥으로 하늘을 가릴 수 있다고 생각하는 무모한 발상의 결과 종국에는 태평양전쟁에서 인류 최초의 핵폭탄을 맞고 패전함으로써 일제는 작은 것을 얻으려다가 큰 것을 잃는다는 의미인 '소탐대실'(小貪大失)을 하였다.

이는 검은 것은 검고, 흰 것은 희다는 진리를 검은 것을 희다고 우기며 잘못을 반성하지 않는 적반하장(賊反荷杖)을 나쁘게 생각하는 세상 사람들의 집단적 염원은 이루어지기 때문이다. 그 예로써 일제는 1945년 인류 최초로 2개의 핵폭탄이 나가사키와 히로시마에 투하됨으로써 인간을 살상하기 위한 원폭시험장을 감수해야했고, 그 비참함이란 이루 말할 수 없었던 사실에서 이해할 수 있다.

또 하나의 중요한 사실은 동이족의 서쪽 분파인 서이족의 유대인 아인슈타인의 상대성원리를 근간으로 하여 세상 사람들이 협동하여 만든 결과물로서 핵폭탄이 유태인 600만 명의 학살과 수천만 명을 죽게 한 독일나치에 투하하지 않고 일제를 응징하였다는 점이다. 즉 세상 사람들에게 일제와 같은 어리석음을 다시는 되풀이하지 말라는 경고와 함께 반면교사로 교훈을 주고 있는 것이다. 물론 한민족의 입장에서는 '해혹복본'의 유지를 계승한 '홍익인간' 한민족을 생지옥에서 구해준 구원의 여신의 뜻이라고 생각했으며, 괴롭힌 대가를 반드시 치르게 된다는 인과응보를 되새겼다고 할 수 있다.

한민족의 슬기

동이족이 모계유일신을 숭배한 것은 유대교가 성립한 시기보다 수천 년을 앞서 있었다. 그리고 유일신 신앙을 가장 먼저 인류에게 전파한 유일신의 원조로서 모계하나님을 믿은 한민족에게 부계유일신을 근간으로 한 기독교가 한 줄기 구원의 빛으로 등장한 것은 아이러니하다. 물론 힘 있는 미국에서 전도하는 기독교를 일제는 막을 수 없음에 따라, 오히려 한민족의 의식과 뿌리 그리고 문화를 송두리째 바꿀 수 있는 기회로 생각하여 방치한 결과로 볼 수 있다. 하지만 일제강점기에 기독교를 수용해야 할 만큼 다급해진 한국인들은 서구의 문물을 받아들여 어설프게 빼앗긴 국권을 회복하고자 함이 직접적인 이유로 볼 수 있지만, 한민족은 태고로부터 모계유일신으로서 하늘(하느님)을 공경하고 개방성이 있었던 동이족의 유습을 이었기 때문에 가능했다고 할 수 있다.

즉 한민족은 이미 유일신 신앙체계가 잠재되어 있었기 때문에 부계유일신종교를 빠르게 수용할 수 있었던 것이다. 다시 말해서 한반도는 오래전부터 수도하는 곳으로, 모계유일신사회의 유습을 이은 한민족의 잠재의식에서 종교를 수용하기 쉬운 고유한 특징이 있음에 따라 기독교를 쉽게 수용할 수 있었음을 말하는 것이다. 이는 한국을 종교천국이라고 하는 데서도 이해할 수 있다. 예를 들어 서구 식민지에 기독교가 전파된 지역은 이슬람교가 주류를 이루고 반자본주의 상징인 제3세계를 형성하고 있는 반면, 일제 식민지였던 한국에서는 기독교가 독립운동에 많은 기여를 하였던 점과 수많은 인재를 배출하며 비교적 성장이 잘된 사실에서 이해할 수 있다. 특히 한국 여성들은 일제에 의해 세상에서 가장 혹독한 삶을 하고 있었기 때문에 모계주의를 내재하고 있는 신약성경의 내용은 상당한 위로가 되었다고 볼 수 있다.

하지만 부계유일신종교인 기독교가 모든 종교를 부정하는 배타적인 교리는 한민족 정체성 말살정책과 부합됨에 따라, 인내천 사상의 천도교, 단군성조, 도교를 근간으로 하는 토속신앙이나, 전통무교 등은 한민족이 인간적 공감대를 형성하는 소통을 이루는 도구임에도 불구하고, 미신으로 격하되거나 불교 등 동양종교를 적그리스도로 대함에 따라 5,000년 한민족 역사조차 사탄으로 부정하게 되는 사실이 문제가 되고 있다. 다시 말해서 한민족 고유종교관에 의해 외래종교를 받아들이지만, 기독교는 근원 자체를 부정함에 따라 사회통합에 문제가 되는 것이다.

이는 모계사회의 원시신앙에 의해서 파생되어 변모한 여타의 종교가 만들어진 사실을 잘 모르기 때문일 것이다. 즉 무교의 여제사장을 부정하는 것은 종교의 근원을 부정하는 것과 같음을 말하는 것이다. 참고로 서구가 유일신을 부정하는 불확실성의 시대를 거치면서 형성된 인본주의는 실증주의에 의한 학문과 과학기술이 획기적으로 발달하면서 산업혁명과 시민혁명이 일어나게 된 결과, 근대 민주주의사회가 성립할 수 있었다. 하여 불확실성의 시대를 겪은 서구는 자유주의시대를 열면서 절대유일신종교를 실용주의적인 관점에서 원용하게 되었음을 알 수 있다.

제국주의로부터 얻은 교훈

모계신본주의사회의 유습을 이은 '홍익인간' 한민족은 온갖 어려움을 견뎌내면서 끝까지 살아남아 수천 년간 국가를 유지하고 있다는 사실 자체가 마땅히 세상에 필요한 강한 문화를 갖고 있다고 할 수 있다. 즉 석학 토인비가 강한 문화가 약한 문화를 흡수하거나, 약한 문화가 강한 문화로 이행한다고 주장한 것을 생각해볼 때, '홍익인간' 한민족의 전통문화는 인간의 궁극적 삶의 목적과 부합되는 합리적인 문화로 볼 수 있는 것이다. 하여 한민족의 '홍익인간' 사상은 지구촌시대를 살고 있는 신인류가 당면하고 있는 위험한 사회를 극복할 수 있는 사상으로 보아도 무방할 것이다. 즉 선진국은 첨단과학기술의 발달과 거대자본을 축적하고 있는 반면, 식민통치를 받은 국가는 빈국으로 남게 되는 현상과 더불어 절대적 양극화가 공고화됨에 따라 유발되는 폭발적인 갈등을 치료할 수 있는 사상이 '홍익인간'인 것이다. 왜냐하면 '홍익인간 사상'은 많이 소유하는 것 보다 '존재의 삶'을 살 때 행복한 인생이 됨을 깨닫게 하는 사상이기 때문이다.

아무튼 모계하나님을 숭배한 중동지역에서 이방인으로, 유목민으로서 동이족에서 분파된 서이족인 유대인이 부계유일신을 숭배하면서부터 인간은 피조물로 변모함에 따라, 여성은 출산의 도구로 전락하였으며 여성의 지위가 근대사회가 성립되기 전까지 매우 낮게 된 이유로 볼 수 있다. 한편 한민족 여성들은 조선 중기에 이르러 지위가 낮아지다가 일제식민통치 기간 중 서구 여성보다 갑절의 참혹한 고통을 겪어야했다. 이는 일제가 수천 년에 걸쳐 형성된 전통문화를 단절케 하여 단기간에 갑자기 전혀 다른 생활양식을 강요함에 따라, 폭력과 만행, 가정폭력, 전쟁, 절대빈곤 등이 일시에 겹쳐지는 혼란기를 살면서 생지옥을 경험한 것이 정신병을 유발하였고, 망령으로 남아 사회통합의 걸림돌이 되었으며, 오늘날까지도 갈등의 원인으로 작용하고 있다는 사실에서 당시 여성들의 고통을 알 수 있다.

즉 한민족은 어느 한쪽으로 치우치지 않는 조화로운 삶을 중시했지만, 일제식민통치로 극단적이고, 조급함, 구조화하여 서로를 원망하게끔 구조화하였던 것이 빈정거림으로 나타나고 있는 것이다. 이는 순환론적인 입체적 사고를 하는 한민족은 5,000년 역사를 상기하며, 조화로운 연대성을 중시하였던 것을 일제가 전쟁포로처럼 헌병 통치함에 따라 연대성이 분절되면서 냉정한사회로 변모했기 때문이다. 즉 일제로 인해 정치가 없는 삶을 살게 된 한민족은 각자가 이방인이 되어 모래알처럼 인간관계가 극단화하는 이분법적인 관계로 변모하였음을 말하는 것이다. 다시 말해서 정치에 참여할 수 없는 노예로서 아비규환의 삶을 살았던 것이다.

이는 당시의 신조어였던 자신부터 살고 보자는 '아생연후'에서 이해할 수 있다. 따라서 '홍익인간 사상'은 상생을 위한 적극적인 삶을 의미함에도 불구하고 나라가 없어진 상황에서 의미를 잃게 되었음을 알 수 있다. 즉 고조선의 정통성을 이은 조선은 일제에 의해 국가가 소멸됨에 따라 후덕한 홍익인간 사상이나 선비정신, 음양철학의 핵심인 중용의 삶 등 인문학적 가치는 구시대의 낡은 사상으로 치부했던 것이다. 하지만 부계사회의 공고화로 인한 멸시와 혹독함을 견디면서 사람을 위로하고 원망하지 않았던 전통무교의 무당처럼, 한민족의 모성은 태고부터 오늘날까지 자손을 위해 헌신하는 아름다운 마음씨는 변치 않고 있다. 하여 인간의 모성애는 인류의 구심력으로 인간의 본질로서 복지본능을 깨닫게 하는 원천임을 알 수 있다. 따라서 이상적인 사회는 모성이 자녀양육과 노약자를 위한 복지의 중심에서 역할을 할 수 있는 적극적 복지사회가 구현되는 것임을 알 수 있다.

물론 지구촌시대는 모성의 생태적 본질과 부합되는 적극적 복지사회가 세계화될 때 지속가능한 사회가 될 수 있다. 하지만 새로운 모계적 분배양식을 근간으로 하는 정치문화의 형성을 위한 '모민주의' 체제가 세계화되어야 하는 과정이 남아 있다. 물론 오늘날 인류는 부계적 가치로 편향된 위험한 사회를 극복하기 위해 여성들이 녹색생명운동의 주체로 나서게 되었으며, 여성을 정치파트너로 인정함에 따라 새로운 모계적 분배양식의 세계화를 위한 정치문화가 형성될 것이다. 하여 인간의 기본권으로서 인권이 헌법에 명문화된 것은 피로써 이룩한 엄청난 대가를 치른 시민혁명으로 근대사회가 성립되었음에도 불구하고, 아직도 헌법에서 보장하는 남녀평등권의 실효성을 위해서 노력을 하고 있다는 점을 상기해 볼 때, 느리지만 역사발전이 착실하게 진행되고 있음을 알 수 있다.

따라서 인류의 위대한 유산으로 반드시 지켜야 할 가치인 자연법사상을 근간으로 하는 근대사회는 여성들이 실력을 갖추고 정연한 논리를 확보하고, 인류의 삶에 유익한 제도의 정당성을 관철하기 위한 투쟁을 한다 해도 방해나 말릴 사람은 아무도 없음을 알 수 있다. 이는 오늘날 부계주의로 인한 인간성의 황폐화로 유발되는 위험한 사회를 더 이상 방치할 수 없기 때문이다. 물론 부계주의로 인하여 피해를 보았던 여성에게 새로운 모계주의 분배양식을 세계화하는 것이 바람직함을 알 수 있다.

하여 태고 모권사회에서 부권사회로 이전된 것을 넘어 부계와 모계가 공존하는 방식의 분배양식을 성립하기 위해 여성이 권력의 반을 갖고 정부를 이끌어 갈 수 있도록 일정한 세력을 조직화할 수 있게끔 지지하며 기다려주는 지혜가 필요함을 알 수 있다. 물론 1948년 12월 10일 UN에 의해 채택된 '세계인권선언'에서 자유, 정치, 경제, 사회, 문화적 권리 등 30조에 이르는 규정으로 인류의 이상으로 모계적 분배양식인 적극적 복지사회로 한 단계 더 도약할 기틀을 마련도 하였다. 참고로 지면 관계상 '세계인권선언전문'만

인용하기로 한다.

“인류사회의 모든 구성원의 고유한 존엄성과 평등하고 양여할 수 없는 권리를 승인함은 세계에 있어서의 자유, 정의와 세계평화의 기본이 되는 것으로, 인권의 무시와 경멸은 인류의 양심을 유린하는 만행을 초래하였으며, 사람이 언론과 신앙의 자유를 누리고 공포와 결핍으로부터의 자유를 향유하는 세계의 도래는 모든 사람의 최고의 열망으로 선포되어 왔으므로, 사람이 전제와 탄압에 대항하는 최후의 수단으로 반란을 일으키지 않게 하기 위하여 인권이 법률에 정한 바에 의하여 보존되어야 함이 절대 긴요하므로, 제국민간에 우호관계의 발전을 촉진시킴이 절대 긴요하므로, 국제연합의 제국민은 이 헌장에서 기본적인 인권과 인신의 존엄성과 가치와 남녀동등권에 대한 신념을 재확인하였으며 또한 광대한 자유 안에서 사회를 향상시키고 일층 높은 생활수준을 가져오도록 노력하기로 결의한 바 있으므로, 가맹국은 국제연합과 협력하여 인권과 기본자유에 대해 세계적인 존경의 신념을 촉진시키고 이를 준수하도록 노력하기로 서약한 바 있으므로, 이러한 권리와 자유에 대한 공통적인 이해는 이 서약을 충실히 이행하는 데 가장 중요한 것이므로 이제 국제연합총회는 모든 사람과 모든 국가가 도달하여야 할 공통된 목표로서 이 인권선언을 항상 염두에 두고 이 권리와 자유에 대한 존경의 뜻을 깊게 하도록 교육하여 국가적 또는 국제적으로 점진적인 방법으로써 가맹국 자신의 국민들과 통치하에 있는 국민으로 하여금 이 권리와 자유를 보편적으로 또 충실히 인식하고 준수하도록 노력하여야 한다.”

이처럼 '세계인권선언'은 지난날의 잘못을 반복하지 않겠다는 반성과 아울러 피해를 보상하고자 하는 굳은 의지가 내포되어 있음을 알 수 있다. 따라서 모계주의를 근간으로 하는 새로운 정치로 남녀평등과 더불어 인권을 보장하기 위한 물질적 기초까지 보장하는 '모민주의' 체제가 세계화되어야 함을 이해할 수 있다.

III

수난을 극복한 한민족

구한말 나라가 위기에 처하게 되자, 가정에만 머물렀던 양반 규수들은 자발적으로 국립여학교를 설립하기 위한 찬양회(1898년)의 결성이 최초의 여성구국운동으로 기록하고 있다. 이어서 1907년 진명부인회가 국채보상운동과 구국운동에 참여하였고, 1913년 여성들을 중심으로 구성된 비밀결사조직인 '송죽회'를 만들어서 독립운동자금을 지원하고, 3·1독립운동에도 참여하여 활발한 운동을 전개하였다. 또한 '대한민국 애국부인회', '상해 애국부인회'와 같은 여성단체들이 활약을 하면서 대한민국 임시정부의 헌장에 남녀평등조항을 명문화시킨 사실은 서구의 여성운동과 다른 국정을 공동운영하겠다는 의지를 표명했다고 볼 수 있다.

그리고 근대적 의미의 여성인권운동을 본격적으로 활동한 것은 1927년 '근우회'가 성립되면서부터라고 할 수 있다. 하지만 일제의 탄압으로 '근우회'를 비롯해 대다수 여성단체들은 붕괴되면서 지하조직으로 활동하게 됨에 따라 30년대부터 여성 구국활동은 공개적으로 할 수 없었다. 이처럼 세계에서 유래를 찾아볼 없는 한민족 여성들의 독립운동은 이미 임진왜란 당시 행주산성이나 논개 등을 통해서 알 수 있듯이 나라가 위기에 있을 때마다 스스로 일어났음을 알 수 있다.

이는 한민족의 오랜 생활양식인 가족의 태양으로서 모성을 존중한 '안의 문화'나 모성의 출산양육을 고려한 한민족의 온돌문화나, 신선도를 위한 사색과 수행하기 적합하도록 만든 좌식문화 등을 통해서 이해할 수 있다. 이는 고조선을 '동방예의지국(東方禮義之國)'이라 하여 공자가 흠모하였으며, 군자의 나라라는 의미인 '해동성국'(海東聖國)으로 알려진 이유로 볼 수 있다.

예를 들어 자녀를 '홍익인간'으로 육성코자 한 율곡 선생의 어머니인 신사임당의 삶에서 또렷하게 이해할 수 있다. 따라서 한민족 여성의 구국운동은 나보다 가족과 후손이 조용한 아침의 나라에서 행복한 인생을 살기로 염원한 아름다운 마음씨에서 연유하고 있음을 알 수 있다.

1. 불안정한 사회

일제상흔의 여파

'홍익인간' 한민족의 끝없는 독립투쟁은 세상 사람들의 관심을 불러일으킨 가운데, 인간이 만든 것 중 가장 무서운 원폭에 의해 극적으로 일제가 패망하여 1945년 8월 15일 해방을 맞이하게 되었다. 하지만 일제의 혹독함으로 다시는 일어서지 못하게 만든 수많은 인적희생과 자원고갈, 상공업의 파괴, 식민사관에 의한 역사왜곡, 일제특유의 계층 간의 이간질로 분열, 정체성 부정으로 인한 혼란, 인간성 황폐화 등으로 회복불능의 초토화된 상태였다. 즉 노예사슬에서 풀려났음에도 불구하고, 상처와 식민 잔재로 인해 아무것도 할 수 없는 상태였던 것이다. 이처럼 일제는 한민족에게 지나치게 가혹하여 뼈에 사무치는 상처와 원한을 심었으며, 동양의 수많은 사람들에게도 깊은 상처를 남겼음을 알 수 있다.

또한 세상에서 가장 혹독한 시련을 겪은 한민족 여성들은 해방 후에도 가정폭력에 시달렸고, 사회는 폭력으로 얼룩져서, 마치 축생의 삶처럼 비정상적인 삶을 경험했다고 할 수 있다. 예를 들어 1904년 윤치호 외무대신 때의 일로, 멕시코의 유카탄 반도에서 애니깽(밧줄을 만드는 용설란으로서 억세다) 농장으로 팔려가서 노예등급 7등급으로 돼지우리 옆에서 잠을 자야 했지만, 여성들은 노예등급조차 없었던 사실에서 이해할 수 있다. 하지만 험악한 삶을 산 모성은 모든 것을 빼앗기고 보릿고개의 지독한 가난과 병마와 싸워가면서도 구심력을 잃지 않고 아름다운 마음의 씨를 뿌린 결과 해방을 맞이할 수 있었으며 다른 나라에서 벤치마킹하는 국가로 가능케 했다.

이는 정비석 선생이 한민족의 특성을 은근과 끈기로 압축한 사실에서 이해할 수 있다. 다시 말해서 한민족은 모계적 특성인 은근과 끈기를 갖고 조화를 이루는 삶을 중시하며 극단적인 것을 기피하는 경향이 있기 때문에 아름다운 한반도를 지키며 오늘날까지 독립국가로서 남아 있게 되었음을 말하는 것이다. 예를 들어 한민족 여성들이 나라가 어려울 때 마다 스스로 앞장섰던 것처럼, 광복 후 초토화되어 있을 때, 여성들이 주도하여 정당을 만든 사실에서 이해할 수 있다. 즉 안동에서 초대국회의원에 당선된 임영신 전 의원은 1945년 '대한여자국민당'을 창당하여 여성참정권, 평등권 등 기본권확대와 여성생존권 등을 역설하였으며, 2대째는 충북금산에서 지역구의원으로 당선되었던 것이다.

물론 여성들이 주체가 되어 모계적 가치를 근간으로 하는 여성정권을 쟁취하기 위한 정당을 만들어 국정의 한축을 담당하겠다는 의지 자체가 획기적인 것이다. 왜냐하면 당시의 세계 어느 국가도 여성이 주체가 되어 스스로 운명을 개척하기 위해 정당을 만들어서 활동한 사실이 없기 때문이다. 이는 조선이 유학을 근간으로 성립된 가부장제 사회였다 할지라도 한민족은 음양론의 근간인 도학(신선도)을 중시하였고, 남녀조화로 행복한 삶을 산다고 생각한 '안의 문화'가 있었기 때문에 가능한 것으로 볼 수 있다. 따라서 해방을 맞아 일제강점기에 형성된 극단적인 남녀 차별 정서를 극복하기 위한 방편으로 여성이 주체하는 여성 정당을 만든 것은 균형과 조화를 중시한 '홍익인간' 한민족의 특성에서 비롯된 것임을 알 수 있다.

혼돈의 시대

수천 년에 걸쳐 지역 환경에 맞게 형성된 전통적 가치체계에 적응하며 삶을 살았던 한민족은 갑작스런 일제식민지배라는 황당하고, 참담한 변화에서 살아남기 위해 스스로를 부정하는 카오스적(혼돈)인 상태로 살아야 했다. 이는 한민족의 정체성인 '홍익인간 사상'이나 '선비정신' 등의 자부심으로 살아가는 문화민족의 긍지는 여지없이 무너지고, 전통가치는 비판의 대상이 됨에 따라 자학을 하며 패배의식으로 노예처럼 초라한 삶을 살아야 했기 때문이다. 즉 인도의 시성(詩聖) 타고르가 전통 한국을 동방의 빛(등불), '조용한 아침의 나라'라고 한 것조차 부정하였던 것이다.

참고로 마고시대 전부터 동이 틀 무렵 여제사장이 제의를 주관하면서 반인반수의 괴물의 모습으로 변모했던 사람들을 본래 모습으로 회복하기 위해 동물을 섭취할 때 희생제를 하는 등 천 년 동안 '수증'한 결과, 현생인류처럼 이목구비(耳目口鼻)나 마음이 반듯한 사람들이 되었다고 '부도지'에서 전하고 있다. 하여 한민족은 이미 수천 년 전부터 조용한 아침을 여는 '홍익인간'으로 살았음을 알 수 있다. 이는 고대부터 물고기를 놔두고 새벽에 제의를 한 나라라는 의미인 고조선(古朝鮮)이라는 국호에서도 알 수 있을 뿐만 아니라, 불교가 들어오기 전 모계 제사장들이 신선도를 하였던 한반도의 명산대찰이 있는 지역에서 오늘날까지 산신각으로 흔적이 남아 있음에 따라 긍정할 수 있다. 하여 한반도가 동료 인간들의 '해혹복본'을 위한 수도 장소였다고 추정해 볼 때 시성 타고르의 영감은 적확하다고 볼 수 있다.

뿐만 아니라 기독교에서 물고기를 상징물로 한 것이나, 불교에서 목탁을 물고기를 모방하고 있는 것 등과 모계신본주의를 주도했던 동이족이 물고기로 제의를 한 것과 동일하다는 점에서 유일신 원형종교의 발원지임을 이해할 수 있다. 하여 핵심적인 원본문화를 갖고 있는 한민족과 섬나라로서 여러 지역에서 도래한 문화를 짜깁기하여 중첩된 일본문화와는 근본적으로 차이가 있음을 알 수 있다. 즉 타인을 해치지 않는 소극적인 태도가 아니라 타인을 돕겠다는 적극적 태도를 갖고 있는 '홍익인간'을 육성하는 고조선은 '동방예의지국'으로 오랫동안 동양에서 알려진 나라였던 것이다. 하여 타고르와 같은 영적인 사람들은 원본문화를 인식하고 있음에 따라 일제식민사관이 허구임을 알고 한민족을 '동방의 빛'이라고 했음을 알 수 있다.

한편 일제에 의해 만들어진 식민사관은 오히려 일제의 식민지의 정당성을 홍보한 내용으로 채워졌음에 따라 서구 사람들은 전통 한국을 제대로 이해할 수 없었다. 예를 들어 미군정하에서도 일제의 잔재가 의식을 지배하였을 뿐만 아니라 친일분자의 세력은 유지된 가운데, 공산주의와 자유주의라는 이념으로 남과 북이 분단되어진 상태에서 남에는 좌우익의 남남갈등으로 가난과 혼란은 일상화되어 무법천지였으며, 지독한 일제의 수탈로 산업화할 자본과 기술이 없는 세계 최빈국임에 따라 일제가 만든 식민사관대로 무능한 민족으로 식탁통치를 받아야 하는 것을 강대국들이 기정사실화했던 사실에서 이해할 수 있다.

즉 영구지배를 위한 일제의 각본에 의해서 만들어진 자포자기의 무력한 상태였던 것을 마치 고대부터 그랬던 것처럼 홍보한 것이 강대국들에게 먹혔던 것이다. 하여 당시 일제식민지 상황에서 핵폭탄이 투하되지 않았다면 해방을 맞이할 수 없었을 것이다. 따라서 아이러니하게도 '홍익인간' 한민족에게는 핵폭탄의 도움을 받은 최초의 나라가 되었음을 이해할 수 있다.

난폭한 사회

일제가 영구지배를 위해 만든 식민지법을 '이현령비현령'(耳懸鈴鼻懸鈴)이라 하여 '귀에 걸면 귀걸이 코에 걸면 코걸이'라는 무원칙한 법을 불신하여 두려워하기까지 하였으며, 이는 해방 후 자유당시절에 법을 냉소적으로 보아 법보다 주먹이 가깝다고 하는 정서가 만연하였다. 이는 총독부가 만든 식민지 법에 의하여 헌병, 경찰, 관료 등에 의해 집행됨으로 해서 법이나 정치를 무시하려는 경향이 만연하게 되었음을 다음 인용문에서 이해할 수 있다.

"우리 국민의 법의식은 박병호 교수가 지적한 바와 같이, ① 법의 도덕성, 정치성이 강조되고 형법적, 징벌적 측면이 강조되며, ② 법의 공정성, 타당성에 대한 회의로 말미암은 법에 대한 신뢰도가 낮고, ③ 준법정신이 결여되어 있고, 권리의식이 박약하며, ④ 법의 타당성 내지 공정성에 대한 회의로 인하여 재판을 경원하다는 것인 바, 이것은 법이 국민과 유리되어 있음을 나타낸다."(80) (김철수, p.37)

이처럼 한민족은 전통적으로 높은 도덕적 수준을 요구하는 엄한 사회로서 법 없어도 살 수 있을 만큼 온정주의적이고, 덕치주의를 근간으로 평화로운 삶을 살았지만, 일제는 나쁜 식민지법으로 혹독한 헌병통치를 함에 따라 법치주의가 사람 잡는 것으로 뼈에 사무치게 새겼음을 알 수 있다. 즉 국민과 의사소통을 하면서 형성된 일반의사로 법을 만들거나, 정책결정을 하거나, 비전을 제시하는 등 다양한 방법을 갖고, 사회통합을 구현하는 정치인의 부재로 인한 것이다. 하여 소통 없는 일제의 일방적 식민통치법이 칼보다 무서웠던 것이다.

물론 이웃 간에도 겉과 속을 달리하는 비굴한 태도를 형성하였고, 총독부를 불신하는 습속은 해방 후 민주주의정부가 성립되었음에도 불구하고 정부를 총독부 정도로 불신할 만큼 두려워한 시절도 있었다. 예를 들어 식민잔재로 인하여 해방 초기에 법보다 주먹이라는 안하무인의 무질서 천국이었으며, 오늘날까지 사회통합에 어려움을 겪는 사실에서 이해할 수 있다.

그리고 '홍익인간' 한민족에게 없던 일로서, '태평양전쟁강제군위안부'라는, 성적노예로서 일명 '정신대'라기도 하는 이십만 명 이상의 여성이 희생을 당하면서 형성된 생계수단으로서 인신매매, 매매춘 등은 여성을 극도로 폄하하는 풍조가 만연하게 되었고 해방 후에도 유습으로 이어졌다. 이러한 심각한 상황은 1946년 '부녀자의 매매 또는 매매계약 금지법'을 만들게 된 사실에서 이해할 수 있다. 이처럼 일제강점기에서 살아남기 위한 과정에서 유발된 인간성 황폐화의 결과는 여성에게 전가되어 힘든 삶을 살았음을 알 수 있다. 이는 전쟁, 수탈, 착취, 폭력, 탐욕 등으로 형성된 불안정한 사회에서 여성의 지위가 낮아졌던 역사적 사실과 일치하고 있다.

아무튼 일제식민통치의 결과 분열과 분단으로, 1950년 6·25라는 동족상잔으로 이어지면서 한반도는 초토화되었고, 과부와 고아의 폭발적인 증가로 나타났다. 또한 일제에 의한 역사왜곡으로 '홍익인간'과 '선비정신'을 근간으로 하는 정체성이 의미를 잃게 되면서 유발된 지역감정은 국론분열과 더불어 어진 성품을 잃게 되었으며, 생명을 경시하면서 여성을 폄하하는 풍조로 이어졌다. 이와 같이 대한민국 초대 대통령 이승만이 근대국가의 기초를 확립했음에도 불구하고 원상복구가 되지 못하고 혼란만 가중되었던 원인으로 볼 수 있다. 이후 일제잔재와 정체성 혼란 등의 혼재로 유발된 3·15부정선거를 자행한 결과, 1960년 대구에서 촉발된 2·28의거를 시작으로 4·19혁명에 의해 이승만 정권이 퇴출되었다.

하여 한민족의 저력을 3·1독립운동에 이어 서구시민혁명과 동일한 성격의 4·19혁명은 세계만방에 알렸다고 할 수 있다. 즉 일제식민과 6·25동란으로 인하여 초토화되어 있었던 한국의 잠재력을 보여주었던 것이다. 그리고 4월 혁명은 한민족이 민본주의로 '홍익인간'의 삶을 살았기 때문에 가능했던 것이다. 하여 4월 혁명은 일제에 의해 훼손된 한민족의 정체성의 복원과정으로 볼 수 있다. 물론 분열을 획책하는 식민사관으로 인하여 오늘날까지 사람들을 과거에 살게 함에 따라 사회통합에 어려움을 겪는 것도 사실이다.

2. 한민족의 저력

헌법학자 한상범은 그의 저서 '기본적 인권'에서 다음과 같이 쓰고 있다. "한국의 민권, 입헌사상과 그 뿌리 내리기의 운동에서 가장 획기적인 일은 4월 혁명이다. 또 다른 면은 민중의 결집된 의지가 행동으로 나타나서 반민주에 항거하였다고 하는 점에서 민중운동이기도 하다. 이 혁명을 총체적으로 어떻게 규정짓느냐 하는 것은 또 다른 문제이지만, 여기서 한 가지 말할 수 있는 것은 우리 역사의 흐름 속에서 면면히 이어져오는 민권, 입헌사상이 구체적, 역사적 사실 속에서 열매를 맺게 된 것이다. 여기서 우리는 현대사를 4·19혁명 이전과 이후를 따져서 말하게 되는 것이고 우리의 민권 입헌사상과 그 운동을 앞으로 어떻게 바르게 이어나가느냐 하는 과제도 여기서 비롯되어야 한다고 감히 말하고 싶다."(81) (한상범, 『기본적 인권』, pp.76~77)

이처럼 한국인의 정체성으로서 '홍익인간 사상'이나 '선비정신' 등을 잊지 않았기 때문에 1960년 4·19혁명이 가능했음을 알 수 있다. 하여 한국의 4·19혁명은 서구의 시민혁명과 유사하면서 유구한 한민족의 정체성을 되찾는 분기점이 된 사실에서 의의가 매우 크다고 할 수 있다. 물론 한국의 역사가 마고시대를 이어 고대 한국의 범상치 않는 역사를 이해한다면, 4·19혁명은 우연한 것이 아닌 당연한 것임을 알 수 있다. 즉 4·19혁명이 주권재민의 민주주의 사상을 확실하게 인식하게 된 결과라는 사실과, 혁명을 통해 국민총화의 과정을 거치면서 일제잔재를 희석하고, 일제 악몽에서 깨어났으며, 일본과 대등한 국가관계가 정립된 중요한 혁명이었던 것이다.

왜냐하면 일본은 6·25동란을 통해서 경제를 회복했던 반면 대한민국은 6·25를 통해 초토화됨에 따라 일본은 과거처럼 엉뚱한 생각을 품을 수 있었던 상황이었기 때문이다. 즉 일제 식민통치의 결과 자본과 기술이 부족하여 산업화를 이룰 수 없었으며, 더불어 사이비자본주의로 인한 무원칙적 불안정성, 비민주적 생활양식, 산업인프라의 부족, 전쟁으로 초토화된 상태 등으로 세상에서 가장 비참한 구제불능의 빈곤국으로 공인된 상태에 있었던 것이다. 이는 패망한 까닭에 '홍익인간' 한민족의 유구한 역사와 위대한 문화유산은 의미를 잃고 스스로를 자학하고, 냉소적인 정서가 만연한 자포자기 상태에서 빈곤을 극복한다는 것은 상상도 할 수 없었기 때문이다.

국운을 열다

세계 최빈국으로 혼란을 지속하고 있었을 때, 박정희 장군이 주도한 1961년 5·16군사혁명은 부국강병을 기치로 군사정권을 출범시켰다. 즉 박정희 정권은 경제적 기초가 없는 민주주의는 말잔치에 지나지 않는다고 하여, 오직 가난을 극복하기 위해서 경제계발계획을 세워 한국적 산업혁명을 위한 기초를 확립하는 가운데 혼신을 다한 결과 세계에서 전례가 없는 기록적인 경제성장을 이룩할 수 있었다. 이는 한국의 분단 상황과 냉전체제로 있었던 국제정세를 잘 읽어낼 수 있는 통찰력과 아울러 한민족의 정체성을 각성케 하여 잠재력을 일깨워 국민총화를 끌어낼 수 있는 비범한 지도자의 등장으로 가능하였다고 국제적으로 공인됨에 따라 리더십 연구의 대상이 되고 있다. 즉 통계로 1973년부터 남한이 북한보다 약간 앞서기 시작함에 따라 공산주의보다 자본주의가 우월하다는 사실을 전 세계에 입증한 중요한 사례가 되면서부터 신뢰받는 모범국가가 되어 벤치마킹하였던 것이다.

이는 후덕한 한민족의 유구한 역사와 저력을 이해했던 혁명정부는 국민을 신뢰했고 능력을 마음껏 발휘할 수 있도록 국가가 리더를 하여 '하면 된다!'라는 긍정적인 태도를 배양하고 실천한 결과 실제로 단기간에 놀라운 성과를 나타낸 사례가 없었기 때문이다.

즉 전 세계 사람들이 식민지 가운데 가장 혹독한 대우와 초토화된 불모지로 재기불능의 국가로 잊혀 진 나라였음에도 불구하고, 기사회생과 성장을 동시에 이룬 자체가 감동과 희망을 주기에 충분하였던 것이다. 다시 말해서 수정자본주의보다 더 많은 개입주의를 허용하는 한국적 자본주의는 소위, 중도주의의 원조로서 모방할 가치가 있을 만큼 성공적이었음을 말하는 것이다.

하여 식민통치를 당한 나라치고 온전한 정신을 갖고 사는 나라가 없다는 것은 알려져 있음에도 불구하고, 지구상에서 유일하게 한국이 산업화, 민주화, 정보화를 기적같이 빠르게 성공한 사실을 두고, 식민지 상처를 어떻게 치유하고, 극복하여 인류역사발전에 동참할 것인가에 대해서 참고가 되는 나라로 볼 수 있다. 물론 모계신본주의사회의 중심 역할을 이어 신선사상(도학)의 풍토를 이어온 '홍익인간' 한민족의 구심력을 이루는 모성의 끈질긴 저력에서 연유하고 있음을 알게 될 것이다. 또한 일제식민통치를 방해하였던 한민족의 선비정신을 소멸하기 위해 식민사관은 선비를 사색당파의 주역들로 멸망의 원인으로 무참히 폄하를 하였지만, 서구의 시민혁명 후 만들어진 정부와 민중의 중간에서 시민단체로서 정당정치를 한 것보다 훨씬 앞에 있었다는 사실에서 민본주의를 근간으로 하는 문민정치가 발달되어있었음도 알게 될 것이다. 물론 고대 한국의 여제사장의 선비정신을 이은 화백회의를 볼 때 토론문화가 발달되어 있었던 사실도 이해하게 될 것이다.

반면에 급성장으로 인하여 유발되는 '성장통'이라는 부정적인 면도 있다. 이는 복지를 전제로 한 국민총화를 이루기 위한 과정에서 인권유린을 당한 피해 당사자의 경우에는 큰 상처가 된 것도 사실이며, 수정자본주의를 근간으로 하는 계획경제임에도 불구하고 저임금으로 자본축적을 이루어 부국강병의 초석을 이루었지만, 당초의 복지약속은 빛을 바라고 양극화라는 새로운 문제가 불신사회를 만들어 가고 있기 때문이다. 즉 국민총화로 일군 성과에 의해 만들어진 국부가 근로자의 입장에서는 복지국가의 구현을 위한 인내의 결과로 생각하는 반면, 자본가 입장에서는 양극화를 당연하게 생각함에 따라 양측 상호간의 인식의 차이로 형성된 불신이 사회통합을 방해하고 있는 것이다. 따라서 획기적인 결과에 걸맞은 탈 양극화를 근간으로 하는 새로운 모계적 분배양식에 기초한 적극적 복지사회를 구현하기 위한 새로운 '모민주의' 정치경제제도가 성립되어야 함을 이해할 수 있다.

이는 선진자본주의국가가 개인주의(자유주의)를 근간으로 하여 수정하면서 발전하였던 것과 다른, 한국의 국민총화 계획경제는 콩 한쪽도 나누어 먹는다는 '홍익인간' 한민족의 정서에 부합되는 한국적복지사회의 구현이라는 동기유발로 대기업 중심으로 급속한 성장을 이루었다면, 콩 한쪽도 나누어 먹는 모계적 분배양식에 부합되어야 일관성이 있기 때문이다. 즉 개인의 희생을 전제로 하는 국민총화로 이룩한 국부라면, 양극화로 자본가만 유리한 배금주의적인 계급을 형성하게끔 방치하는 것은 속이는 것과 마찬가지인 것이다. 물론 일관성이 없음으로 해서 유발된 불공평함으로 형성된, '자기 팔 자기가 흔들어야 한다'거나 '세상에 믿을 놈 하나도 없다'는 냉소적 태도가 만연하게 되었다.

이러한 현상은 일제식민관료주의와 사이비자본주의를 뿌리내려 모든 것이 초토화된 상태를 극복하기 위해 혁명정부가 엘리트주의적인 행정을 펼침으로써 다양성의 결여로 인한 것으로 볼 수 있다. 이는 일제 망령과 정체성 혼란 등으로 아노미현상을 겪는 가운데, 절대다수가 빈곤함에 따라 물적인 기초를 확보하기 위한 성과를 중시할 수밖에 없었던 다급한 사회였기 때문이다. 즉 빵 공급이 최우선임에 따라 일제 잔재인 주종적인 노사관계까지 수용했던 것이다. 이는 '대동아공영'이라는 구호 아래 아시아의 맹주가 되고자 하는 패권주의로 한민족을 전진배치하고, 한반도를 영구지배하면서 대륙침략의 발판을 삼고자 하여 만들어진 뿌리 깊게 박힌 일제잔재를 제거하기 위한 전 단계가 경제발전이었기 때문이다. 아울러 제3세계를 상대로 한 서구의 제국주의와 달리, 동일문화권을 침략한 일제잔재는 상당한 기간 남아 있기 때문에 묻어두고, 복지국가 구현으로 상처를 치료하기 위한 경제발전에 올인했기 때문이다.

이처럼 일제가 동일문화권에 있는 전통 한국을 일제의 침략과 수탈로 초토화하였음에도 불구하고, 한국이 경제개발을 성공시켰기 때문에 국제적으로 높은 평가를 받게 되었음을 알 수 있다. 하지만 경제발전을 통해 일제망령의 극복이라는 매우 어려운 과정을 벗어나고 있는 것은 사실이지만, 후유증으로 양극화라는 위기에 봉착해 있다. 즉 빵만으로 살 수 없는 인간에게 적합한 분배양식을 위한 새로운 정치경제제도가 필요하게 된 것이다. 왜냐하면 대다수 국민은 믿고 따랐으며 기다려준 결과는 복지로써 보상이 있어야 하기 때문이다. 즉 골고루 잘살아야 한다는 염원을 이루기 위한 국민총화의 결과는 골고루 잘살 수 있는 분배양식이 성립되어야하는 것이다. 하여 지구촌시대에 부합되는 '홍익인간' 한민족의 정체성과 어울리는 새로운 모계적 분배양식을 위한 정치경제제도로서 모민주의가 세계화되어야 함을 알 수 있다.

한민족 여성의 저력

일제식민잔재의 망령을 극복하기 위한 우선순위가 경제자립부터라는 슬로건으로 경제부흥에 올인하였다. 물론 자본주의사회에서 경제를 둘러싼 수많은 인적, 물적 시스템이 갖추어져야 하고, 법체계와 정치 등이 일정한 수준이 되어야 발전이 가능함에 따라 신생국으로서 한국의 경우 모든 것이 절대적으로 부족한 그야말로 무에서 유를 창조해야 하는 입장에서 부작용도 많았다. 예를 들어 자원빈국으로서 한국의 산업화는 저임노동력이 많이 필요한 경공업을 일으키기 위해 수많은 저임의 젊은 여성 노동력이 필요했으며, 대다수 한국 여성은 성실하고 우수함에 따라 산업의 기초를 이룩할 수 있었던 이면에는 그들의 희생이 상당했던 것이다.

즉 60~70년대에 기업의 성장 속도에 비해 저임금과 부당한 처우는 개선되지 않음에 따라 여성 근로자들이 불만을 나타내면서 결사할 때, 좌파로 매도하거나, 남자 노동자를 동원해 성폭력이나 폭력을 행사하는 등 별의별 방법으로 여성 노동자를 탄압하였다. 이처럼 인권사각지대에서 여성 근로자의 춥고 배고픈 삶이 경제성장의 바탕이 되었음을 알 수 있다. 하여 국민총화라는 슬로건 아래 전체주의적인 경향으로 인해 여성 근로자들의 희생에 대한 보상이

미약했던 것을 새로운 모계적 분배양식으로 보상이 되어야 정의사회라 할 수 있다.

왜냐하면 복지사회라는 보상을 전제로 한 국민총화로 이룩한 국부로 인한 양극화의 유발로 오히려 비정규직과 절대빈곤층을 양산한 결과로 보게 됨에 따라, 어떠한 비전을 제시해도 불신하는 사회가 되었기 때문이다. 즉 민주적 권위조차 부정하는, 리더십 부재현상으로 인한 무질서로 고비용·저효율의 사회가 된 것이다. 이는 자본주의의 근간인 기업의 극열한 노사분규로 나타나고 있는 데서 이해할 수 있다. 물론 정부개입주의의 결과가 양극화로 나타나서 형성된 불신이 팽배한 도덕불감증 사회가 되어 멈추게끔 방치할 수는 없을 것이다. 따라서 국가개입주의로 만든 국민총화역량의 결과물인 국가의 부를 모계적 분배양식을 근간으로 하는 적극적 복지사회의 구현으로 보상해야 함을 알 수 있다.

다시 말해서 복지를 전제로 한 국민총화의 약속은 모계적 분배양식을 위한 정치경제제도의 성립으로 보장해야만 개발독재의 후유증인 '제왕적 대통령제'로 인한 정경유착이나, 부정부패로 인한 도덕불감증, 승자독식문화로 인한 부패 등을 극복할 수 있음을 말하는 것이다. 물론 정권교체가 쉽게 이루어져야 하는 민주주의의 주요특성에 모계적 분배양식이 적합할 것이다. 따라서 '홍익인간' 한민족이 오랜 기간에 걸쳐 형성된 '선비정신', '경천애인' 등 선조로부터 물려받은 전통가치가 경제성장의 원동력이 되었음을 상기해 볼 때, '홍익인간 사상'을 전 인류가 원활한 소통과 인간적 유대를 형성하는 사상으로 적합함을 알 수 있다.

3. 여권신장시대

경제성장과 비례한 여권신장

여성인권의 신장을 위한 방안으로 1977년에는 한국의 각 대학에서 여성학강좌가 개설되었으며, 제5공화국 초기 정부기관으로서 1982년 한국여성개발원의 설립과 여성정책심의위원회를 설치함에 따라, 1980년대는 여성권익향상을 위한 여성운동이 활발히 전개되어, 1983년 '여성평우회'와 '여성의 전화'가 개설되어 여권신장의 초석을 이루었고, 이어서 87년에는 한국여성단체연합이 6월 대통령 직선제를 위한 민주화 투쟁에 참여하면서 남녀평등이 사회적 이슈가 되었다. 이어 1989년에는 전국여성농민위원회가 설립되어 여권신장에 새로운 가능성을 열게 되었고, 1995년 국회여성특위를 설치하여 여성 관련법을 제정하거나 정책을 개발하여 실효성을 갖출 수 있게 되었다.

또한 80년대에 소비자운동이나 공해추방운동, 교육민주화운동 등을 통해 자유기업주의의 무책임과 무절제에 대한 경고를 하였고, 신자유주의가 공고화된 90년대에 들어서는 무한경쟁으로 유발되는 환경오염이나 비정규직문제, 복지사회구현, 녹색운동 등 생존권차원이나 삶의 질 향상을 위한 여성운동으로 방향이 바뀌었다. 이는 자본주의의 세계화인 신자유주의 무한경쟁시대를 맞이하여 세계적 규모의 환경오염과 생태계파괴, 지구온난화 등으로 지속 불가능한 위험한 사회가 되었기 때문이다. 따라서 지역주의적인 부계주의로 문제를 해결할 수 없게 됨에 따라 지구촌시대에 부합하는 개방적인 모계주의가 국제정치의 주류를 이루는 세계로 역사 발전해야 함을 알 수 있다.

그리고 1991년 6월 '천부인권'의 내용인 '천부소유권'을 보장하는 포스트자본주의로서, 새로운 모계적 분배양식을 근간으로 적극적 복지사회의 구현을 위한 정치경제제도로서, '모민주의'(모계민주주의, Maternal Democracy, Maternalism)를 선거를 통해서 공식선언하였다. 즉 모민주의의 '소유상하한제'를 세계화하는 것을 주요골자로 하여, 양성의 균형을 이루는 권력구조로서 부계와 모계가 각각의 주체로서 권력을 갖는다는 의미인 국회의원의 반을 이루어야 한다는 것과, 탈 양극화로 위험한 사회를 극복하여 지속가능한 세상을 만들고 인간다운 삶을 위한 물질적 기초보장으로 남녀평등과 인종차별금지의 실효성을 보장한다는 것 등의 몇 가지 선언을 말하는 것이다. 이후 러시아대통령 고르바초프의 페레스트로이카 선언으로 세계냉전종식과 군사정권의 막이 내려지면서 여성운동의 활발한 전개로 여권신장이 확대되었다.

특히 90년대 초에 '태평양전쟁일본군종군위안부' 문제를 해결하기 위해 정신대문제대책협의회(정대협)가 발족되어 진상규명과 보상 문제를 거론함에 따라 세상 사람들은 성차별과 여성인권문제에 지대한 관심을 갖게 되었다. 즉 세계 여성 NGO들은 각 정부에 여성권익향상을 위한 입법과 실효성을 보장할 제도를 강력하게 요구하는 계기가 되었던 것이다. 물론 일제에 의해서 저질러진 정신대문제의 고발은 세계를 경악케 했을 뿐만 아니라, 일제의 혹독함을 세상 사람들이 재인식하는 계기가 되었다.

또한 90년대의 여성운동의 특징은 주로 가정폭력이나 성폭행, 임금격차, 고용차별 등을 고발하였고, 성차별을 주요이슈로 하여 여권신장을 위한 사회적 관심을 불러일으키면서 남녀평등의 실효성을 보장받기 위해 제도를 만든 시기였다.

예를 들어 전두환 정부에서 1982년 한국여성개발원과 여성정책심의 위원회의 설치를 시작으로, 김영삼 정부에서 혼인한 딸자식에게도 상속권을 보장한 것은 여성에 대한 사각을 바뀌게 하면서 여권신장이 빠르게 향상되었으며, 김대중 정부에서 1998년 대통령직속 여성특별위원회를 설치하여 여성인권의 중요성을 부각함에 따라, 남녀평등이 사회의 중요한 이슈가 된 사실에서 이해할 수 있다. 이어서 2001년 여성부의 설치는 여성의 사회적 지위 향상을 위한 정치지도자들의 이해와 노력의 결과로서, 여성편견에 대한 인식을 획기적으로 바꾸어 호적법을 개정하는 계기가 되었다. 하여 여성운동이 인권신장에 기여를 하면서 민주주의를 공고화하고 있는 가운데, 오늘날 지구촌시대에 필요한 녹색생명운동을 통해 성장하고 있음을 알 수 있다.

세계의 중심에 서다

부계사회가 등장하고부터 최근에 이르기까지 세상의 모든 여성들은 부계에 종속되어 있으면서 차별을 받았다. 물론 첨단과학기술시대를 살고 있음에도 불구하고 아직도 10대 1의 차별지역을 제외하면, 각 지역별로 정도의 차이나 형태는 다를 수 있지만 대동소이다. 그러나 오늘날 서구 여성들은 정치지도자로서 참여 비율이 높고 남녀 모두가 여성 정치지도자를 신뢰하며 지지하는 비율이 점점 높아지고 있음에 따라 소액 기부를 하는 여성 후원자가 많아지고 있다. 이는 생활정치의 주역인 여성 지도자들은 사회적 약자에게 생존권적 기본권과 행복추구권을 근간으로 유리한 정책결정을 위해서, 그리고 입법으로 실효성을 보증하기 위해 적극적으로 봉사하고 있기 때문이다.

하지만 아직도 선진국에서조차도 부계독점 정치로 여성 지도자들은 권력의 반을 획득하지 못하고 있는 가운데, 아울러 자본주의 경제제도에서 경제적 독립이 어려움에 따라 여성을 경시하고 있다. 더구나 복지축소를 지향하는 신자유주의시대를 사는 오늘날 정치권력의 양극화와 더불어 국가개념이 무의미해지고 있음에 따라 유발되는 불안정함으로 인해서 생태적으로 민주적이며 복지적인 여성들이 더욱 불리해지고 있는 점이 문제가 되고 있다. 이는 오늘날 고학력을 요구하는 전문적인 수월주의사회로 발전케 됨에 따라, 실제로 여성이 서비스직으로 몰리거나, 사회적 약자가 비정규직이나 저임금직으로 내몰림 현상에서 볼 때, 다양한 형태로 억압을 당하며 살아갈 가능성이 점증하고 있다는 사실에서 이해할 수 있다.

예를 들어 다수의 경쟁력이 있는 기업이 상품의 브랜드 가치가 높아 대자본을 축적한 경우, 경쟁하는 과정에서 퇴출되는 기업으로 낭비나 환경오염에 의해 질병의 치료, 먹이사슬의 변이, 온난화로 인한 농산물의 감축 등으로 다수가 피해를 입는 가운데 1대 99라는 절대적 양극화가 고착화한다면 복지수요의 확대로 위험한 사회가 된다는 사실에서 이해할 수 있다.

또한 무한경쟁과 무한축적을 위해 더 넓은 세계시장을 목표로 하는 신자유주의 이데올로기는 각 국가별로 나름대로 오랜 세월에 걸쳐 만들어진 독특한 생활양식인 정체성의 훼손으로 사회통합을 이루기 어렵게 될 뿐만 아니라, 복지수요가 폭발적으로 증가함에 따라 여성의 삶이 고단하게 됨을 알 수 있다. 따라서 비복지적인 자본주의는 생태적으로 복지적인 여성과 불합치함에 따라, 인류의 반인 여성과 부합되는 탈자유주의적인 분배양식을 성립해야 함을 이해할 수 있다. 이는 지구촌시대에 적합한 모계적 분배양식이 세계화되어야 세계평화 유지는 물론 실질적으로 남녀평등이 이루어져야 하기 때문이다. 물론 자연법사상을 근간으로 성립한 근대사회의 성립 취지와도 부합되는 것이다.

특히 신자유주의 이념은 복지축소를 전제로 함에 따라 유발되는 폭발적인 복지수요로 인하여 생태적으로 보살핌의 본능이 있는 여성들이 초기자본주의 때처럼 지독한 어려움을 겪을 수 있음을 예상할 수 있기 때문이다. 이는 자본주의가 발달할수록 양극화로 사회적 약자가 증가함에 따라 정치의 역할이 증대함에도 불구하고, 정치권력이 무력해지고 있는 현실에서 이해할 수 있다. 이는 자본주의에서 민주정치가 자유기업을 보조하는 반쪽 민주주의로 정치적 의무를 다할 수 없기 때문이다.

예를 들어 초기 자본주의가 예상과 달리 수많은 시행착오와 함께 인류에게 엄청난 고통을 안겨주었으며, 제국주의로 인하여 유발된 제1차, 제2차 세계대전을 겪었으며, 오늘날은 각종 테러가 빠르게 확산된 사실에서 이해할 수 있다. 즉 자본주의가 발달하는 만큼 정치 무관심, 민주적 권위의 부정, 냉소적 현상 등 정치위기가 오래전부터 나타나고 있는 것이다. 따라서 지구촌시대를 살아가는 신인류에게 온전한 민주주의로서 모민주의 분배양식이 성립해야 함을 이해할 수 있다.

왜냐하면 신자유주의는 무한경쟁으로 인한 천문학적인 사회적 경비의 지출과 민주적 권위의 약화로 인한 사회통합의 리더십이 무너지고, 환경파괴와 자원고갈, 양극화로 인한 절대다수가 빈곤층으로 전락되는 등으로 위험한 사회가 되었기 때문이다. 물론 신자유주의가 공고화함에 따라 우려한 것들이 서서히 나타나고 있는 대표적인 현상으로서, 지구온난화로 인한 생태계의 파괴나 각종 질병, 천재지변 등 재앙의 징조가 나타나고 있다. 이는 각 지역에서 감당하기 어려운 문제들임에 따라 세계가 공조해야 문제를 해결할 수 있는 지구촌사회에서 적합한 정치경제제도로서 경제적 민주주의를 구현하는 모민주의가 필연적임을 알 수 있다. 참고로 부계와 모계가 각각의 한 축으로 존중하여 견제와 균형을 이루는 모계민주주의가 인간에게 적합할 것이다. 정치 편을 참고 바란다.

마지막으로 오늘날 헌법에서 명문화한 인권은 인간의 기본권으로서 법적용의 해석기준이 되고 있을 뿐만 아니라, 차별금지법으로 실효성을 보장하고 있다. 하지만 대다수 여성의 경우 빈곤하며, 의사결정의 위치에서 대다수 벗어나 피지배적 위치에 머물러있음에 따라 피부에 와 닿지 않는 공허함으로 느끼고 있는 것이 현실이다. 즉 현실에서 경제적 독립이 없는 여성에게 인권이란 의미가 없으며, 현실에서 불평등을 체감할 때마다 경제적 기초가 없는 인권이란 말잔치에 불과하다는 사실을 알고 있기 때문일 것이다. 이는 많은 여성들이 헌법(국법)을 믿고서 남녀평등이 구현되도록 여성인권운동을 한 경우 사회적 압력에 의해 개인적으로 희생 내지는 상당한 곤경에 처하게 되거나, 혹자 남성에 대한 적대감으로 인하여 유발된 불행한 삶을 살았던 사실 등에서 이해할 수 있다. 다시 말해서 형식적으로 평등할 뿐 현실에서는 차별이 엄연히 존재함을 말하는 것이다.

이는 남녀평등의 인권선언을 믿고 여성들이 시민혁명에 동참했음에도 불구하고 근대헌법에서 권력의 반을 여성에게 보장한다는 명문이 없다는 사실에서 이해할 수 있다. 하여 남녀가 평등하기 위해서 구조적으로 권력의 반을 여성에게 보장해야 함에도 불구하고, 지키지 않는 것은 정치적 수사에 지나지 않음을 알 수 있다. 즉 서구 민중의 실력 행사로 쟁취한 근대사회에서 남녀가 인간적인 특성이 다름에 따라 역할도 다르다는 것을 인정하여 권력의 반을 보장해야 함에도 불구하고, 아직도 부계일변도의 정치독점을 하고 있는 것이다.

물론 근대사회를 열어 남녀평등을 구현코자 했던 서구 여성들이 흘린 피의 대가는 아직까지 온전히 보상받지 못하고 있다. 하여 인류의 반인 여성의 인권신장을 위해 다름을 존중하는 정치문화가 형성되어야 함을 이해할 수 있다. 그리고 한국은 서구자유민주주의 헌법체계를 답습한 후발국임에도 불구하고 여권신장운동이 비교적 빠르게 정치력으로 전환될 수 있는 것은, 태고의 모계신본주의사회를 이은 한민족의 습속에는 모계유습이 유전화가 되어 있기 때문으로 볼 수 있다. 하여 수만 년에 걸쳐 이어온 한민족 여성이 아름다운 마음씨를 갖고 재창조로 여성의 의무를 다하였다고 볼 때 모민주의 체제의 정당성을 주장할 수 있는 자격이 있음을 알 수 있다.

즉 권리에 대한 의무가 지킬 때 권리가 힘이 있는 것처럼, 한민족 여성의 인고의 세월을 선한마음으로 견뎌온 사실 자체만으로도 권력의 반을 갖고 한민족의 운명을 결정할 자격(권리)이 있는 것이다. 물론 자격이 있다 할지라도 조직에 참여하지 않은 개인 여성으로서 여권신장을 위한 몸부림은 마치 바위위에 계란치기처럼 불만만 삭힐 뿐 변화를 기대할 수 없을 것이다. 다시 말해서 개인으로서 여성인권의 의미보다 마치 노조활동처럼 세상의 여권신장과 연동(연대)되어야만 여성 개인의 인권도 향상된다는 점을 인식해야 함을 말하는 것이다. 또한 여성 자신이 세상의 주체로서 어떠한 역할을 하였는가를 제대로 확인하고 인식하는 것으로부터 시작하여 부계의 틀을 넘은 세계를 어떻게 펼쳐갈 것인가를 연구해야할 것이다. 즉 지구촌시대의 신인류로서 여성은 모계와 부계의 균형으로 이루어지는 적극적 복지사회를 구현하기 위한 생활정치의 주역이 되어야 하는 것이다.

제 3 부

지구촌시대

I

신인류의 삶

대자연은 햇빛, 공기, 물 그리고 어떤 생명체이든 공존하면서 나름대로 역할을 할 수 있는 먹이사슬로 이루어져 있다. 특히 대자연에서 생성 진보하는 인간은 스스로 세상의 주인공임을 알고 있다는 사실 자체가 경이로운 일이다. 이는 사람이 지구에 어떠한 목적이 있기 때문에 출현되었을 것으로 추정하는 이유가 되기도 한다. 물론 문화적 존재로서 사람은 창조력과 풍부한 상상력과 이를 구체화하는 우수한 두뇌로 고도 과학기술문명을 이룬 결과를 통해 출생 목적을 이해할 수 있다. 다시 말해서 자의든 타의든 육화된 인간은 영적 존재로서 영육의 균형을 이루어 행복한 인생을 살고자 하는 것이 궁극적 목적임을 말하는 것이다.

물론 모계신본주의사회는 '해혹복본'을 위해 출현했다고 하거나, 절대존재에게 잘못한 결과 지구에 왔다고 하는 등의 신화들도 있다. 이는 최근에 생명체가 우주로부터 지구에 도달했다는 설이 과학자들에 의해 주장되고 있음에 따라 긍정적으로 받아들일 수 있다. 뿐만 아니라 모계신본주의사회가 믿었던 순환·진보사상은 고대사회에서는 환생하여 증명된 예가 많았던 것에 비해, 오늘날에는 여러 매체를 통해 소수 사람들이 실증하고 있다. 예를 들어 아이 때 배우지 않았던 몇 개의 외국어를 능통하게 한다는 등의 초능력을 가진 사람들이 있다는 사실에서 이해할 수 있다. 이는 종교편에서 다시 한 번 구체적인 설명이 있을 것이다. 하여 인간이 우주시간으로 볼 때 진화한다고 볼 수 있지만, 영적 존재로서 인간은 스스로 창조하는 존재라고 하는 편이 합리적임을 알 수 있다.

왜냐하면 인간은 마음의 시간이라 할 수 있는 찰나의 시간(수만분의 1초)인 극소의 시간을 과학으로 밝히고 응용하여 실생활에 적용하고 있으며, 극대로써 억만 시간인 겁의 시간을 이해하고 있기 때문이다. 이는 상대성원리를 이해하여 만든 핵폭탄이라는 결과물로 앞의 사실을 이해할 수 있다. 하여 첨단과학기술의 결과물을 볼 때 인간은 삶과 죽음을 반복하며 진보하는 영적 존재라고 생각했던 모계신본주의 사회의 인간관을 긍정할 수 있다. 다시 말해서 모계신본주의시회에서 인간은 신의 후손으로 스스로 창조하며 순환 진보하는 존재라고 생각한 사실을 말하는 것이다.

물론 모계신본주의사회에서 동물을 섭취할 때 야만적인 동물 영혼에 의한 해코지나, 순환 진보하라는 등의 이유로 희생제를 한 사실을 상기해 볼 때, 모든 생명체는 영혼이 있다고 생각했으며 영혼의 순환진보를 믿었음을 알 수 있다.

1 부계적 성문화의 퇴출

과학적 근거

인간은 수만 년에 걸쳐 자연의 섭리를 깨닫고 활용하는 기술을 체득하면서 진보하고, 사회협동으로 더 많은 지혜와 지식을 축적한 결과, 스스로 가치를 규정할 수 있는 소위 '만물의 척도'가 되었다. 즉 인간은 기능의 측면에서 진화(진보)가 되었을 뿐만 아니라, 행복한 인생을 위해서 스스로 창조한 문화로 삶에 의미를 부여하고 재해석하고 있는 것이다. 따라서 종교적 심성이 있는 인간은 궁극적 삶의 의미를 신앙에서 찾고, 인간다운 삶을 위해서 끝없이 진보하고 있음을 볼 때, 인간을 영적 존재로서 존중했던 모계신본주의사회의 믿음을 긍정할 수 있다. 또한 인간은 선한 존재임에 따라 동물과 같은 신진대사를 하며 온갖 망상이 떠오를지라도 스스로 만든 문화로서 스스로를 통제하고 있다.

이러한 인간의 특성으로 모계신본주의사회가 인간 스스로 대모신의 후손으로서 피조물이 아닌 세상의 주체로 생각하였을 것으로 추정할 수 있다. 즉 모계신본주의사회가 모성 중심의 인본주의사회였던 것이다. 이는 오늘날 과학기술에 의해 여성이 생태적으로 우수함이 밝혀짐에 따라 긍정할 수 있는 문제이다. 먼저 과학자들이 밝혀낸 남녀의 생리적 특성부터 보자면, 여성의 난자는 약120-150㎛ 크기로서 남성의 정자보다 무려 5만 배 이상 크다고 한다.

그리고 의학계의 보고에 의하면, 남자의 정자는 성교할 때 사정하면 1-2억 개 정도가 분출되고, 난관에 도달하는 것은 100개 미만으로 2만 번 이상 움직여서 그중 1개만 들어가서 수정을 하여 임신하게 된다는 사실에서 여성이 생명의 순환창구임을 이해할 수 있다. 하여 부계적 사고에서는 정자가 경쟁을 해서 난자를 공격하여 수정이 되는 것으로 볼 수도 있지만, 어떠한 면에서 난자의 선택에 의해서 수정된다고 할 수 있다. 왜냐하면 수많은 영혼 중에서 난자에 의해서 선택되는 것으로 볼 수 있는 이유는 체세포 정도의 정자가 형상화되지 않은 반물질적인 정도의 크기로 반생명의 상태로 있기 때문이다. 하여 여성이 본능적으로 우수한 인간을 재창조하려는 본능과 환경에 적합한 자녀를 출산하려는 의지와 관련성이 있음을 추정할 수 있다.

물론 영혼이 육화되는 신비한 원리로 볼 수 있다. 하여 체세포정도의 정충이 생명으로 재창조되기 위해서는 5만 배 크기의 생명재창조 시스템과 정서적으로 잘 부합되어야 육화된다고 추정할 수 있다. 이는 모성의 결정력과 부합되는 정충만이 2억대 1의 경쟁을 통과해야 육화되는 것이 실증되고 있기 때문이다. 하여 모계신본주의사회가 대자연의 순환을 통해서 불가지(不可知)의 세계를 추정한 가운데, 대모신의 후손으로 영혼이 불멸하며 순환 진보한다는 사실을 긍정할 수 있다. 따라서 오늘날 이러한 생명의 재창조 시스템을 이해할 수 있는 신인류는 인간스스로 신의 후손임을 자각해야 지속가능한 삶을 살 수 있는 시대가 되었음을 알 수 있다.

왜냐하면 모계신본주의사회의 영혼불멸사상은 생물의 기억장치와 흡사한 광학적 기억장치에 의한 3차원 영상인 홀로그램(Hologram)과 흡사함에 따라, 긍정할 수 있기 때문이다. 이는 레이

저로 넓은 범위를 기억시켜 놓으면 어떠한 부분이 손상이 있다 해도 부분이나 전체가 연관이 되며 레이저광선으로 1㎛ 크기의 작은 점에도 정보를 압축할 수 있기 때문에 반물질인 빛의 성질을 이용한 광메모리는 그 자체로는 거의 무제한적인 기억을 할 수 있기 때문이다. 하여 소우주 인간과 대우주가 연동되어 상호작용을 한다는 믿음은 긍정할 수 있다. 물론 첨단과학기술시대를 사는 신인류는 영혼의 문제를 보다 쉽게 이해할 수 있게 된 것은 다행한 일이다.

이는 삶의 결과를 압축한 영혼은 진보를 위해 육화를 한다고 생각한 모계신본주의사회의 믿음을 긍정할 수 있기 때문이다. 다시 말해서 모계신본주의사회는 지구에서 영혼이 육화되어 자신의 삶을 만들어 감에 따라 현재의 삶을 중시하였으며, 대다수 사람은 환생을 반복하며 수많은 윤회진보를 통해서 신선이 된다고 믿었던 사실을 긍정할 수 있는 것이다. 하여 모든 생명체는 영원히 살고자 하는 본능에서 비롯된 자기보존본능에 의한 성행위는 보상으로써 독특한 쾌감과 더불어 수억의 정충 중에 하나 정도가 육화되는 자체가 기적의 산물임을 알 수 있다. 하여 인간의 경우 남성이 사정할 때 1-2억 개의 정충을 방사하고 있음을 볼 때, 사람이 될 확률은 수십억 분의 일임에 따라 만물의 척도로서 사람이 된다는 것은 더욱 어려운 만큼 쾌감을 동반하는 강력한 성욕을 억제하기가 힘들게 되어 있음을 알 수 있다. 이는 모든 종교에서 성욕을 탐하는 것에 대한 도덕적 책임을 부과한 사실에서 이해할 수 있다.

식욕과 다른 성욕

부권사회의 등장으로 폭발적인 성욕과 부계혈통주의를 근간으로 하는 자기보존본능 등에 의해 여성의 지위가 급격히 추락하게 되었다. 이는 부계사회가 등장되고부터 형성된 남성 중심의 성문화로 성욕을 무제한 허용한 결과로 볼 수 있다. 이는 전통 한국의 조선시대에 이르러 사대부에서 축첩이 허용된 사실로 보아 이해할 수 있다. 이처럼 인간의 성욕은 문화적인 특징이 있음을 이해할 수 있다. 예를 들어 일부 제3세계국가에서 오랫동안 일부다처제를 하거나, 티베트와 같은 곳은 일처다부제가 아직도 유지되고 있다는 사실에서 이해할 수 있다.

즉 삶을 재창조하면서 살아가는 문화적 존재로서 인간은 스스로 만든 사회규범에 의해 성행위를 억제하고 조절하며 쾌감을 즐기는 존재인 것이다. 다시 말해서 인간이 동물과 달리 음식을 맛있게 가공하고 즐기면서 먹는 것처럼 섹스도 즐기는 존재임을 말하는 것이다. 하여 인간은 스스로 재창조한 문화로 스스로 성욕을 통제할 수 있는 영적 존재임을 알 수 있다. 따라서 사람은 약육강식의 자연의 법칙에 의해 운행되는 삼라만상의 주체가 될 수 있는 자격이 있음을 알 수 있다. 그리고 여성의 난소가 정자보다 5만 배나 크다는 사실과 처녀생식도 가능하다는 사실은 최근에 이해하게 됨에 따라 인간을 재창조하는 모성을 존중하는 삶이 인간에게 적합함을 알 수 있다.

하여 승자독식의 문화를 생성한 부계사회가 인간을 동물의 범주에 둠에 따라 모성의 재창조 능력을 무시한 결과 중세 서구 부계사회에서 여성을 소유물처럼 소외한 사실은 인간이 영적 존재임을 부정하는 비인간적인 사고에서 연유함을 알 수 있다. 이러한 점을 이영애의 다음 글에서 이해할 수 있다. "남성폭력은 보이게, 또는 보이지 않게 여성에게 강제할 수 있도록 사회적으로 제도화된 힘이고, 이것이 강간을 일으키는 사회 구조적 변수라고 보고 있다. 강간을 단지 남성소유권에 대한 침해만으로 설명할 수 없지만 강간의 발생 원인을 자본주의 생산양식에 있다고 보는 이 견해에 의하면, 사유재산제 사회에서는 남성이 여성을 하나의 재산으로 소유하고 있기 때문에 강간은 남성의 소유권을 침해한 것이라는 주장을 계승하고 있다."(82) (이영애, 『성, 권력, 정치』, 법문사, 1995, 145p) 따라서 모계신본주의사회에서는 인간이 다른 성에게 종속되지 않았던 것과 달리, 서구 부계사회의 경우 여성이 남성의 재산으로 되었다는 것은 부계유일신종교의 영향임을 이해할 수 있다.

즉 여성은 남성의 보조자에 지나지 않는 성적 존재로 전락되었음을 말하는 것이다. 다시 말해서 여성은 인간 동료라기보다 소외된 이방인이나 소유물처럼 살아야 했던 것이다. 예를 들어 전체주의사회로서 부계사회는 여성을 전리품으로서 생각하여 반항하면 노예로 팔아버린 사실에서 이해할 수 있다. 하여 여성의 지위가 바닥임에 따라 남성 일변도의 성생활로 인해 여성 스스로 정조를 지키기 어려운 상황임에도 불구하고, 정조를 죄로 설정하여 이중 고통을 안고 살아갔음을 알 수 있다.

남성의 과잉성욕

고대 희랍의 절대주의 철학자였던 플라톤은 남자로 태어났음을 신께 감사했고, 유대인 남성들은 남자로 태어난 것을 유일신에게 감사하다는 의미인, 할렐루야!(여호와께 영광을)라고 외쳤던 사실이나, 부계우월종교에서 남성보다 무거운 죄로 인해서 여성으로 태어났다는 등으로 열등한 존재로 여성을 무시하였고, 동양에서 딸자식이 태어나면 섭섭하게 생각했던 사실에서 부계사회에서 여성의 지위가 어떠한가를 알 수 있다. 베벨 경은 다음과 같이 쓰고 있다. "영어나 불어에서 남자와 인간은 동일어이며, 한 걸음 더 나아가 성서는 여러 곳에서 남자만을 유일한 인간으로 기록하고 있다. 그뿐만 아니라 우리 스스로도 민중에 관해 논의할 때 남자만을 두고 말하는 경우가 보통임이 사실이다. 여성은 잊혀진 다수이며 남성이 모든 면에서 지배하고 있다. 남성들은 이를 당연하다고 생각하며, 여성들도 신의 섭리라고 받아들여 왔다."(83) (베벨, p.109)

이처럼 남성과 여성의 관계가 마치 종(種)이 다른 악어와 악어새의 공생관계처럼 생각하거나, 동료인간이면서 인간을 재창조하는 여성을 대상(객체)으로 생각한 것 등을 볼 때 남성의 독단이 지나쳤음을 알 수 있다. 즉 인간은 동물과 달리 스스로 재창조한 가치(문화)에 의해서 규율되고 있는 것이다. 다시 말해서 남녀 모두 모성의 태에서 10개월 동안 있다가 출생하며 동등하게 양육되고 있지만, 성장 후 인간이 설정한 가치에 지배되며 현실과 타협하며 살아야 함을 말하는 것이다. 예를 들어 지구환경의 변화로부터 만들어진 남성들의 성욕은 과도하게 발전하였던 만큼, 여성은 방어적으로 변모함에 따라 종속적인 삶으로 변모한 사실에서 이해할 수 있다.

즉 부계사회가 등장하고부터 남성은 체력의 강화와 더불어 성욕이 강화되고 출산을 못하는 남성이 성적으로 유리하며, 여성은 왜소해지고 성적으로 불리하게 됨에 따라 남성에게 보호를 받는 입장이 된 것이다. 다시 말해서 부계사회의 성문화는 남성의 과도한 성욕을 허용함에 따라, 상대적으로 여성의 성은 방어적으로 변모케 되면서 사회적으로 소외가 되었음을 말하는 것이다. 하여 오늘날 모계적 성문화가 형성되어야 실질적인 남녀평등이 구현될 수 있음을 알 수 있다. 즉 모계사회에서 '성교권'을 여성이 갖고 있음에 따라 평화로웠던 것처럼 여성이 성의 주체가 되어야 위험한 사회를 극복할 수 있는 것이다.

다시 말해서 여성의 생태적 본능과 배치되는 부계적 성문화가 비인간적인 성문화로 발전함에 따라 이를 극복하기 위해 여성 주도의 모계적 성문화로 바뀌어야 함을 말하는 것이다. 예를 들어 오늘날 남성의 성욕이 극단적이라는 사실을 이영애의 글에서 이해할 수 있다. "최초 실시된 카네기 멜론 대학의 보고서를 보면 컴퓨터 통신을 통해 음란물의 전파가 상당한 정도로 공공의 안녕을 해친다는 결론을 얻어낼 수 있다. 몇 가지 공통적인 사실은 다음과 같다.

첫째, 대단히 많은 양의 음란물이 통용된다는 점.

둘째, 사용자 계층이 다양하며, 분포가 전국적이라는 점.

셋째, 이미 거대한 시장을 형성하고 있다는 점.

넷째, 국제적 통신망의 사용량이 증가한다는 점.

다섯째, 사용자의 98.9%가 남성이라는 점.

여섯째, 변태적 성행위의 적나라한 표현이 날로 증가한다는 점이다." (84) (이영애, 52p)

이처럼 오늘날 남성들의 과잉성욕을 여성들이 감당할 수 없는 지경에 이르렀음을 이해할 수 있다. 하여 모계신본주의사회가 영혼을 육화하는 여성의 창조력을 신성하게 생각하면서 성교독점권(性交獨占權)을 보장한 가운데, 공유제 분배양식에서 분배권이 모성에게 분배권이 있었던 사실은 참고가 될 것이다. 즉 성의 절제와 출산·양육을 하는 여성의 입장에서 공유제 분배양식이 적합함을 말하는 것이다. 하여 모계신본주의사회의 성문화에 의해 성욕이 조절된 사실을 근거해볼 때 모계주의를 근간으로 하는 세상이 만들어진다면 부계편도의 과잉성욕으로 빚어진 위험한 사회를 극복할 수 있음을 이해할 수 있다. 그리고 인간존엄을 구현코자 하는 근대사회와 배치되는 비인간적인 성문화를 근절하기 위해 여성에게 권력의 반을 보장하여 방어할 수 있는 새로운 정치체제가 성립되어야함을 이해할 수 있다.

모계의 성교독점권

모계신본주의사회는 본능적으로 우수한 인간이 출산되기를 염원한 가운데 원시음양론, 천문학, 의학의 발달, 그릇 만드는 기술, 문자발명 등으로 인류문명의 기초를 만들었으며, 더불어 농업혁명을 일으켜 정착할 수 있게 됨에 따라 인구가 자연증가를 하게 되었다. 그리고 모계신본주의사회는 우수한 인간의 출산을 위한 절제된 성문화를 갖고 있으면서 출산을 경험하는 여성은 생명의 경이로움을 체험함에 따라 치료나 기아 해결 등을 위한 특별한 경우에 필요한 만큼만 육식을 하였다.

또한 모계사회가 불을 사용하여 음식물을 익혀먹을 수 있게 하였을 뿐만 아니라, 농경목축의 기술을 발달케 함에 따라 채취나 수렵을 할 때보다 육식을 많이 할 수 있게 되었다. 이는 두뇌의 발달과 함께 남성의 체력이 개선되어 생물학적으로 성기능의 강화와 더불어 성욕이 증강되면서 부계사회가 등장할 수 있게 된 원인으로 볼 수 있다. 즉 식생활이 바뀜에 따라 인간성에도 영향을 끼쳤을 것이다. 예를 들어 최근 오지에서 살아가는 부족의 습속 가운데 동물을 섭취함으로써 동물의 생명을 얻는다고 생각하거나 힘이 몸 안에서 생성되는 것으로 믿었던 사실에서 이해할 수 있다.

하여 육식의 과잉 섭취로 인한 남성의 성욕은 왕성하여 수요가 폭발적으로 증가하는 데 비해 임신이나 수유 기간 등으로 만성적으로 공급이 부족하게 되었음을 알 수 있다. 이는 모계사회가 염원했던 풍요와 다산을 농업혁명으로 가능케 함에 따라 절제된 성문화로 인구가 급증하게 된 결과 부계사회가 등장하게 되었을 것으로 추정할 수 있다. 이처럼 인간의 성욕은 본능이기도 하지만 식욕과 달리 사회체계나 문화적인 영향에 의하여 조절이 가능하며, 건전한 사회를 만들어 갈 수 있음을 모계사회를 통해 이해할 수 있다. 다시 말해서 생존을 위한 식욕은 개인적이지만 성욕으로 인한 성행위의 경우 사회적인 성격이 있음에 따라 본능일지라도 문화에 의해 조절이 될 수 있음을 말하는 것이다.

예를 들어 모계사회의 절제된 성문화의 유습으로 볼 수 있는 섹스종교는 섹스 자체를 영적 진보의 수단으로 믿고 있다는 사실에서 문화적임을 이해할 수 있다. 따라서 전체주의로서 부계사회는 잦은 전쟁이나 노동력 등 여러 이유로 인구 증가를 필요로 함에 따라 남성의 성욕을 배양하는 성문화로서 '생육과 번성문화'가 공고화되었음을 이해할 수 있다. 하여 인구 증가로 모성과 생명을 경시하여 여성이 성적 노예로 전락하고부터 인류는 불안정한 삶을 살게 되었다고 할 수 있다.

이는 산술급수적으로 생산되는 식량보다 인구가 기하급수적으로 불어남에 따라 약탈이나 가축을 양산하는 생활방식으로 변화되었다고 주장한 맬더스의 인구론에서 이해할 수 있다. 따라서 새로운 모계적 분배양식을 구현할 수 있는 정치경제제도를 세계화하여 무절제한 성교의 남용을 유발하는 부계 중심의 성문화에서 모계사회의 여성의 성교독점권을 보장하는 절제된 성문화가 되게 하는 것이 바람직함을 이해할 수 있다.

2. 모계성문화로 진보

모계신본주의사회의 합리성

모계사회가 내면을 탐구하여 현실세계를 이해하려 했던 반면, 부계사회에서는 외면의 물질세계를 통해 내면을 이해하려 했다. 즉 부계사회는 생명을 자연의 일부로 메카니즘적(기계적)인 시각으로 이해코자 한 반면, 모계사회는 비가시적인 세계를 실존하는 무(無)

로써 이해했던 것이다. 물론 빙산의 일각인 현실세계에서는 뉴턴에 의해서 밝혀졌으며, 후일 보이는 부분과 보이지 않는 세계와 연결되어 있음을 수학적으로 증명하고, 과학적으로 실증된 아인슈타인의 상대성이론이나, 우주가 7차원으로 이루어졌음을 가설로 논변한 호킹 박사와 같은 과학자들의 도움으로 생명의 근원으로서 영혼의 실존에 대해서 최근에 새로운 시각을 갖게 되었다. 예를 들어 과학자들의 보고에 의하면, 인간은 현대과학에 의해 우주를 약 4% 정도 알고 있으며, 96%는 모른다고 함에 따라 우주생성의 비밀을 풀고자 하여 '빅뱅' 실험을 재연한 사실을 최근 2008년 9월 11일 제네바연합뉴스의 보도한 사실에서 이해할 수 있다.

간추려 보자면, "유럽입자물리학연구소(CERN)는 10일 제네바와 프랑스 국경의 지하 100m, 길이 27km의 원형터널에서 광속으로 발사된 두 개의 양성자 빔을 충돌케 하여 우주를 탄생시켰던 상황을 연출할 것으로 과학자들은 기대하고 있다. 그리고 실험의 목표는 신의 입자로 불리는 반물질인 '힉스입자'(Higgs Boson)를 찾고, 우주의 대부분을 차지하고 있는 '암흑물질'과 '암흑에너지'의 실체를 규명하여 모든 입자의 질량을 결정하는 힉스입자를 발견하면 물리학의 대변혁이 일어날 것으로 보고 있다. 로베르 아이마르 CERN 사무총장은 '대형강입자충돌기(LHC)는 우주에 대한 우리의 관점을 바꾸게 될 것으로 예상되며 어떠한 발견이 이루어지든 우리의 세계에 대한 인류의 이해는 풍부해질 것'이라고 했으며, '인간은 어디에서 와서 어디로 가는지, 우주의 종말은 있는지, 미래에 우주는 어디로 가는지 등에 관해 알고자 하는 욕구를 지니고 있다.' 하면서 '이번 실험은 우주에 대한 우리의 인식을 근본적으로 바꿀만한 잠재력을 가지고 있다.'고 말했다."(85) (2008년 9월 연합뉴스)

하여 직관적이고 입체적 사고를 했던 모계신본주의사회가 빙산의 일각으로 보이는 세계와 함께하는 보이지 않는 반물질적인 세계와 균형을 이루고 있다고 생각한 것을 밝혀낼 수 있을 것이다. 즉 모계사회에서 임신과 출산의 과정을 통해서 알게 된 0(무)과 있다는 1(유)이 연속적으로 이어지는 영혼불멸의 개념을 소수의 비범한 사람들은 알고 있으며, 실제로 윤회된 사람이 많음이 증명되었지만, 대다수사람들이 쉽게 알 수 있는 과학으로 증명될 것이다. 다시 말해서 모계신본주의사회가 영구적으로 순환하는 자연의 모습에서 영혼불멸을 이해하면서 하나의 큰 흐름에서 연속적으로 마치 밤과 낮에 맞추어 인간은 자고 깨고 하는 것처럼 삶과 죽음이 반복된다고 믿은 사실을 첨단과학으로 밝혀냄을 말하는 것이다.

이처럼 모계사회의 여성들은 남성들보다 직관이 발달한 가운데 지혜나 체력 등 모든 면에서 우수하였으며, 무기를 다루는 실력도 뛰어나서 남성보다 더 강력했음을 앞의 사실에서 추정할 수 있다. 이는 인디아나 존스나 스파르타 여성의 예에서도 알 수 있다. 또한 피임법이 발달되지 않았던 고대사회에서 성교는 임신으로 이어지는 경우가 많음에 따라 모계사회는 인구와 식량의 균형을 이루어 안정된 삶을 구현하기 위한 여성의 성교독점권을 수만 년을 유지한 안정된 사회로 추정할 수 있다. 하여 인간을 재창조하는 여성은 입체적 균형 감각이 있으며 더욱 완벽한 조건을 갖추고 있음에 따라 출산이 가능한 것을 두고 약육강식의 논리에 의해 열등한자로 폄하되는 모순 속에서 살고 있음을 알 수 있다. 예를 들어 부계사회가 등장한 후부터 시조나 영웅의 경우 모태가 아닌 알에서 태어나거나 하늘에서 뚝 떨어진 사람으로 전하고 있음을 볼 때 여성을 폄하하고 있음을 이해할 수 있다.

이는 아마도 출산의 경험이 없는 남성들이 부계사회를 만든 후, 남성 중심의 성문화가 형성되면서 여성이 성적 존재로 전락하였기 때문으로 볼 수 있다. 예를 들어 부계사회의 문란한 성으로 사회문제가 됨에 따라 가부장제를 만들어 여성에게 정조 의무를 부과하거나, 전쟁에 승리한 병사에게 여성이 중요전리품으로 배분된 사실에서 이해할 수 있다. 즉 부계의 약육강식문화는 사람을 재창조하는 여성을 씨받이 정도의 열등한 존재로 폄하하였던 것이다.

예를 들어 전통 중국에서는 여성들에게 전족이라 하여 발을 주먹크기 정도로 작게 만들어 성적쾌감을 배가하거나, 도망할 수 없도록 한 전통문화가 20세기 초엽까지 보편적이었던 사실에서 이해할 수 있다. 물론 이러한 현상들은 모성에 의해 태어난 남성과 여성은 이성으로서 서로에게 잘 보이려고 노력하는 본능적 특성에서 2차적으로 변모한 왜곡된 결과일 것이다. 이는 모계신본주의사회에서 남녀 교제가 자연스러웠기 때문이다. 즉 모계신본주의사회에서 서로가 다름을 이해하고 매력을 느끼며 서로가 부족한 부분을 인정하면서 조화를 이루었던 것이다.

모계성문화를 형성하기 위한 체제 성립

남성의 과도한 여성편력이 사회문제의 원인으로서 불안정한 사회를 유발한다는 사실을 인류가 경험을 하였다. 이는 부계사회의 극단적인 여성편력을 경고하고 있는 대부분의 부계우월종교가 금욕생활을 중시하고 있으며, 윤리도덕에서 탐욕의 근원을 성욕으로 지적하고 있는 사실에서 이해할 수 있다. 예를 들어 우리 사회가 강간사건에 대해서 실과 바늘의 예를 들어 여성이 반항하면 성교가 되지 않는다고 판시를 한 적도 있었으며, 여성의 삶을 물위에 떠다니는 부초와 같다고 하거나 성적 존재로 폄하되어 자신의 몸임에도 불구하고 주인 노릇도 하기 힘든 사실 등에서 이해할 수 있다.

하여 여성에게는 정조를 지키기 어려운 상황에 있음에도 불구하고 정조를 지키지 못하는 여성은 사회적 지탄의 대상이 되기도 하며, 심지어 정조를 지키기 위해 남성의 폭력과 위협에 반항하다가 죽는 것을 사회적 미덕으로 간주한 자체가 동료 인간에게 지나치게 인색하고 가혹한 처사임을 알 수 있다. 아마도 이로 인해 수많은 여성들이 폭력에 시달렸으며, 이로 인하여 만들어진 병으로 조용한 죽음을 맞이했을 것이다. 예를 들어 부계중심의 성문화에 의해 배양된 성욕으로 인하여 '정조죄'가 만들어진 사실에서 가혹했음을 이해할 수 있다. 하여 부계중심의 성문화는 성차별과 성적 타락, 모성성의 훼손 등으로 인하여 형성되는 도덕불감증을 유발하는 원인임을 알 수 있다.

예를 들어 이기적 욕구충족을 정당화하는 자본주의가 성 탐욕을 자극하는 수많은 상술이나 유혹하거나 성산업 등을 육성케 한다는 사실과 더불어 인간의 증오심의 배양의 결과로서, 세계대전이나 유태인 학살 등이 진행된 사실에서 이해할 수 있다. 이는 구시대의 절대주의 토양에서 만들어진 자본주의가 탐욕을 배양하고 성욕을 자극하고 있기 때문이다.

물론 오늘날은 자본주의가 만들어가는 성의 상품화는 날로 발달하고, 성도덕의 문란으로 유발되는 인간성 황폐화가 도를 넘쳐 위험한 사회가 되었다. 뿐만 아니라 인류는 근대사회로 역사 발전했음에도 불구하고, 여성이 여전히 과거처럼 부계사회의 유습인 부계혈통주의를 근간으로 하는 성문화가 여전하여 성적 존재로 남아 있다. 하여 비록 20세기의 최고의 발명품인 피임약의 발명과 피임기술의 발달로 여성의 성이 과거에 비해 획기적으로 개방되었음에도 불구하고, 남성과 달리 미혼여성의 경우 정서적으로나 생태적으로 성교에 대해서 피해의식을 느끼고 방어적임을 볼 때, 부계중심의 성문화를 형성하기 위해 탈 부계적인 새로운 정치경제체제가 성립되어야함을 이해할 수 있다.

즉 태생적으로 성문란을 경멸하는 여성들은 남성우월주의적인 성문란에 대해서 굴욕적으로 느끼고 있음을 고려한 여성주도의 새로운 성문화를 형성할 수 있는 체제가 필요함을 말하는 것이다. 물론 여성에게 성교독점권이 있었던 모계신본주의사회에서 성교에 대해서 긍정적인 생각을 했으며 성도덕을 만들어야 할 만큼 성생활이 난잡하지 않았음을 모계신본주의의 정통성을 이은 고조선 여성의 절제된 품위가 있었다고 함에 따라 체제 변화로 모계적 성문화가 형성될 수 있음을 알 수 있다. 왜냐하면 부계사회에서 성립한 절대봉건제사회에서 남성의 성 탐욕으로 여성에게 상처를 주거나 남성도 파멸에 이르는 등의 수많은 사연을 상기해 볼 때 근본적인 변화가 필요하기 때문이다. 하여 탈 양극화를 위해 모계적 분배양식을 근간으로 하는 적극적 복지사회가 구현된다면 성문화가 바람직하게 될 것으로 예상할 수 있다.

탈 양극화사회

인간의 성욕은 단순한 동물과 달리 상호교감에 의한 쾌감을 배가하는 만큼 책임을 부과하고 있다. 즉 혼인을 전제로 해야 하는 것이다. 물론 이성적인 인간은 상호간의 책임을 전제한 성생활이 적합할 것이다. 왜냐하면 부계우월주의에 의해 배양되는 성 탐욕으로 인해 만들어지는 가족해체로 반사회적 인격이 형성되거나, 에이즈의 확산 등 수많은 문제를 유발하고 있기 때문이다. 다시 말해서 부계우월적인 성문화를 극복할 수 있는 새로운 정치문화에 의해서 모계우월적인 성문화가 형성되어야 할 만큼 성도덕이 무너졌음을 말하는 것이다. 하여 양극화로 인하여 형성되는 빈곤층의 확대가 매매춘의 원인이 되고 있다는 점을 생각해볼 때, 탈 부계적인 새로운 정치경제제도를 성립하여 모계적 분배양식이 세계화되어야 함을 알 수 있다.

또한 자본주의사회는 경제적 차이의 비교로 인한 차별을 극복하기 위해 필요 이상의 과잉경쟁을 유발함에 따라, 타인이 불행할 때 행복을 느끼는 비정한 사회를 만들어가고 있다. 그리고 1대 99라는 절대적 양극화로 인한 절대빈곤층의 확대, 매춘의 급증 등으로 자연법적인 인간존엄은 이미 의미를 잃었다고 볼 수 있다. 이는 오늘날 자연적으로 발생하는 매춘 수요를 넘어 폭발적인 수요는 현대의 개방적 성문화에 원인이 있다기보다 인간의 상품화와 더불어 수요개발에 의한 것으로 볼 수 있기 때문이다. 이처럼 근대사회의 인간존엄은 자유경쟁을 위한 명분일 뿐 자연법사상의 인간존엄과는 상당한 거리가 있음을 알 수 있다. 실제로 자본주의가 소비촉진을 위한 유혹, 성적자극 등 필요 이상의 자극으로 매춘 수요가 무한히 증대하는 만큼, 인간의 상품화와 양극화로 인한 공급이 확대되어 감에 따라 인간을 타락케 하여 스스로 인간이기를 포기하게 만들어 가고 있기 때문이다.

예를 들어 우리나라 통계청에서 2007년 7월에 발표한 '2007년 통계로 본 근로 여성의 삶'에서 여성 가구주가 1975년 85만 명에서 2007년 현재 321만여 명에 이르러 약 4배가 되었으며, 이는 전체가구 수의 약 20%(2010년 22%)에 이르는 가운데, 남성 대비 임금 차이는 63.4%이며, 고용은 50.3%가 되었으나 거의가 서비스업이나 비정규직임을 통계로 나타나고 있다는 사실에서 이해할 수 있다. 즉 선진자본주의 국가가 독점한 첨단과학기술, 정보통신망, 초국가적인 다국적기업, 국제금융자본의 운용능력 등 지식정보측면에서 우월적인 능력을 갖추고 있음에 따라, 가능해진 신자유주의이념이 냉전시대의 고전적 자본시장의 투자와 달리 고수익을 위한 투기적 투자, 적대적 기업합병 등으로 세계의 수많은 기업이 합병이나 도산과 더불어 양극화가 가속화되면서 사회적 약자나 여성은 벼랑끝으로 몰리고 있는 것이다.

이는 초기자본주의(자유방임주의)에서는 규모가 작은 공급자 중심의 경제임에 따라 경제성장과 함께 노동시장이 어느 정도 균형을 이루었지만, 오늘날 천문학적 경제규모로 발전한 세상에서 기술적 우위에 있는 선진국을 중심으로 한 신자유주의가 노동시장의 붕괴를 가속화한 결과로 볼 수 있다. 이는 원칙적으로 국가 간섭을 배제하며 복지책임을 개인에게 전가하는 신자유주의가 대안으로 등장한 데서 이해할 수 있다. 즉 자본주의는 시간이 경과할수록 중산층을 몰락케 하는 양극화로 인하여 유발되는 고실업으로 복지수요의 폭발적인 증가로 재정이 감당할 수 없게 만들어가기 때문이다.

이는 복지경쟁을 벌였던 냉전체제가 붕괴하게 됨에 따라 자본주의 속성에 충실한 신자유주의로 전환하게 된 사실에서 이해할 수 있다. 즉 양극화로 인하여 증대된 국가의 복지 부담은 한계에 이르게 됨에 따라 비복지적인 사회가 된 것이다. 하여 자본주의가 세계화되고, 심화된 신자유주의는 생태적으로 복지적인 여성에게 매우 불리하게 전개되고 있음을 알 수 있다. 이는 자본주의가 200여 년이라는 짧은 기간임에도 불구하고, 부의 양극화로 부패와 매춘의 폭발적 증가, 향락산업, 변태 등이 만연하는 가운데 노골화된 사실에서 알 수 있다.

이처럼 절대주의적인 양극화를 유발하는 자본주의는 상대주의적 균형을 전제한 민주적 생활양식과 배치됨에 따라 역사 발전에 역행하는 성도덕의 붕괴로 나타난다고 할 수 있다. 하여 오늘날 대량생산, 대량소비로 만들어지는 빠른 양극화와 '풍요속의 빈곤'을 경험하면서 지구촌시대와 부합되는 모계적 분배양식을 구현하는 새로운 정치체제가 세계화되는 것을 기대하게 되었다. 예를 들어 여성은 인간을 상품화하는 자본주의가 자신들에게 불리함을 경험하였으며, 과소비, 환경오염 등으로 인한 자연재앙, 자원고갈, 인격장애, 타락한 성문화, 비인간적 심성배양, 인간성 황폐화 등으로 인한 위험한 사회를 극복하기 위해 만들어진 녹색환경운동에서 시작해서 녹색당까지 창당된 사실에서 이해할 수 있다.

아무튼 자본주의가 발달할수록 매춘이 발달한다는 사실을 서진영의 다음 글에서 참고가 될 것이다. "매춘여성은 자본주의 사회의 빈곤과 실업 돈의 지배 그리고 잘못된 성윤리와 가부장적인 가족의 희생물이다. 이들 여성이 매춘을 하게 되는 가장 큰 동기는 빈곤이고, 그 다음은 강간 등의 성폭행 경험과 가정불화로 인한 가출이며, 세 번째는 실연 등 남녀관계에서의 상처다.(대개는 육체관계로까지 발전했거나 임신까지 한 뒤 버림받은 경우)…

실직 저임금에 중노동, 가족부양의 부당 등으로 허덕이는 막다른 골목의 여성들, 노동력을 파는 것조차 거부당한 여성들이 이제 자기 몸을 파는 것이다. 그러나 이 가련한 희생물 위에서 타락한 포주들, 기동서방들, 인신매매꾼들뿐만 아니라 그보다 조금도 덜 타락하지 않은 경찰을 비롯한 공적인 체계가 그 피를 빨고 있으며, 나아가 타락과 인간소외를 필수불가결한 요소로 하고 있는 부르주아 사회체제 자체가 의존하고 있다."(86) (서진영, 267p)

"그러나 그들은 단지 자신이 매춘을 소비하는 데 그치지 않는다. 그들은 이를 생산한다. 그것은 단순히 그들이 여자들을 실업으로 몰아넣어 몸을 팔지 않을 수 없게 한다는 의미에서만이 아니라 여성의 성이 상품화되자 자본은 이것을 다시 돈벌이의 수단으로 삼는다. 섹스산업의 성장은 가부장제 속에서 소외된 성과 자본의 후안무치한 탐욕과 황금숭배의 창작품이다."(87) (서진영, p.282)

3. 부계혈통주의의 퇴출

남녀동일상속

태고로부터 오늘날까지 변함없이 이어지는 여성의 출산양육은 현재를 있게 하는 재창조로서 매우 중요한 일이다. 이는 모권사회에서 여성이 우월적 지위에 있었던 이유로 볼 수 있다. 하지만 부계사회로 발전하면서 복잡성의 증대로 남성들의 능력이 향상된 반면, 생태적으로 복지적이며 가사노동을 해야 하는 여성은 남성에게 종속되었다. 즉 가부장제국가에서 남성의 경우 부계동일체와 같은 반면, 여성은 원자화되어 모래알과 같은 상태로 부계에 종속되었던 것이다. 이러한 구조는 남성들의 군혼적인 욕망을 유발하게 됨에 따라 성이 문란하게 된 결과, 오히려 여성에게 정조의 의무를 부담케 한 원인으로 볼 수 있다.

이는 부계동일체로서 하나의 지배세력을 형성함에 따라 개별화된 여성은 조직화를 할 수 없었기 때문에 피해자면서 벌까지 받는 모순을 알고 있음에도 불구하고 감수한 삶을 살았다고 할 수 있다. 즉 부계사회가 여성들이 정조를 지키기 어려운 환경을 만들었음에도 불구하고, 지키도록 강제당한 패잔병과 같은 처지에 있었던 것이다. 하여 남자들의 애정이 없는 과잉한 성욕을 빗댄 말로서 '치마만 두르면 여자'라고 하는 말에서 이해할 수 있듯이, 여성의 수가 몇 배가 있어도 해결할 수 없는 상황을 알고 있음에도 불구하고 여성에게만 책임을 전가하는 것은 나쁜 것임을 알 수 있다.

이는 식욕은 생물학적인 한계가 있지만 성욕은 문화적인 배경에 의해 조절될 수 있음에도 불구하고, 체제를 개선할 의지가 없었기 때문이다. 따라서 소유와 성욕은 문화적인 바탕과 상관관계가 있음을 생각해볼 때 바람직한 성문화를 조성하기 위한 탈 부계적인 여성주도의 성문화로 토양을 바꾸기 위해 모계적 분배양식을 근간으로 하는 적극적 복지사회로 역사발전 하는 것이 바람직함을 알 수 있다.

물론 모계신본주의사회가 영적 진화를 위한 인간의 수련장으로 생각한 지구에서 여성고유의 일로서 종교와 관련된 문화, 예술품, 공연 등의 일이나 대가족의 복지, 제사에 관련된 일을 하면서 남녀평등을 이루었던 사실은 참고가 될 것이다.

물론 오늘날 자본주의사회가 인간의 상품화와 양극화의 심화로 인한 인간성 황폐화와 더불어 여성이 계속 불리하게 되는 가운데, 수많은 여성들이 강도강간, 성폭행, 폭력, 피살 등이 점증하는 위험한 사회를 극복해야 하기 때문이다. 특히 인간의 구심력을 이루고 있는 모성성이 지나치게 훼손된다면 모계적 가치로서 네트워크를 근간으로 하는 지구촌사회를 살아야 하는 신인류는 과거와 달리 지속불능의 상태가 되기 때문이다. 하여 모계신본주의사회처럼 여성이 성교독점권을 가졌던 것과 같은 바람직한 성문화를 정착하기 위해 도덕적 비판을 받는 성적 자극을 하면서까지 극단적 경쟁으로 자본축적을 할 필요가 없는 모계적 분배양식을 근간으로 하는 '모민주의' 정치경제제도가 세계화되어야 함을 알 수 있다.

아무튼 가부장제사회에서 대다수 여성은 생존을 위해 혼인함에 따라 혹자 남편의 외도나 가혹한 폭력에 시달려 억울했음에도 불구하고 인내하며 살아야하는 경우가 많았다. 예를 들어 조선 중기 여성은 혼인하면서부터 '출가외인'(出嫁外人)이라고 하였으며, '처가와 변소는 멀리할수록 좋다'고 한 격언에서 잘 이해할 수 있다. 이는 부계혈통주의에 의해 여성은 혼인을 함으로써 소속이 달라지는 현상을 두고 여성의 삶은 부초(물에 떠다니는 풀)와 같다고 하여 운명으로 받아들인 사실에서 이해할 수 있다.

즉 여성은 어떠한 의미에서 혈연에서 제외된 존재였던 것이다. 예를 들어 만약 여성이 이혼할 경우, 무소속으로 불행한 삶을 살았던 사실에서 이해할 수 있다. 물론 한민족의 전통종교인 무교에서 여제사장이 제사를 주도한 것처럼 조선 중기 이전에는 여성도 가족의 제사를 주관할 수 있었으며, 모권사회에서 비 혈통적인 모계상속으로 이어졌던 것처럼 여식에게도 유산을 물려준 사실로 볼 때, 조선 중기 후 유교가 공고화되었을 때부터라고 볼 수 있다. 하여 한민족 여성의 경우 혼인 후에도 성씨(姓氏)를 갖고 있음에 따라, 중기 이후 '출가외인'이라는 용어가 등장한 것으로 볼 수 있다.

정조의 상호주의

남성들의 씨 논리인 부계혈통주의의 공고화로 부계는 우월적 지위를 갖게 된 반면, 여성은 자연의 일부처럼 대상이 됨에 따라 열등적인 지위로 상속에서 제외되었다고 할 수 있다. 이는 씨(씨앗) 논리를 근간으로 하는 부계혈통주의가 전체주의사회로 진보케 하면서 여성이 성적 존재로 전락케 했기 때문이다. 즉 부계사회의 등장으로 모권사회가 보증한 성교독점권을 잃었으며, 출산을 제외한 여성의 고유한 일들인 종교와 복지 등이 부계로 거의 전부가 이전되었을 때부터 객체가 되었던 것이다. 다시 말해서 동료로서 남녀는 동일한 주체임에도 불구하고 부계혈통주의가 의식을 지배함에 따라 여성은 씨받이처럼 객체로 변모하여 성교가 상호교호작용하는 자연법칙과 배치되는 지배복종의 관계로 변질되었음을 말하는 것이다.

즉 부계사회는 비 혈통적인 모계적 자기보존본능을 부계혈통으로 대치함에 따라 여성이 부계혈통을 위한 수단으로 전락했던 것이다. 예를 들어 종교사회였던 모계사회는 씨족 가운데 우수한 여성이 상속을 받았지만, 부계사회에서 여성은 부계혈통을 생산하는 수단이 됨에 따라 무능한 남성일지라도 상속한 사실에서 이해할 수 있다. 하여 여성은 마치 자연물처럼 대상이 되어 출산양육의 의무만 있을 뿐 여성들은 소외되어 있음에 따라 구조적으로 독자적인 세력을 형성할 수 없었음을 알 수 있다. 물론 독립적이고, 배타적인 부계혈통주의가 여성의 정조의무를 중시함에 따라 자신의 몸임에도 불구하고 자신의 것이 아닌 것처럼 생각하여 몸과 마음이 방어적으로 변모하여 수동적 태도가 만들어진 것도 조직화가 어려웠던 이유로 볼 수 있다.

이는 성악설에 근거한 악의에 찬 억압을 위한 법과 제도를 생성하였던 구시대의 나쁜 국가의 경우 여성을 불만세력의 표적으로 만들었던 사실에서 이해할 수 있다. 이는 마치 주차장을 학보하지 않은 상태에서 주차위반 딱지를 마음만 먹으면 붙일 수 있는 경우처럼, 남녀불평등을 공고화할수록 남성이 더 많이 유리하기 때문으로 볼 수 있다. 하여 부계혈통주의가 여성의 삶을 곤경에 빠트리게 했을 뿐만 아니라 오늘날 위험한 사회를 형성하게 된 원인으로 볼 수 있다.

따라서 부계주의 세상에서 배양된 남성의 성욕은 과도하여 만들어진 나쁜 결과를 고려해 볼 때, 부계주의의 종말을 준비해야 함을 알 수 있다. 특히 부계사회의 등장으로 인하여 형성된 과도한 성욕으로 여성이 정조를 지키기 곤란함에도 불구하고 여성에게 책임이 있는 것처럼 구조화한 일방적인 설정은 원천무효였던 것이다. 즉 부계사회가 여성의 생태적 특성을 무시하고 합리화한 10대 1의 극단적인 남녀불평등의 결과인 '정조 죄'를 만든 자체가 코미디임을 말하는 것이다.

다시 말하면 자신은 지키지도 않으면서 여성에게만 강요하는 것은, 마치 절대군주가 자신은 지키지도 않는 법을 만들고 집행하면서 법을 초월하였던 것처럼 이율배반적인 것으로 볼 수 있음에 따라 성도덕을 말할 자격(권리)도 없다는 의미이다. 하여간 남성들은 출산을 제외하고 종교나 정치경제 등 모든 것을 독점함에 따라 남성은 여성의 생사여탈권을 갖게 되었고, 정조를 죄로써 다스릴 수 있었으며, 근대민주주의사회가 성립된 후에도 정서로 남아 있다는 점에서 남성 천하였다고 할 수 있다.

하여 부계혈통주의가 오랫동안 공고화한 결과, 정치에서 소외된 여성들은 남성을 보조하는 성적 존재가 되었음을 알 수 있다. 이는 인본주의를 근간으로 하는 근대사회를 살고 있음에도 불구하고, 절대주의 시대처럼 현실적으로 여성의 정조 문제에 대해서 아직도 민감한 문제로 남아 있다는 점에서 이해할 수 있다. 물론 똥 묻은 개가 재 묻은 개를 나무란다고 하는 속담처럼, 인간의 정조 의무를 남성이 더 많이 어기면서 여성의 정조에 대해서 민감한 것은 모순이다. 즉 지구촌사회를 살아가는 신인류의 정조 의무는 상호주의로서 남녀가 다 같이 지켜야 하는 성질임에 따라 부계혈통주의를 근간으로 하는 부계편도의 성문화는 퇴출되어야 하는 것이다. 하여 구시대 부계우월적인 성문화가 오늘날까지 여전한 가운데 자본주의가 부추기는 인간의 상품화로 인하여 여성이 불리함에 따라 모계신본주의사회처럼 모계편도의 성문화가 정착되어야 함을 알 수 있다.

II

적극적 복지사회

1. 적극적 복지사회의 세계화

근대사회가 성립된 후 민주적 생활양식이 보편화되었음에도 불구하고, 구시대처럼 학대를 받으면서도 숨죽이고 살아가는 여성이 많았다. 이는 모계신본주의사회의 가치로서 근대민주주의 사회의 가치인 여성의 특성인 평화적, 분권적, 수평적, 복지적, 민주성 등이 부계사회의 등장으로 오랫동안 비주류로 있었기 때문이다. 예를 들어 절대유일신이 불확실한 존재로 생각함에 따라 르네상스시대를 살았음에도 불구하고, 여성폄하는 여전하여 17, 18세기까지 초야권이 있었던 사실과 더불어 산업혁명으로 소가족제도가 보편화되었으며, 시민혁명으로 자연법사상을 근간으로 하는 근대사회가 성립되었음에도 불구하고 여성은 여전히 10대 1 정도의 불평등과 가정폭력에서 벗어날 수 없었던 사실에서 이해할 수 있다.

한편으로 전통 한국의 경우, 대가족제도에 의해 집안어른이나 이웃들의 눈치를 살펴야 하는 입장에서 여성에 대해서 가혹행위나 폭력은 거의 없었지만, 일제부터 인구의 도시집중으로 소가족제도가 보편화되면서 가정폭력이 증가하게 되었다. 물론 양반문화를 지향하였던 한민족은 난폭한 행동이나, 억지를 부리거나, 쌍욕을 못하는 선량한 민족이었다. 이는 한민족 여성들이 양반문화에 의해 인권유린이나 폭력에 의한 학대를 받지 않았음을 일제의 혹독한 헌병통치에서 살면서도 아름다운 마음씨로 후손의 행복한 인생을 위한 간절한 기도를 매일 새벽에 한 사실에서 이해할 수 있다.

하지만 일제헌병통치의 억압으로 공포가 일상화된 가운데 수탈로 인한 절대빈곤층의 증가로 직업을 구하기 위해 도시로 왔던 가족들은 가정폭력으로 가정불화가 많았으며, 해방 후 사회혼란과 6·25전쟁이나 자본주의의 심화과정을 겪으면서 인구의 도시집중현상 등으로 소가족제도가 보편화되면서부터 유발된 가정폭력이 심각한 사회문제가 되었다는 점에서 한민족의 고유한 특성이 사라지기 시작했다. 즉 한민족이 폭력적이고 무례한 사람을 쌍놈이라 경멸하였지만 일제의 무자비한 극단적 폭력을 경험함에 따라 중용을 생활화하여 극단적인 것을 싫어하는 온순한 기질을 스스로 우유부단함으로 자학을 하였으며, 이어서 해방 후 동족상잔이라는 끔찍한 일까지 겪는 등 깊은 상처로 인한 자기부정의 결과인 것이다.

인간의 상품화로 불행하게 된 여성

인류는 초기자본주의로 인하여 만들어진 제국주의시대를 겪으면서, 인류의 반인 여성들은 비복지적인 자본주의의 위험성을 인식하여 탈자본주의를 위한 결사를 하였다. 즉 자본주의가 인간을 상품화하면서 여성의 성이 가장먼저 상품화되고 폭력의 위협을 당했기 때문에 탈자본주의를 요구했던 것이다. 이는 선진자본주의 국가에서 여성이 어떤 처지에 있었는가를 보면 다음의 예로써 이해를 할 수 있을 것이다.

"미국에서는 살인의 20-50%가 가정 안에서 일어나고 살인의 40%는 부부의 살인이며, 이들의 85%는 아내가 구타당해 살해된 경우라는 보고가 있고, 여자 피살자의 40%는 남편이 살해한 경우라고 한다. 독일에서도 여성 피살자의 22%가 남편의 폭행으로 죽었다 한다. 김광일의 조사에 따르면 구타당하는 아내의 61%가 치명적인 상처를 입은 적이 있는데, 골절이 41%, 탈구 21%, 안구탈출 안구파열이 6%, 칼 등 예리한 물건에 찔린 상처가 21%, 임신한 아내를 때려 유산한 경우가 29%나 되었고, 두개골절이 2명, 안구파열에 의해 안구가 튀어나온 경우도 있었다.… 93%는 구타 이외에 말로 협박하고 욕을 하는 것이 습관화되어 있었는데 상스러운 욕에서부터 상대방의 체면과 자존심을 몹시 상하게 하는 말을 하고 죽으라고 저주하거나 죽인다고 협박하기로 한다."(88) (서진영, 『여자는 왜』, 동녘, pp.250~251)

또한 "김광일의 연구대상 중 54%가 아내구타 후 강간하는 것이 관례로 되어 있는데 구타당한 후 공포와 모멸감 그리고 상처의 아픔 때문에 여성에게는 성교할 의사가 전혀 없는 상태에서 남편이 폭력으로 성교를 감행하는 것이다."(89) (서진영, 251p) 이처럼 사고로 다치는 경우보다 가부장이나 남성들의 폭력에 의해서 부상을 입는 경우가 더 많음을 이해할 수 있다. 물론 남성이 출산할 수 없음에 따라 신체적으로 유리한 성충동이 강력한 만큼, 상대적으로 오늘날 여성들은 적극적으로 방어하고 때로는 공격하는 경우가 많아지면서 충돌이 많아지기 때문이다.

뿐만 아니라 부계주의적인 자유주의와, 모계주의적인 민주주의를 혼합한 자본주의가 민주주의를 절차적 정의로서 수단에 머물게 한 반쪽 민주주의가 남녀 상호간의 충돌을 부추기고 있기 때문이다. 즉 모계적 가치를 근간으로 하는 민주주의가 부계와 모계가 균형을 이루는 체제로 공고화되어야 함에도 불구하고, 부계가 정치권력을 독점한 데서 원인이 있는 것이다. 다시 말해서 부계와 모계의 두 축이 견제와 균형을 이루어야 하는 지구촌시대가 되었음에도 불구하고, 부계 일변도의 권력구조에서 벗어나지 못하는 시대착오의 결과임을 말하는 것이다.

문제는 부계편도의 권력구조와 부합되는 신자유주의의 원칙을 고수함에 따라 생태적으로 복지적인 여성들에게 치명적이며, 양극화로 인하여 사회발전의 중추 역할을 하는 중산층이 희박해지면서 인간의 연대성이 무너진 위험한 사회가 고착화된 것이다. 뿐만 아니라 부계주의의 경제제도로서 자본주의가 만드는 절대적 양극화는 가족해체가 증가되어 결손가정 자녀가 많아짐에 따라, 반사회적인 인격형성으로 사회적 비용의 폭발적 증가로 이어지고 있다. 하여 천부인권의 실효성을 보장하기 위한, 모계적 가치인 '천부소유권'을 근간으로 하는 새로운 모계적 분배양식을 위한 정치경제제도가 성립되어야함을 알 수 있다. 즉 여성이 적극적 복지사회의 구현을 위한 생활정치의 주역이 되는 체제의 성립을 말하는 것이다.

생태적으로 복지적인 여성

산업혁명과 시민혁명에 의해 성립된 근대사회는 여성의 사회 참여를 가능케 했다. 하지만 대다수 여성의 경우 저임금의 허드렛일이나 비정규직 등으로 마치 문어가 자신의 꼬리를 먹는 것처럼 소모적인 삶을 살았다고 할 수 있다. 물론 당시 여성인권이 획기적으로 개선되지 못했지만 구시대와는 비교할 수 없을 만큼 신장이 되었다. 하지만 경공업 중심이었던 초기자본주의에서 여성은 대가를 치러야 했다. 즉 노예제도가 폐지되면서 여성 노동자가 노예 노동자를 대체하였던 것이다.

그리고 오늘날 제2차 산업혁명인 중화학공업을 넘어 오늘날 제3차 산업혁명인 첨단과학기술을 근간으로 하는 정보화시대가 되면서 여성의 경우 남성을 보조하는 고전적인 일자리조차도 기계로 대체되어 저임금조차 줄어가고 있는 현상으로 인하여 경제적 독립도 어려워져가고 있음을 생각해 볼 때, 자본주의와 여성은 어울리지 않음을 이해할 수 있다. 하여 부계적인 분배양식을 근간으로 하는 사회는 여성이나 사회적 약자에게 불리하며 사회적 약자를 양산하게 됨을 알 수 있다. 실제로 첨단과학기술의 발달로 인한 양극화가 형성되면서 유발되는 높은 실업률이 복지 축소를 지향하는 신자유주의를 만들었다. 이처럼 자본주의 속성에 충실할수록 사회복지도 소홀해질 뿐만 아니라, 많은 여성이 서비스업으로 몰리는 경향으로 인하여 만들어지는 도덕적 타락이나, 가족해체, 범죄증가 등으로 인한 복지수요와 치안비 등의 사회적 비용이 폭발적 증가되는 악순환에서 벗어날 수 없음을 알 수 있다.

즉 아무도 책임질 수 없는 상태가 되는 것이다. 이는 모계적 속성을 근간으로 하는 민주주의 정치가 부계적 속성을 내재한 경제적 자유주의를 통제할 수 없었던 결과로 볼 수 있다. 하여 자본주의 분배양식은 인간을 타락케 함을 역사적 경험으로 알게 됨에 따라, 존재의 삶을 가능케 하는 모민주의 분배방식으로 진보하는 것이 바람직함을 알 수 있다. 즉 사회조직의 기초인 가족은 사회를 지탱해주는 중요한 역할을 한다고 볼 수 있음에 따라, 모성에게 정부가 가족복지를 위해 '소유상하한제'로 잉여 되는 가치를 모성에게 수당으로 지급하는 새로운 분배양식을 말하는 것이다. 이는 가정에서 모성이 배려, 보살핌, 출산, 양육, 건강 식탁, 청결 등 일정한 복지노동을 인정하여 정부가 보상하는 체제라고 할 수 있다. 이를 두고 적극적 복지국가라고 한다.

아무튼 신자유주의는 야경국가 수준의 국가를 구현코자 함에 따라 자본주의 속성에 충실했던 초기자본주의와 여러 면에서 흡사하다. 물론 공산당의 퇴출로 인하여 인간의 배타적 소유욕인 탐욕을 배양하는 자본주의체제의 정당성은 더욱 확고해진 결과로 신자유주의가 만들어졌다. 하지만 부계적 분배양식으로서 자본주의는 세계적양극화를 초고속으로 달성함에 따라 더욱 위험한 사회를 형성하고 있다. 예를 들어 자본주의를 시작한 지 약 200년 정도이지만 세계적 양극화와 더불어 오늘날 70억 인구 중 대다수가 빈곤층으로 전락하고 있으며, 인간임을 포기해야 할 정도로 적나라한 향락산업과 더불어 도덕적 타락을 유도하는 퇴폐적 문화가 보편화되고 있을 뿐만 아니라 섹스를 상품화한 산업은 날로 번창하고 있는 사실에서 이해할 수 있다.

물론 자본주의를 거부하며 퇴출을 전제로 한 테러가 증가하고 있다. 하지만 테러로 문제 해결을 하기보다 인간은 합리적이며 지혜로운 존재임에 따라 새로운 모계적 분배양식을 선택할 것이다. 이는 인간은 스스로 인간다운 삶을 위한 새로운 가치를 끊임 없이 창조하고 사회협동을 한 결과, 오늘날의 고도과학문명을 이루어 지구촌사회를 만들 수 있는 영적 존재이기 때문이다. 아울러 선하기 때문에 인간으로 태어났다고 한 모계신본주의사회의 믿음과 일치하는 양심을 통해 형성된 인류의 각성으로 인하여 문명화된 것을 확신할 수 있기 때문이다. 따라서 인간스스로 선하게 살 수 있는 적극적 복지사회의 세계화로 역사 발전케 하는 것이 인간의 출생 목적임을 이해할 수 있다.

능력이 배양된 여성

부계혈통주의가 주류를 이룸에 따라 남성은 세력을 형성하기 쉬운 반면, 여성의 경우 부계혈통주의를 보조하는 입장임에 따라 세력자체를 형성할 수 없었다. 즉 부계혈통주의로 인하여 여성을 혈통보존 수단으로 종속케 됨에 따라 대다수 여성이 경제적 독립이 불가능하였던 것이다. 예를 들어 인간이 상품화되는 자본주의 생산양식에서 절대빈곤층의 여성의 경우 자녀 부양과 생존을 위해 매춘을 했던 역사적 사실을 통해 이해할 수 있다.

이처럼 경제적 독립이 불가능함에 따라 가부장이 부를 축적할 경우, 외도나 굴욕적인 멸시, 수모 등을 겪게 되었던 것이다. 하여 매춘의 발생을 근원적으로 차단할 수 있는 '천부소유권'을 보장하는 적극적 복지국가가 성립되어야 함을 이해할 수 있다. 따라서 지구촌시대를 맞이한 신인류는 양극화현상을 극복하기 위해 인간의 '천부소유권'을 사회적 합의로 인정하여 물적 기초를 보장하는 모민주의 분배양식인 '소유상하한제'로 적극적 복지사회의 구현을 세계화하여 매춘 자체가 소멸되게 해야 함을 알 수 있다.

뿐만 아니라 자본주의가 무제한 소유를 정당화하여 무한한 탐욕을 배양함에 따라 한정된 지구의 자원을 낭비하거나, 환경오염으로 질병확산이나, 산재로 인한 노동력 상실 등으로 다수가 빈곤층으로 전락되는 가운데 인간성 황폐화가 빠르게 진행되어 인류는 새로운 위기를 맞고 있기 때문이다. 즉 적어도 수억 년에 걸친 경이로운 생명의 기적을 무시하며 당장의 편리함이나 욕구충족 등을 위한 삶을 추구한 결과에 의해 재앙을 맞고 불행한 인생을 살게 되는 것이다.

하여 자본주의를 수정하였음에도 불구하고 위험한 사회로 나빠졌다면, 탈 부계적인 새로운 모계적 분배양식을 근간으로 하는 모민주의의 성립을 위한 사회적 합의를 해야 함을 알 수 있다. 즉 부계적 가치가 주류를 형성한 사회에서 모계적 분배양식으로 진보하기 위해 모계와 부계가 균형을 이루는 모민주의 정치체제가 성립되어야 하는 것이다. 이는 근대사회가 성립되었다 할지라도 여성이 정치력을 발휘할 수 없었던 사실을 상기한다면 앞의 사실을 긍정할 수 있다.

그리고 부계적 가치가 일반의사로 되어 있는 척박한 환경에서 비교적 단기간에 정치세력을 형성하여 남녀평등이 차별금지법으로 어느 정도 실효성을 갖게 된 사실이나, 여권신장을 권고하거나, 여성 NGO가 국내정치에 압력을 행사하거나, 녹색생명운동을 위한 국제적 NGO의 중심에서 독자적이고 조직화된 힘을 갖추는 등을 통해 여성이 정치적 감각이 상당함이 입증됨에 따라 생활정치가 가능하게 되었음을 알 수 있다. 이는 법이 본질적으로 불문법처럼 판례에 의존하고 있으며, 더불어 정서에 부합되는 판단을 함에 따라, 여성에게 불리한 것이 사실임에도 불구하고 극복하고 있음을 볼 때 실현가능함을 알 수 있다.

즉 부계사회가 등장한 후 가족복지만을 담당하고 수천 년에 걸쳐 사회적 합의에 직접적인 참여를 못했으며 종속적인 지위에 머물러 있었음에도 불구하고, 불과 100년 정도에 걸쳐 획기적인 여권신장을 이룩한 점을 상기해본다면 여성이 민주정치에 적합함을 알 수 있는 것이다. 예를 들어 현실적으로 자본주의사회에서 사는 인간의 삶은 급박한 문제가 많음에 따라 힘이 뒷받침되지 않는 인권은 선언적 의미로 머무르기 쉬운 것이 사실임에도 불구하고, 여성들은 인권운동과 더불어 인류의 지속가능한 삶을 위한 생명운동으로서 녹색환경운동을 조직화한 비정부기구가 세계정부처럼 각국에 권고하는 역할을 하고 있다는 사실에서 이해할 수 있다.

하지만 오늘날 동등한 교육의 기회와 더불어 남녀평등을 익히고 있음에도 불구하고, 현실적으로 부계혈통주의가 엄연하게 사회정서로 자리하고 있는 것은 문제가 되고 있다. 이는 여성의 경우 교육과 현실이 다른 표리부동한 상황을 인식하고 있음에 따라 여성은 내심 기존질서에 대한 반항심으로 인하여 인격 장애를 겪거나,

더욱 발전할 경우 가정불화의 원인이 되기도 하기 때문이다. 다시 말해서 현실적으로 부계혈통주의가 엄연히 존재함에도 불구하고 남녀평등을 교육받는 여성의 경우 죽도 밥도 아닌 어중간한 입장에 표류하고 있음을 말하는 것이다. 예를 들어 여성들이 현재의 모순을 해결코자 하는 의지로서 페미니즘(여성사회주의)이나, 녹색생명운동NGO 등에 참여한다는 사실에서 이해할 수 있다.

하여 이러한 갈등은 여성들이 소외감을 갖게 될 뿐만 아니라, 때에 따라서는 현실적응을 위한 가부장의 노력을 원망이나 공격하게 되는 원인으로 볼 수 있다. 물론 남녀평등을 가르치는 학교교육과 전혀 다른 불평등한 현실을 가르쳐야 하는 가정교육으로 인하여 가부장은 이중고를 겪고 있다. 하여 가족부양 능력은 위축되고 있는 입장이 됨에 따라 가부장은 권한보다 책임이 더 많은 빛 좋은 개살구로 전락했음을 알 수 있다. 즉 스스로 가부장제를 벗어던져야할 때가 되었음을 말하는 것이다. 예를 들어 고강도의 경쟁이 일상적인 현대자본주의에서 원자화된 개인의 삶을 살게 함에 따라 중압감이 심각한 수준에 이른 수많은 가부장이 삶을 포기한 사실에서 이해할 수 있다.

하여 오늘날 가부장은 대표성만 있을 뿐 권위가 약화되었음에도 불구하고, 수천 년에 걸쳐 공고화된 가부장제에 의해서 가정의 모든 책임을 져야 한다는 것은 불합리함을 알 수 있다. 즉 오늘날 무한경쟁을 지향하는 신자유주의 세상에서 살아가는 남성의 능력은 양극화로 우열이 뚜렷하게 나타나고 있는 가운데 한 가족을 이끌만한 경쟁력을 갖춘 가부장들조차 신자유주의가 공고화될수록 전문성의 부족으로 다수가 경쟁에서 탈락되고 있는 것이다. 다시 말해서 오늘날 양극화로 대다수 가부장이 힘겨운 생활을 하고 있음을 볼 때, 남성들 스스로 모계적 분배양식을 성립하기 위해 결사해야 할 입장에 있음을 말하는 것이다.

즉 오늘날 위험한 사회를 극복하기 위해 필요한 녹색생명운동의 정치화와 부계와 모계가 견제와 균형을 이루기 위한 각각의 한축으로 제도화하여 적극적 복지사회의 구현을 위해 '모민주의' 체제의 세계화를 위한 결사인 것이다. 물론 자본주의가 양극화를 빠르게 형성하면서 빈곤층의 확대로 가족해체나 독신증가 등 수많은 문제를 유발하고 있기 때문이다. 이는 동등한 교육과 직업훈련 등으로 여성들의 개인적인 역량이 커졌음에도 불구하고, 첨단과학기술시대를 맞이해서 대부분의 여성이 초기자본주의사회처럼 '생존을 위한 혼인'을 해야 할 입장이 된 사실에서 이해할 수 있다. 하여 부계적 가치를 근간으로 하는 자본주의에 대한 역사적 평가가 차가워진 결과에 의해 성립된 소극적 복지국가를 넘어 한 단계 더 업그레이드된 모계주의를 근간으로 하는 적극적 복지사회로 역사 발전해야 할 상황에 있음을 알 수 있다.

부계적 분배양식의 보편화

오늘날 제3차 산업혁명으로 정보화시대를 맞이한 인류는 과소비, 높은 교육수준, 전문화, 높은 실업률, 가족 내부의 욕구불만의 폭발 등으로 가부장이 부양 책임을 다할 수 없는 사회가 되었다. 예를 들어 오늘날 '가부장을 돈 버는 기계'라고까지 폄하하고 있을 뿐만 아니라, 가부장은 권위도 없이 부양 의무와 가족 대표로서 책임만 져야 하는 처지를 두고, '빛 좋은 개살구'라고 하는 데서 이해할 수 있다. 즉 가부장제사회에서 가부장은 부양의 책임이 구조화되어 있음에 따라, 모민주의 정치경제제도와 같은 근본적으로 사회체계의 변화가 없다면 가부장은 샌드위치의 입장에서 해방될 수 없는 것이다.

하여 부계 스스로 만든 자업자득의 결과로 볼 수 있음에 따라 스스로 여성에게 공동주체로서 역할분담을 요구하고, 그에 상응하는 모계적 분배양식의 구현을 하기 위해 적합한 정치경제제도가 성립되어야 해방될 수 있을 것이다. 왜냐하면 첨단과학시대에 이른 오늘날 고전적인 시간과 공간의 의미가 없어졌으며, 공룡기업군의 무한경협으로 인하여 형성된 세계적 양극화는 1대 99라는 절대치에 가까워져 높은 실업률과 빈곤층의 확산, 과잉경쟁의 유발 등으로 인하여 대다수 가부장은 몰락하고 있기 때문이다. 즉 거대 공룡집단 앞에 서있는 가부장은 무기력할 수밖에 없다는 사실을 스스로 인정하고, 여성이 복지주체가 되는 적극적 복지사회의 구현의 세계화에 적극 동참해야 하는 것이다.

왜냐하면 인간의 끝없는 욕망은 채워질 수 없음에도 불구하고 가능한 것처럼 욕구를 자극하는 '풍요속의 빈곤'으로 인해 만들어진 자본주의발 위험한 사회를 더 이상 방치할 수 없기 때문이다. 뿐만 아니라 탐욕을 배양하는 자본주의가 인간을 '경제적 동물'로 변모케 함에 따라, 인간다움의 하나인 나눔, 양보, 용서 등의 마음이 빈약하게 되면서 인간성 황폐화로 이어지고 있기 때문이다. 하여 영적 존재로서 인간에게 적합한 새로운 모계적 분배양식으로

'존재의 삶'을 살 수 있게끔 역사 발전해야 됨을 알 수 있다. 즉 오늘날 지구촌시대는 '백지장도 맞들면 낫다'라는 우리 속담처럼 지속가능한 사회가 되기 위해 다름을 존중한 협력이 필요한 시대가 된 것이다.

아무튼 무한경쟁의 결과로 중산층이 사라진, 파레토(Pareto, 1848~1923)가 주장한 20대 80의 양극화사회가 근대사회의 인간존엄정신을 훼손하고 있다. 물론 오늘날은 1대 99라는 절대적 양극화로 근대정신(모더니즘)은 의미를 잃었음에 따라 포스트모더니즘을 고민하고 있다. 다시 말해서 인간존엄을 구현하기 위해서 성립한 근대사회는 인간의 사회성과 개인성이 균형을 이루기 위해 부의 균형도 어느 정도 이루어야 하는 것을 전재로 하고 있음에도 불구하고, 이기심을 극대화하여 양극화를 유발하는 자본주의는 근대정신과 맞지 않다는 사실이 입증된 것이다. 문제는 자본주의사회는 과정보다 결과를 중시하는 경향으로 인하여 합법을 가장한 법의 잣대를 기만하여도 성공만하면 되는 것으로 생각할 경우, 자연법사상의 핵심 의제인 인간의 사회성이 파괴된다는 점이다.

하여 자연법사상을 근간으로 하여 일어난 시민혁명의 취지에 부합되는 적극적 복지사회로 역사 발전이 되는 것이 순리임을 알 수 있다. 이는 구시대의 절대주의적인 양극화를 거부한 시민혁명의 인권선언이 복지사회의 구현을 위한 선언이었기 때문이다. 다시 말해서 절대주의를 근간으로 하는 양극화는 이성적인 존재로서 인간과 불합치함을 선언한 것이다. 즉 시민혁명의 원동력인 철학적 상대주의(인본주의)가 절대봉건제를 퇴출하였던 것이다. 하여 구시대의 양극화는 배금주의 양극화와 동일함에 따라, 시민혁명 정신과 배치된다고 볼 수 있다. 따라서 시민혁명 정신은 온전한 민주주의로 적극적 복지사회의 구현에 있음을 이해할 수 있다.

반면에 자본주의는 근대사회를 성립케 한 시민혁명의 뜻과 배치되는 양극화를 만들고 있을 뿐만 아니라, 민주주의의 본질인 관용성, 복지, 분권 등과 어울리지 않는 신자유주의로 발전하였다. 이는 자유, 평등, 박애의 인권선언을 근간으로 하여 근대 민주주의사회가 성립되었음에도 불구하고, 마치 자유주의를 위해 근대사회가 된 것처럼, 인류의 이상인 민주주의가 자유주의를 위한 형식적 민주주의로서 수단으로 머물게 됨에 따라 자유주의적 분배양식을 민주적 결정인 다수결로서도 조절할 수 없기 때문이다. 다시 말해서 자유주의 원칙을 위한 절차적 정의로서 민주주의가 수단에 지나지 않음을 말하는 것이다.

물론 제국주의로 인한 참담한 역사적 경험이나 이에 반동한 사회주의의 등장이나 양극화 등을 통해서 민주주의는 경제적 자유주의를 위한 정치임을 이해할 수 있다. 하여 과당경쟁을 유발한 부작용의 결과인 지구온난화, 천재지변, 환경오염 등의 자연재앙이나, 양극화로 인한 범죄유발, 비용증대, 가족해체 등을 유발하는 경제적 자유주의에서 지구촌사회를 사는 신인류에게 적합한 경제적 민주주의로 진보해야 함을 알 수 있다. 물론 오늘날 무언가 불행한일들이 많이 유발될 수 있는 사회적 환경으로 인하여 만들어진 수많은 사회단체나 건강의료와 관련된 사업이 번창하거나, 보험과 같은 산업 등이 날로 번창하고 있을 상기해 볼 때, 자본주의가 처음 예상했던 것보다 훨씬 빠르게 위험한 사회가 되었음을 알 수 있기 때문이다.

뿐만 아니라 물질 풍요를 통해 인간해방을 구현하겠다는 자본주의는 독신이나, 가족해체, 환경오염, 온난화 등으로 나타나고 있기 때문이다. 하여 구시대의 권력양극화로 인한 부패를 시민혁명으로 타파하고 근대사회를 성립했던 것처럼, 지구촌시대를 살아야 하는 인류는 부의 양극화로 인하여 위험한 사회를 타파하기 위해 모민주의 분배양식으로 진보해야 할 때가 되었음을 알 수 있다. 다시 말해서 모성의 고유한 일자리인 복지를 주관하여 가족의 태양으로서 역할을 할 수 있는 모계적 분배양식이 보편화되어야 할 때가 되었음을 말하는 것이다.

'존재의 삶'을 위한 분배양식

첨단과학기술시대를 살아가는 오늘날 인류는 고학력을 필요로 한 고도기술이나 전문화 등을 근간으로 무한경쟁사회에서 살아남기 위해 과부하가 걸려 있는 가운데, 대다수 여성들은 우수한 남성들의 뒷바라지 수준의 비숙련, 저임금, 비정규직 등으로 삶의 질은 고사하고 생존하기도 어려울 정도의 소득으로 연명하고 있다. 예를 들어 우리나라 통계청에서 발표한 2004년도 여성 임금은 남성 대비 64.5%, 2009년도는 62.4% 정도에서 알 수 있듯이 저임금이 개선되지 않고 있으며, 고용은 전체의 반 정도로 숙련도가 낮은 일에 종사하고 있으며, 아울러 모자가정의 경우 지속적으로 가난하게 살 것으로 예상하고 있다는 사실에서 이해할 수 있다. 하여 공업화로 여성들의 일자리가 많아진 것은 사실이지만, 내용면에서 남성과 비교할 수 없을 만큼 저임금과 낮은 기술 수준에 머물러 있음을 알 수 있다.

더구나 양극화가 가속화됨에 따라 양산되는 사회적 약자의 보호를 위한 예산의 부족으로 인하여 여성의 삶이 점점 어려워지고 있다. 이는 자유주의가 소유권 보장을 우선함에 따라 어디까지나 사회적 약자의 보호를 위한 복지는 후순위이기 때문이다. 예를 들어 신자유주의 원칙에 충실한 무한경쟁으로 유발되는 충돌은 천문학적 사회적비용 부담이나 빈곤층의 양산에 따른 폭발적 복지비용 등으로 자본주의 정부는 후순위인 복지를 포기해야 하는 입장이 된 사실에서 이해할 수 있다.

그리고 오늘날 설비자동화와 모든 분야가 전문화함에 따라 만들어지는 고실업을 정부가 해결할 수 없게 되었다. 이는 오늘날 첨단기술시대에서 살아남기 위해 고학력, 고기술, 전문지식 등이 필요하게 됨에 따라 무한경쟁을 추구하는 신자유주의 세계에서는 고실업을 피할 수 없기 때문이다. 즉 오늘날 수많은 사람들이 실직과 비정규직의 증가와 더불어 청년실업률이 높아지는 이유인 것이다. 또한 오늘날 식탁은 공업화된 제품들로 가득하거나, 보살핌의 기업화나 양육의 외부의존 등 여성 고유의 대부분의 일이 기업화가 됨에 따라, 대다수 여성은 소득을 위해 일을 해야 하는 경우가 많아지고 있다. 하여 요란한 선전과 높은 빌딩, 거대한 산업시설, 쇼핑천국 등으로 일자리가 많은 것처럼 보이지만 실제로는 공급에 비해 수요가 적음을 알 수 있다.

문제는 절대적 양극화사회를 공고화하는 신자유주의의 극단화

경향으로 빈곤층 여성들이 매춘을 선택한다 해도 도덕적으로 매도할 수 없을 만큼 심각한 상황에 있음을 알았음에도 불구하고, 새로운 길을 찾기보다 오히려 자본주의에서 답을 찾으려 하고 안주하려는 태만함에 있다. 예를 들어 매매춘에 대해서 단속만 할 뿐 생계형 매춘이 자연 소멸되는 체제 성립에는 관심이 없다는 사실에서 이해할 수 있다. 하여 절대빈곤층의 경우 생존을 위해 유일한 재산인 자신의 몸을 마음대로 사용할 수 있어야 하겠지만, 근본적으로 매춘이 발생되지 않는 새로운 모계적 분배양식이 세계화되어야 함을 알 수 있다.

다시 말해서 오늘날 자본주의헌법이 자연법사상을 근간으로 해서 만들어졌지만, 양극화를 정당화하는 자본주의에서 빈곤자들 인권은 그림의 떡처럼 법적 실익이 없음에 따라 '천부인권'의 내용으로서, 자연법사상을 확장한 '천부소유권'을 보장하는 적극적 복지사회가 구현될 수 있는 정치경제제도가 세계화(보편화)되어야 함을 말하는 것이다. 이는 이미 모계신본주의사회가 인간존엄을 위한 분배양식인 공유제와 여성의 성교독점권을 보장하여 매춘이 없었던 사실을 참고할 수 있다. 예를 들어 모계신본주의사회가 인간존엄을 위해 필요한 물적 기초를 보장한 모계적 분배양식이 참고가 될 것이다.

이는 지구촌시대를 맞이한 인류는 '존재의 삶'을 살 수 있는 능력을 갖추게 된 인류가 위험한 사회로 퇴행할 수 없음에 따라, 삶의 질 향상을 위한 분배양식으로 역사 발전해야 하기 때문이다. 물론 태고부터 인간은 '나는 누구인가', '어디서 왔으며', '어디로 가는 가'

라는 숙제를 풀기 위해 살아가는 존재임에 따라 '존재의 삶'이 적합할 것이다. 하여 수많은 사람의 사회협동의 결과로써 첨단기술문명시대를 만든 사실 자체가 '존재의 삶'을 위한 준비로 이해할 수 있다.

따라서 구시대를 타파하여 성립한 근대사회를 넘어 포스트자본주의로서 온전한 민주주의로서 '모민주의' 정치경제제도로 역사 발전될 것을 예상할 수 있다. 즉 오늘날 지구촌시대에 맞는 자연법사상이 확장된 '천부소유권'을 보장하기 위한 새로운 모계적 분배양식을 근간으로 하는 공유제로 적극적 복지사회를 구현하기 위해 '모민주의'의 '소유상하한제'가 보편화될 것이다. 물론 태고로부터 있어온 인류의 사회협동의 결과에 대한 보상의 의미도 있다. 따라서 자본주의가 인간의 탐욕을 배양하며 필요 이상의 과잉경쟁을 유발하여 인간성 황폐화, 자원고갈, 환경오염, 먹이사슬 붕괴 등의 나쁜 결과를 만들었다고 볼 때, 새로운 모계적 분배양식으로 인간성이 회복되어야함을 알 수 있다.

2. 구심력의 배양(강화)

오늘날 신자유주의에서 살아가는 가부장은 전통과 현실의 중간에 있는 마치 샌드위치와 같은 입장이 되었다. 이는 만성적으로 부족한 소수의 고급인력, 투자금융의 전문가, 거대기업의 경영진 등은 고소득자가 되는 가운데, 중소기업 경영자나, 중산층은 저소득층으로 전락하고 있으며, 자동화로 어중간한 기술자나 다수의 일반 노동자는 공급과잉으로 저임금의 비정규직이 양산될 만큼 고실업사회가 되었기 때문이다. 즉 제3차 산업혁명인 지식정보화시대를 살아가는 가부장은 부양책임을 다하기 어려운 입장임에도 불구하고, 부양책임을 전제로 한 남존여비의 사회정서는 여전함에 따라 현실적으로 사면초가의 입장에 있는 것이다.

또한 기업의 경쟁력을 위해 사무자동화나 공장자동화 등으로 남성이 했던 일을 저임금의 여성이 대신할 수 있음에 따라, 산업자동화가 가속화할수록 대다수 가부장은 부양책임의 역할을 제대로 할 수 없게 되었다. 이는 첨단과학기술, 자동화기술, 정보통신 등의 발달로 가능해진 무한경쟁을 추구하는 신자유주의에서 자본의 축적이 가속화됨에 따라, 낮은 단계의 기술자는 쓸모가 없어지고 있는 가운데, 저임금 여성의 사회진출은 확대되고 있는 사실에서 이해할 수 있다.

문제는 초국가적인 다국적 기업에 의한 산업집중화로 양극화 사회가 가속화되면서 만들어진 위험한 사회로 인하여 인류의 구심력인 모성성이 상실되는 위기에 있음에도 불구하고, 강력한 욕구본능을 자극하고 배양하는 자본주의에 의해 느끼지 못하고 있다는 점일 것이다. 즉 근대사회에서 모성에게 사회적 미덕으로서 모성애적 인내를 요구하면 받아들일 수 있을 만큼 여유가 있었지만, 신자유주의발 고실업사회가 된 오늘날 여성은 출산양육과 생계까지 책임지는 경우가 증가하면서 모성애를 벗어던지고자 하는 것이다. 하여 가부장제 사회이면서 모성의 사회적 미덕을 강조하는 것은 착취로 볼 수 있음에 따라, 모민주의 체제의 보편화로 여성의 사회적 미덕에 대한 보상이 있어야 함을 이해할 수 있다.

왜냐하면 비복지적인 신자유주의는 가족이기주의를 정당화하는 구실이 되며, 이로 인한 과당경쟁이 가족착취를 유발하게 되는 경우도 많기 때문이다. 따라서 생태적으로 민주적이며 복지적인 여성과 부합되는 새로운 정치경제제도로서 탈자유주의적인 모계민주주의가 적합함을 알 수 있다. 즉 오늘날 지구촌시대를 살아다는 인류는 부계혈통주의를 근간으로 하는 가부장제는 의미를 잃어가고 있음에 따라, 부성과 모성 중에 누구나 가장이 될 수 있는 공동가장제처럼 부계와 모계와 함께 각각의 한축으로 존중하는 체제를 말하는 것이다. 다시 말해서 자본주의에서 소득으로 인정하지 않는 가사노동이나, 봉사 등을 모민주의 사회에서는 소득으로 인정하는 적극적 복지사회의 구현하기 위해 모민주의 체제가 세계화되어야 함을 말하는 것이다. 이는 경제 편에서 다시 한 번 논변이 있을 것이다.

탈자유주의 지향

자본주의적 양극화로 유발된 빈곤층의 경우 매춘이 생계수단으로 되고 있다. 즉 인간을 상품화하는 자본주의가 인간의 탐욕을 배양함에 따라, 매춘이나, 강간 등으로 나타나고 있을 뿐만 아니라, 인간스스로 부패와 타락을 즐기며 흉물스럽게 퇴보하고 있는 것이다. 이는 절대봉건제로부터 반동하여 형성된 자유주의가 인간의 사회성과 개인성의 균형을 무시하고 인간의 개인성을 지나치게 강조한 결과로 볼 수 있다. 즉 구시대의 절대주의 풍토에서 형성된 자유주의가 상대주의적인 평등주의나 박애주의, 복지주의 등보다 우선함을 말하는 것이다.

하여 자유, 평등, 박애의 인권선언을 명분으로 하여 일으킨 시민혁명이 자유와 평등을 한발씩 양보케 하는 박애를 통해 조화로운 삶을 구현코자 천명했음에도 불구하고 자유주의를 제1의 원칙으로 했음을 알 수 있다. 따라서 자유주의는 인간의 사회성에 의해 인류역사가 발전되고 있음을 간과하고 있음을 알 수 있다. 즉 인간의 개인성에 중심을 두는 자본주의가 발달할수록 인간의 사회성 퇴보로 인한 위험한 사회를 만들게 될 수 있는 것이다. 물론 자본주의는 인간을 '경제적 동물'로 만들어 감에 따라 스스로 영적 존재임을 인식하기 어렵기 때문이다. 하여 영적 존재로서 인간은 민주주의 본질에 부합되는 모계적 분배양식이 적합함을 알 수 있다. 이는 경제적 민주주의로서 경제민주화와 유사한 것으로 볼 수 있다.

물론 오랫동안 절대주의 풍토에서 만들어진 자본주의는 상대주의를 근간으로 하는 지구촌시대가 요구하는 적극적 복지사회의 구현을 위해 요구되는 경제적 민주주의로 변모함에 따라 퇴출이 될 것이다. 즉 지구촌시대를 맞이한 신인류는 시민혁명정신과 부합되는 적극적 복지사회를 구현하여 '존재의 삶'을 살 때가 된 것이다. 따라서 모계적인 민주주의가 절차적 정의라는 형식을 넘어 내용으로서 모계적 분배양식으로 온전한 민주주의가 되기 위해 여성들이 권력의 반을 갖는 모민주의 체제의 세계화를 위한 결사가 필요함을 알 수 있다.

그리고 민주주의정치는 본질적으로 비폭력적이며 말로 하는 정치임을 특징으로 하고 있음에 따라 여성들에게 유리한 정치제도로 볼 수 있다. 하지만 오늘날 민주적 생활양식이 보편화된 세상이 되었음에도 불구하고 단지 새로운 가능성을 열어 놓은 것일 뿐, 부계일변도 현실에서 여성은 여전히 불리하다. 이는 전체주의로서 부계사회에서 형성된 문화적, 사회적 환경에 의해 만들어진 자본주의에서 민주주의가 수단으로 작용하는 반쪽 민주주의에서 살아가기 때문이다. 또한 여성들은 부계사회의 등장으로 비주류로 전락하면서 정치, 경제, 종교, 사회 등 모든 분야에 소외되고부터 부와 권력, 기술, 지식, 조직, 육체적 힘 등을 갖출 수 없었다.

즉 부계사회의 등장으로 여성의 생태적 본능에 적합한 종교와 예술, 의료, 복지 등을 부계가 독점하였던 것이다. 다시 말해서 부계사회는 성의 특성에 따른 역할 분담이 제대로 이루어지지 않았음을 말하는 것이다. 하여 근본적으로 다른 남녀의 특성을 상호보완하는 사회가 아니라 모든 것을 남성이 독점하여 주체가 되고 여성은 객체가 되었음을 알 수 있다. 이는 인간의 개인성에 중심을 둔 자본주의에서 생태적으로 복지적이며 사회성이 발달한 여성에게 불리한 것으로 나타난 사실에서 이해할 수 있다. 물론 개인주의를 근간으로 하는 자본주의는 인간의 이타심이나, 사회성을 근간으로 하는 평등, 박애, 복지 등과 배치되고 있다. 하여 인간의 이기심을 동기유발로 하는 자본주의는 양극화를 유발하며 소비를 자극하고 부추긴 결과 자원고갈, 환경오염뿐만 아니라 가족의 해체나, 독신 등의 증가로 불행한 인생을 양산하는 위험한 사회를 만들었음을 알 수 있다.

여성들의 태도 변화

부계적 가치에서 발현된 자유주의가 인류의 반인 여성의 삶을 불행하게 한다면 인간의 삶과 부적합한 것으로 볼 수 있다. 이는 남녀가 생태적 기능과 심성이 다른 특성에 근거한 상호보완적 기하학적 남녀평등을 이루지 못하여 여성이 불리하기 때문이다. 즉 부계주의의 연장선에 있는 자유주의는 남성에게 유리함에 따라, 남녀가 산술적인 대등한 경쟁을 할 것을 전제한 자유주의는 잘못된 것이다. 다시 말해서 남녀가 인간으로서는 같지만 질적으로 다른 존재임에 따라 질적으로 다른 것을 존중하는 체제가 성립되어야 함을 말하는 것이다. 따라서 이러한 모순을 해결하기 위한 방편으로 여성은 스스로 국가의 보호와 배려를 받기 위한 권력의 반을 보장받는 모민주의와 같은 새로운 정치경제제도로 적극적 복지사회를 구현해야 함을 이해할 수 있다. 이는 정치 편을 참고하기 바란다.

물론 근세에 이르러 여성과 자유주의가 부적한 사실을 인식하는 여성들이 주도하는 여성사회주의 정치사상으로서 페미니즘이 나름대로 정당성을 확보하기 위한 주의주장을 펼치고 있다. 즉 여성들이 근대 후 근세에 이르러 여성우월주의를 근간으로 하는 페미니즘(여성사회주의)으로서, 세상의 대다수 여성들이 사회적, 경제적 약자로서 한이 많은 이유가 자본주의 경제에 원인이 있다고 생각함에 따라, 투쟁으로 사회개혁을 이루고자 하는 것이다. 하여 여권신장이라는 측면에서는 같은 목표를 갖고 있지만 완전한 민주주의로서 '모민주의'와는 다소 다르다고 할 수 있다.

또한 1960년대 후반 미국에서 시작되었던 여성혁명(Women's

Revolution)론이나, 여성의 삶(Women Live)이라는 슬로건과 더불어 남성에 대한 적개심을 노골적으로 표현한 남적론(男敵論)을 내세우며 행동으로 보여준 것이 세계 각국에 전파됨에 따라 세상의 반인 여성의 심금을 울렸을 뿐만 아니라, 녹색생명운동을 위한 국제 여성 NGO가 등장하는 계기가 되었다. 이처럼 여성운동이 자본주의를 수정하여 복지국가를 성립케 하는 원동력이 되었으며, 제2차 대전 후 복지사회를 공고화한 사실을 상기해 볼 때, 지구촌 시대의 신인류로서 여성이 주도하는 적극적 복지사회가 보편적 가치로서 자리 잡게 될 것을 예상할 수 있다. 실제로 여성 지도자가 논리보다 감성에 호소하여 남성들의 반성과 참여를 이끌어냄으로써 여성 자신들이 대단한 존재로 각성하게 되었으며, 가정에서 유발된 갈등 폭발로 인한 파괴력은 마치 전면전처럼 실로 엄청난 사실로부터 가능할 것을 예상할 수 있다.

물론 수많은 가족해체로 인한 이혼의 증가로 사회문제가 유발되었으며, 분노에 찬 용기 있는 여성들은 가정이나 사회에서 이중의 고통을 감수하며 빈곤한 삶을 대가로 치렀음에도 불구하고 대다수 여성들은 후회하지 않았다는 사실에서 이해할 수 있다. 이러한 동료 여성에 대한 사명감으로 분연히 일어선 희생의 결과, 후일 대다수 여성들은 보다 자유로워졌고, 이혼할 경우 상당한 위자료를 받을 수 있게 되었으며 사회보장을 강화하게 됨에 따라 위기를 넘겼을 뿐만 아니라 좋은 국가에 대한 기준을 제시한 중요한 사례로 남아 있다.

물론 미국이 당시의 세계 인구의 6% 정도였음에도 불구하고, 세계자원의 40% 이상을 소비하는 부국이었고, 오늘날에도 2010년 현재 세계경제의 27%인 유럽연합보다 더 큰 세계경제의 28%를 차지할 만큼 초강대국인 사실과 더불어 사회보장제도가 튼튼함에 따라 여성들은 위기를 넘길 수 있었겠지만, 만약에 개도국이나 제3세계 국가에서 미국식 여성운동을 전개했다면 여성들은 파멸했을 것이다. 실제로 선진국을 제외한 대다수 국가에서 여성운동의 활동이 미약했다. 하지만 오늘날 미국은 복지축소를 근간으로 하는 신자유주의이념과 전업주부를 권장하는 가부장제로서 신 보수주의를 병행함에 따라 '남적론'처럼 부계주의 종말을 원하는 여성의 염원을 무시하고 있음을 알 수 있다.

새로운 시대를 여는 여성들

유럽에서조차 전통적 가치와 충돌로 인하여 제대로 꽃을 피우지 못했던 자본주의를 미국의 개척정신이 활짝 피게 한 것이나, 미국여성들의 여권신장운동 슬로건으로서 '남적론'까지 제기한 것 등으로 나타났다고 볼 때, 인류의 역사 진보를 위해 헌신하는 용기 있는 삶을 살고 있는 것은 사실이다. 이러한 사고방식에 기초하여 행동으로 보여준 사실 자체가 세상 여인들에게는 자신감을 불러일으켰고, 여권신장을 위한 사명감으로 고난을 달갑게 받아들인 용맹스런 결사는 여성시민혁명으로서 인류의 위대한 유산이 되었다. 하여 위험한 세상으로 변모한 오늘날 인류에게 태생적으로 복지적이며, 민주적인 여성이 적극적 복지 사회를 구현하기 위한 생활정치의 주역이 되어 인류를 구원할 수 있는 가능성을 보여주었다고 할 수 있다.

또한 모성의 출산과 양육을 통한 재창조의 결과 2012년 현재 요즘 세계 인구가 70억 명에 달하게 된 사실에서도 여성이 주역이 될 수 있음을 알 수 있다. 그리고 오늘날 70억 명에 이르는 규모의 인류는 궁극적인 삶의 의미와 더불어 수많은 의문을 이해할 수 있는, 무언가 목적한 바를 이룰 수 있는 규모로 볼 수 있다. 하지만 자본주의가 지배하는 세상에서 세상살이는 힘들어지고, 인간의 상품화로 생명경시풍조가 만연하고 있는 가운데, 자신에게 당면한 문제조차도 해결하기 힘든 것이 현실이다. 하여 세상의 주체로서 인간은 행복한 인생을 살 수 있는 새로운 분배양식을 위한 정치체제로 진보해야 함을 알 수 있다.

즉 인류는 적극적 복지사회의 구현을 위한 녹색생명운동과 부합되는 새로운 모계적 분배양식을 근간으로 하는 새로운 체제로 역사 발전해야 하는 것이다. 다시 말해서 지혜로운 인간은 고통을 유발하는 제도를 합리화하며 고집하기보다 신속한 퇴출이 바람직한 것이다. 물론 인구가 많다고 해서 인간을 경시하거나 소모적인 존재로 만들어가는 제도는 퇴출되었음을 상기할 필요가 있다. 이는 자신이 누구인가, 어디서, 무엇을 위해 살아야 할지를 모성의 품 안에서 이미 알게 된 것들이기 때문이다.

마지막으로 여성은 가부장제사회에서 세력을 형성할 수 없었기 때문에 정치 감각이 없는 것으로 오랫동안 오해를 받았다. 하지만 모계사회가 씨족연대사회로서 수만 년에 걸쳐 인류를 이끌 수 있었음을 상기해본다면 정치적 감각이 우수함을 이해할 수 있다. 예를 들어 중기 모계사회였던 모계신본주의사회가 네트워크적인 하나의 세계로서, 오늘날 NGO나 UN과 흡사한 사실에서 이해할 수 있다. 따라서 지구촌시대를 살아가야 하는 여성은 새로운 모계적 분배양식을 보편적 가치로 공고화하는 데 정치역량을 발휘해야 함을 알 수 있다.

3. 모계적 분배양식의 보편화

닫힌사회로서 구시대는 여성에 대한 편견으로 무시하였지만, 개방적인 지구촌시대를 맞이한 인류는 문명화됨에 따라 남성들은 생태적으로 다른 여성을 상호보완적인 인생의 동반자로 뚜렷하게 인식하게 되었다. 또한 오늘날 선진국 중심으로 정당이나 의회에서 여성의 수가 빠른 속도로 증가하고 있는 가운데, 복지나 민원해결을 위한 생활정치의 주체가 되고 있음에 따라, 여성 상호간에도 신뢰가 쌓이고 있다. 이는 부계편도의 사회에서 자본주의가 신자유주의로 강화되면서 형성된 위험한 사회에 대한 반성의 의미로 볼 수 있다.

다시 말해서 위험한 사회를 만들고 있는 부계 일변도의 정치문화에서 벗어나기 위해 여성이 권력의 반을 갖고, 여성 스스로 양적(산술적), 질적(기하학적) 평등을 구현할 수 있는 제도가 만들어져야 할 시점이 되었음을 말하는 것이다. 물론 '존재의 삶'을 살 수 있는 능력을 갖추게 된 인류는 새로운 모계적 분배양식을 위한 체제로 변화할 수 있게 되었다. 아울러 근대사회가 성립된 후, 여성이 단기간에 걸쳐 획기적인 여권신장과 실력을 갖추게 된 사실을 볼 때, 태생적으로 복지적이고 민주적인 여성은 지구촌의 복잡한 문제를 해결할 능력을 갖추었다고 볼 수 있기 때문이다. 물론 오늘날 대다수 여성은 구시대처럼 고된 삶으로 인하여 현실도피적인 경향이 있거나, 혹자는 신데렐라의 꿈을 이루기 위해 미모를 가꾸고 용의주도하게 부유층의 남성을 유혹하여 결혼을 꿈꾼다고 오해를 받는 등의 경우도 있지만 적극적 복지사회가 여성의 생태적 특성과 부합되기 때문에 중심 역할을 할 수 있는 것이다.

부계적 분배양식의 퇴출

일반적으로 여성은 직관력과 입체적인 사고를 하는 경향이 있으며 감성이 발달한 편인 반면, 남성은 관념적이며 가시적인 세계를 잘 이해하고 이성이 발달한 편으로 알려져 있다. 이는 아마도 인간을 재창조하는 여성이 감성이 발달한 반면, 남성들은 각박한 현실의 모순을 극복해야 하는 과정에서 이성이 발달했을 것으로 추정할 수 있다. 물론 모계신본주의사회가 농업혁명을 일으켜 잉여생산물이 만들어지면서 증가된 인구로 인하여 등장한 부계사회부터라고 할 수 있을 것이다.

즉 잉여생산으로 인한 배타적 소유관념이 형성된 결과 모계사회의 공유제가 퇴출되고 정교분리의 부계사회가 등장하게 되었던 것이다. 하여 운명론적인 권한을 부여받은 자가 정치의 주체가 될 수 있다고 생각한 절대주의적인 부계신본주의사회와 모계신본주의사회와는 출발부터 다름을 이해할 수 있다. 즉 모계신본주의사회는 인간의 자율성과 개체성을 존중한 인본주의사회였던 반면, 부계사회는 절대주의를 근간으로 하는 전체주의사회였던 것이다. 다시 말해서 모계신본주의사회는 인간을 세상의 주체로서 생각한 인본주의사회였던 반면, 부계사회는 인간을 대자연의 일부로 생각한 신본주의사회였던 것이다.

이처럼 모계신본주의사회는 인간을 신의 후손으로 스스로 시대에 맞는 문화를 창조하며 살아간 사실과 오늘날 지구촌시대를 맞이한 신인류는 감성을 중시하며 개방적 사회로 발전하고 있다는 점에서 유사함을 알 수 있다. 하여 대모신의 후손인 인간은 스스로 영적 존재임을 깨닫게 되면서 인류의 이상인 적극적 복지사회로 역사발전이 될 것을 예상할 수 있다. 따라서 인간이 '경제적 동물'로 변모하게 되는 부계적 분배양식보다 고도과학기술의 발전으로 이루어지는 성과를 인류가 골고루 혜택을 받을 수 있는 모계적 분배양식으로 진보하게 됨을 예상할 수 있다. 즉 인류공영을 위해 한 발씩 양보를 하는 모계적 분배양식인 '소유상하한제'를 통해, 인류의 당면한 주요과제인 탈 양극화, 소비절약, 환경문제, 식량문제, 우주개발 등을 비롯해 인간성 회복, 영적 존재임을 각성하는 등을 하는 것이 바람직하다는 뜻이다.

다시 말해서 절대적 양극화가 형성되어 긴장감이 팽배한 가운데, 환경오염, 생태계 파괴 등 전대미문의 재앙과 각종 테러나 흉악범의 증가 등을 유발하는 위험한 사회를 극복하기 위해 중산층을 확대할 수 있는 모계적 분배양식을 구현할 수 있는 모민주의 체제가 성립되어야 함을 말하는 것이다. 이는 태고로부터 믿어온 순환진보사상과 배치되고 있는 자본주의가 탐욕을 정당화하여 인간을

'경제적 동물'로 변모케 하는 것은 인간의 존엄성을 파괴하기 때문이다. 또한 태고 모계신본주의사회의 부터 영적 존재로 있었던 인간은 합법을 가장한 착취나 자신의 이기적 욕구를 충족하기 위해서 부도덕한 일조차 합리화한다는 것은 인간 스스로 자기모순에 빠지기 때문이다.

따라서 인류가 문명인으로서 지속가능한 삶을 살기 바란다면, '모민주의'의 '소유상하한제'로 적극적 복지사회의 구현을 보편화하는 것이 바람직함을 이해할 수 있다. 물론 오늘날 첨단과학기술의 도움으로 적극적 복지사회의 구현이 가능하게 됨에 따라, 모계적 성질인 평등과 부계적 성질인 자유를 조화롭게 할 수 있는 박애를 최상위의 가치로 하는 새로운 모계적 분배양식을 근간으로 하는 정치경제제도의 성립이 가능케 되었다.

즉 부계와 모계가 공존하는 체제로서 '모민주의' 정치경제제도가 적합할 것이다. 하여 인간존엄을 위한 정치경제제도로서, 모민주의의 정당성을 관철할 수 있는 일정한 정치세력을 형성하는 것은 신인류의 소명임을 알 수 있다. 즉 '천부인권'을 보장하기 위한 물질적 기초인 '천부소유권'을 인정하는 모계적 분배양식을 성립케 하는 것이다. 다시 말해서 절대빈곤층이나, 차상위계층, 모자가정 등 빈곤층 모성에게 기본수당을 지급하는 제도를 말하는 것이다. 물론 오늘날 프랑스의 가족수당제도보다 적극적인 것이다.

이는 인류의 유지 존속하기 위한 모성보호와 더불어 사회의 기초단위인 가족의 복지를 위한 모성수당을 정부가 지급하여 모권을 강화하는 것을 골자로 하고 있다. 물론 가족복지를 위한 수당을 빈곤층의 모성에게 지급할 수 있는 좋은 국가를 만들기 위한 노력을 UN과 함께해야 할 것이다. 즉 국제 여성 NGO처럼 인류의 반인 여성이 중심축을 이루어 진행을 한다면, 가능한 문제인 것이다. 이는 지구촌시대는 존재의 삶을 살고자 하는 사람이 증가함에 따라, 적극적 복지사회를 위한 생활정치를 수행하기 위해 여성의 역할 확대가 요구되고 있으며, 태생적으로 민주적이고 복지적인 여성이 적합하기 때문이다.

물론 근대사회가 성립했음에도 불구하고 부계주의로 이루어진 오랜 관습이 유습으로 잔재하였으며, 근세까지 대다수 여성들은 빈곤과 가사노동 등으로 지식, 교양, 학문 등을 익힐 기회가 없었기 때문에 지구촌을 이끌 수 있을까? 라고 의심도 하고 있다. 즉 부계주의가 주류를 이룬 이후 만들어진 수천 년간에 걸쳐 쌓인 원한의 결과로서 형성된 위험한 사회를 극복할 수 없다고 생각하는 것이다. 하지만 태고로부터 여성들이 출산양육을 통해서 인류가 오늘날까지 존속하여 고도문명을 이룬 결과의 반을 인정하는 정치문화가 형성된다면 가능할 것이다.

물론 태고 모계사회가 농업혁명이나, 인류문명의 초석을 이루었음에도 불구하고, 여성에게 가혹했던 지난날의 잘못을 마땅히 보상한다는 측면을 고려해야 할 것이다. 이는 주체로서 인간은 대자연과 잘 융화되고, 인간 상호간에도 조화로운 삶을 살 수 있도록 개선할 수 있으며, 남녀가 서로 잘 보이려고 노력하는 본능과 부합하는 적극적 복지사회를 구현할 수 있는 '모민주의' 체제의 세계화를 보상으로 볼 수 있다.

모계적 분배양식을 위한 체제 성립

전체주의사회였던 부계사회가 등장하고부터 수많은 분쟁으로 사람들은 원한과 증오심을 갖게 되었지만 태고부터 오늘날까지 모성애는 변함이 없다. 하여 모성애에 기초한 모계사회는 성선설적인 사회였지만 부계사회가 등장하면서 성악설적인 인간으로 변모했음을 추정할 수 있다. 즉 모권사회는 인간에 대한 연민이 많은 사회였다면, 부계사회는 1회적 삶으로 생각함에 따라 각박한 사회였던 것이다. 하여 인간에 대한 연민으로 이룩한 첨단과학기술문명은 모계적 가치에서 발현되었다고 볼 수 있다. 따라서 첨단과학기술문명은 새로운 모계적 분배양식을 근간으로 하는 적극적 복지사회의 구현을 세계화하기 위한 수단임을 알 수 있다.

물론 적극적 복지사회의 구현을 위한 전 단계로서 사회적 합의로 탈 부계주의적인 새로운 분배양식의 정착하기 위한 '모민주의' 체제가 성립되어야 할 것이다. 이는 모계가 부계와 대등한 권력을 갖지 못하는 기존의 부계편도의 정치문화에 의해서 만들어진 정치경제 제도로서는 적극적 복지사회를 구현할 수 없기 때문이다. 즉 지구촌시대는 적극적 복지사회로 역사 발전해야 함에 따라, 모계가 권력의 반을 갖고 부계와 견제와 균형을 이루는 새로운 모민주의 사회가 성립되어야 하는 것이다. 물론 어떠한 가치로서 정치이념을 구현코자 성립된 정치체계와 이를 관철하기 위한 실력을 정치권력이라고 볼 때, 모계적 분배양식을 인류의 삶의 원칙으로 하는 정치이념에 대한 정당성을 동조하고 지지하는 세력을 형성해야함을 전제로 하고 있다.

이는 모계적 분배양식을 근간으로 하는 적극적 복지사회를 구현코자 할지라도 적극적 봉사를 할 수 있는 일정한 세력이 없다면 실천할 수 없기 때문이다. 즉 양극화나, 테러, 환경오염, 생태계파괴 등으로 유발되는 위험한 사회를 극복할 수 있는 세계 NGO로서 실력체가 존립되어 있어야 하는 것이다. 물론 세계 여성들이 주도하는 녹색생명운동 NGO는 자본주의와 충돌하고 있으며, 탈자본주의라는 근본적인 변화를 위해 녹색생명운동이 정치이념으로 구체화된 정당이 만들어졌고, 조직화로 정치권력이 형성되면서 세계화의 과정을 겪고 있다. 따라서 지구촌시대를 살아가는 인류는 영적 존재임을 깨닫고 있는 가운데, '존재의 삶'에 눈을 뜨게 된 신인류로서 자유주의를 넘어 새로운 정치문화를 구현하기 위한 조직화과정에 있음을 이해할 수 있다.

또한 민주주의는 인간의 이성을 존중하여 말로 하는 정치로서, 모계주의를 근간으로 하고 있음에 따라 여성들과 부합되는 정치라고 할 수 있다. 이는 민주주의로 공고화되어야 하는 지구촌시대와 어울리는 것으로 볼 수 있다. 물론 근대사회가 성립된 후 남녀평등을 천명했으며, 첨단과학시대를 살고 있는 오늘날조차 세계 여성 정치지도자가 2010년 현재 약 12%(한국은 전체 의원의 13.7%) 정도에 머물고 있음에 따라, 여성의 표를 의식한 구색 맞추기식의 액세서리 정도로 주변화에 머물러 있다고 생각하고 있다. 하지만 수천년에 걸쳐 전체주의 사회를 이끌었던 부계사회의 발전 속도보다 모계적 가치를 조직 원리로 하는 정치세력이 빠르게 발전하고 역량을 갖추게 된 사실을 생각해 볼 때, 오래지 않아 정치체계의 근본적인 변화로 이어질 것으로 예측하고 있다. 즉 인권은 보편적인 가치가 되었으며 대다수 사람들은 평화가 가져다주는 이익이 훨씬 크다는 인식을 하게 됨에 따라 태생적으로 복지적, 평화적, 민주적인 여성이 생활정치의 주체가 되기를 인류가 원하고 있기 때문인 것이다.

위험한 사회의 극복

자본주의가 과잉경쟁과 인간의 상품화를 절대적 양극화 등으로 삶의 의미를 잃게 함에 따라 자본주의에서 인간의 출산은 의미가 없다고 생각하고 있다. 예를 들어 현대 여성들은 여러 이유로 해서 혼인을 기피하거나 늦어지는 경향으로 출산율이 저하되는 등으로 사회문제가 되고 있는 사실에서 이해할 수 있다. 이는 내국적인 초기자본주의에서 발전하여 보편화된 국가자본주의시대는 어느 정도 각국의 문화적 차이나 정체성을 유지하는 가운데 발전하였지만, 신자유주의는 인간존엄과 배치되는 '경제적 동물'로서 삶을 살아야 하기 때문이다. 즉 자본주의에서 인간을 '경제적 동물'로 살게 함에 따라 만들어진 위험한 사회를 무의식중에 출산을 거부하는 것이다.

실제 오늘날 세계시장 확대가 가능한 대량정보처리 능력의 획기적 진보 등으로 무한축적이 가능함에 따라 만들어진 신자유주의 이념은 경영학, 회계학, 첨단과학기술, 대자본 등을 축적하고 있는 선진국이 중심이 된 사상으로서 위험한 사회를 가속화하고 있다. 즉 신자유주의는 형이하학으로서 경제를 최고의 가치에 두는 '물신주의'를 심화하여 결국 인간을 소외케 함에 따라 형성되는 위험한 사회로 느끼지 못하게 되는 것이다. 예를 들어 인간은 경제를 행복한 인생을 위한 수단이 아닌 '소유의 삶'을 궁극적인 목적이 되면서 형성된 제국주의로 인하여 두 차례의 세계대전이 유발된 것처럼, 오늘날 반자본주의적인 테러가 증대하여 세계가 대립하는 제3차 세계대전과 같은 긴장감이 팽배함에도 불구하고, 심각하게 생각하지 않는 사실에서 이해할 수 있다.

하여 지구촌시대 이전에는 배금주의에 의한 충돌은 어느 정도 조절이 가능했지만 오늘날은 적대적 양극화의 위험성을 극복하기 어려움에 따라 재앙을 막기 위해 '존재의 삶'에 중심을 두어야함을 알 수 있다. 따라서 인간은 어떠한 가치를 설정하여 스스로가 복종하는 문화적 존재로서 지역별로 수천 년에 걸쳐 형성된 독특한 생존양식이 있음에 따라 유발되는 문화적 충돌을 절대적 양극화로 해결하기보다 '존재의 삶'이 가능한 모계적 분배양식을 근간으로 하는 적극적 복지사회를 구현하는 체제의 세계화로 극복해야 함을 알 수 있다. 이는 선진국 중심의 신자유주의가 공고화되어 선진국이 유리하게 됨에 따라 후진국의 경우 불만이 폭발하기 때문에 사회통합을 위해 자국의 문화를 강화하여 서구적 가치를 배척하기 때문이다.

하여 자본주의가 만들어가는 세계적 양극화로 인하여 유발되는 테러나, 과소비로 인한 환경오염, 과잉경쟁으로 인한 생태계 파괴 등의 부작용을 더 이상 방치할 수 없음에 따라 인류는 새로운 모계적 분배양식으로 신인류로서 인생을 살아야 함을 알 수 있다. 또한 남녀평등의 차별금지법으로 실효성을 위해 규정하고 있지만, 신자유주의발 절대적 양극화현상으로 인하여 현실적으로 실익이 없음에 따라 새로운 모계적 분배양식을 근간으로 하는 모민주의체제가 성립되어야 남녀평등의 실효성이 보장됨을 알 수 있다. 예를 들어 문명시대를 살고 있는 오늘날에도 네팔에서 인도로 팔려가는 여성이 남성의 10분의 1값으로 팔려가서 매춘을 하고 있는 것처럼, 여성은 경제원칙에 의해 가장 많은 이익을 창출하는 성이 되고 있다는 사실에서 이해할 수 있다.

근대정신과 배치되는 자본주의

자본주의가 발달할수록 사람을 '경제적 동물'로 살아가게끔 하고 있다. 즉 자본주의는 살아가는 인간의 궁극적인 삶의 목적이 소유에 있다고 전제함에 따라 인격수양보다 탐욕을 배양하게 만들고 있는 것이다. 다시 말해서 돈을 숭배하는 '배금주의'에 충실해야 행복한 인생을 살 수 있음을 굳게 믿고 있는 것이다. 하지만 오늘날 자본주의가 수많은 사람이 인간성 황폐화나 환경의 파괴로 인하여 피해를 주고 있음에 따라 인간을 불행하게 하는 경제제도로 인식하게 되었다. 이는 분권을 제1의 원칙으로 하는 근대사회와 배치되는 자본주의발 절대적 양극화로 대다수 사람이 인간존엄을 포기하고 있기 때문이다. 하여 천문학적 거래 규모로 대량소비를 하며 살아가는 오늘날 경제가 삶의 목적으로 뚜렷하게 변모하게 되면서 등장한 신자유주의사상은 근대정신의 제1의 원칙과 배치됨을 알 수 있다.

물론 공산당을 퇴출할 수 있을 만큼 자본주의는 인간의 원초적 본능을 강력하게 자극하기 때문에 신자유주의를 만들게 되었다고 볼 수 있지만 영적 존재로서 인간과는 배치되는 것은 사실이다. 즉 자본주의는 소유를 궁극적 삶의 목표로 생각하는 평범한 다수의 결정에 부합하는 사상임에 따라 만들어진 신자유주의를 세계화한다는 것은 부적절한 것이다. 이는 1회적 삶을 하는 인간은 별수 없는 속물로 생각한 오해에서 비롯된 것으로 볼 수 있기 때문이다. 그리고 태고부터 인간다운 삶은 '존재의 삶'에 무게를 두었고 솔선수범한 성현의 가르침을 믿고 실천한 비범한 사람들에 의해서 진보할 수 있었던 것을 상기해 볼 때, 과거로부터 평범한 사심으로 가득한 다수의 결정에 의해서 역사 발전이 된 것은 아님을 알 수 있기 때문이다. 즉 다수의 결정이라 할지라도 잘못된 것이 많다는 의미이다. 예를 들어 자본주의가 인간의 탐욕을 자극하고 배양하여 위험한 사회를 만들어 감에 따라 인간의 선한 면을 배양하며, 존재의 삶을 살았던 세력은 사회적 약자로 살아가는 사실에서 이해할 수 있다.

하여 권력 양극화를 이루었던 구시대가 시민혁명에 의해 무너지고 분권적인 근대사회가 성립된 것을 상기해 볼 때 근대시민정신과 배치되는 부의 양극화를 유발하는 자본주의로 인하여 모더니즘이 의미를 잃게 됨에 따라 포스트모더니즘이 형성되었음을 알 수 있다. 즉 '풍요속의 빈곤'을 특징으로 하는 자본주의는 인간존엄을 구현코자 했던 시민혁명정신과 배치되고 있는 것이다. 다시 말해서 인권선언의 내용으로서 '천부소유권'을 인정하여 경제적 기초가 보장되는 체제를 성립해야만 시민혁명정신과 부합됨을 말하는 것이다. 즉 상대주의를 근간으로 하는 근대사회에서 절대주의적인 양극화를 유발하는 자본주의는 퇴출이 되고, 근대정신에 충실한 모민주의 체제가 세계화되어야 하는 것이다. 이는 오늘날 근대민주주의

사회가 성립되고부터 첨단과학기술의 발달된 과정을 상기해볼 때 경제민주화로서 탈 양극화가 과학적임을 이해할 수 있기 때문이다.

생활정치시대

지구촌시대는 인류의 인권을 실질적으로 보장하기 위해서 '천부소유권'을 근간으로 하는 적극적 복지사회로 역사 발전해야 함에도 불구하고 태만함으로 인하여 자본주의에 머문다면 인류는 위험한 사회에서 벗어날 수 없을 것이다. 이는 프랑스 대혁명 당시 여성의 혁명에 적극적으로 참여하여 희생의 대가를 치렀으며, 혁명이 성공한 후에도 자유민주주의 헌법에 인권선언은 명문화되어 있었음에도 불구하고, '여성은 남자 아래이니 불평불만을 하지 말라'고 한 것은 배신과 마찬가지라고 할 수 있기 때문이다. 물론 후일 전체주의로서 제국주의가 등장하면서 대가를 치렀다. 예를 들어 생태적으로 복지적인 여성은 비복지적인 신자유주의와 상극임에 따라, 인류의 구심력인 모성애가 훼손되고 있음을 비정한 모성이 자주 보도되고 있다는 사실에서 이해할 수 있다.

하여 지구촌시대와 불합치한 반민주적인 양극화현상으로 인한 위험한 사회를 극복하기 위해 새로운 모계적 분배양식을 근간으로 하는 적극적 복지사회의 구현을 위한 '모민주의' 정치경제제도의 보편화를 위해 여성 총화적인 NGO가 주도해야 함을 이해할 수 있다. 즉 지구촌시대는 상대주의(인본주의)의 근원이라 할 수 있는 여성이 조직화된 세계모계동일체로서 주체적 역할을 하는 것이다. 물론 근대사회는 인간존엄을 구현하기 위한 인본주의사회로서 모계적 가치를 근간으로 하고 있음을 상기할 필요가 있다. 뿐만 아니라 근대사회가 성립된 후, 남녀평등 문제는 인권신장을 위한 주요의제로 다루어짐에 따라 여성들의 실력도 획기적으로 배가되었다. 하여 모계유일신시대에 여제사장으로서 인류를 이끌어간 것이나, 오늘날 녹색생명, 환경운동 등을 통해 인류에게 '존재의 삶'을 깨닫게 하는 것을 볼 때, 지구촌시대를 이끌어 갈 수 있음을 알 수 있다.

물론 과거에 여성 지도자들이 여권신장을 위해 적극적으로 정치참여를 하였을 때, 사회적 매장이나 희생된 경우가 많았던 역사적 경험으로 인하여 여성 운동가를 여성들이 불신하는 경향이 아직도 잔재하고 있다. 이는 오랫동안 비주류로 있었던 여성들은 모계적 가치에서 발현된 민주적 생활양식이 보편화된 오늘날까지도 차별적 정서에서 벗어날 수 없기 때문이다. 즉 스스로 운명을 개척하는 상대주의사회에서 살고 있음에도 불구하고, 사람들은 절대주의적인 숙명처럼 남녀 차별을 당연한 것으로 생각하고 있는 것이다. 이는 마치 서구의 구시대가 10대 1의 가치로 여성을 소외한 것을 상기한다면 이해할 수 있다. 즉 국가가 보장하는 인권은 인간 상호간에 존엄성을 지켜야 할 의무가 있음을 무시하고 있는 것이다.

하지만 '모민주의'와 같이 민주주의를 공고화하는 체제가 성립된다면 인간 상호간에 존엄성을 지켜서 실질적인 남녀평등이 구현될 수 있을 것이다. 하여 자본주의 분배양식으로 인한 인권유린이 확대되는 현실을 극복하기 위하여 자유주의를 위한 민주주의가 아니라, 온전한 민주주의로서 '천부인권'의 내용인 '천부소유권'을 인정하는 모계민주주의 정치경제체제가 성립되어야 함을 알 수 있다.

따라서 '천부소유권'을 보장하는 모계적 분배양식을 근간으로 하는 모계민주주의의 체제는 남녀가 조화로운 관계가 될 수 있음을 이해할 수 있다. 참고로 동양적 가족주의에서 가정을 인생의 시작과 끝으로 생로병사를 이루는 곳으로 천륜에 의한 조상의 음덕을 기리는 성소(聖所)로 생각함에 따라 국가존립의 정당성을 가족복지에 있었던 것을 상기해 볼 때 다름을 존중하는 기하학적평등이 있었다고 볼 수 있다.

아무튼 초기자본주의의 부정적인 결과를 두고, 마르크스, 엥겔스, 토인비를 비롯해 여러 석학은 비판을 하였으며, 이로써 등장한 사회주의는 공산주의를 등장케 하면서 공산주의 국가가 성립됨에 따라, 자본주의가 수정되어 복지국가가 성립하게 되었다. 이는 생태적으로 복지적인 여성과 부합되는 복지국가를 구현하여 여권신장을 하는 계기가 되었다. 하지만 국가자본주의와 대립했던 공산주의가 퇴출되면서 국가자본주의는 세계자본주의로 신자유주의시대를 살게 됨에 따라 무한 경쟁으로 만들어진 양극화현상으로 위험한 사회가 되고 있다.

특히 초기 자유방임주의 사회에서 여성이 힘들었던 사실을 상기해볼 때, 이와 흡사한 구조이면서 천문학적 규모의 세계분업화를 추구하는 신자유주의에서 여성의 삶이 어려워질 것을 예상할 수 있다. 예를 들어 자본주의에서 만들어지는 양극화로 인해 복지수요가 폭발적으로 증대할지라도 대책이 없음을 천명하며 만든 신자유주의는 자본주의 속성에 충실히 하는 것으로 문제해결을 하고자 하기 때문이다. 특히 신자유주의는 비복지적임에 따라 여성 상호간의 양극화로 유대성이 약화되는 것이 문제가 되고 있다. 왜냐하면 지구촌사회를 살아가야 하는 신인류는 적극적 복지사회를 스스로 만들어야 함에 따라 이에 적합한 생태적으로 복지적, 민주적인 여성이 생활정치를 이끌어가기 위해 모계동일체와 같은 유대가 필요하기 때문이다.

인간답게 살 수 있는 분배양식

자본주의가 만드는 양극화현상으로 중산층이 몰락되면서 부유층과 빈곤층이 대립하는 위험한 사회가 되었다. 즉 반사회적인 인격의 형성을 완화해주며 사회의 중추적 기능을 하는 중산층이 약화됨에 따라 갈등이 증가되면서 비정한 사회가 된 것이다. 예를 들어 중산층의 붕괴와 함께 새로운 방식의 테러인 인터넷의 악플, 야동, 소규모 테러, 냉소주의 등이 만연하여 엄청난 파괴력을 갖고 불안정한 사회가 되었고, 인간이기를 포기한 흉악범죄가 폭발적으로 증가하는 등의 사실에서 이해할 수 있다.

이는 이미 제2차 세계대전 후 인류의 위기에 대한 로마클럽의 보고서인 '성장의 한계'에서 탈자본주의를 권고했으며, 로마클럽을 만든 이탈리아의 아우렐리오 페체는 서양의 선민주의에 대해 경고하기를, 서구문명이 인류를 구제할 지혜가 있는가? 라고 반문한 사실에서 이해할 수 있다. 하여 '소유의 삶'을 지속한다면 단지 머리 좋은 동물일 뿐, 사람의 도리를 할 수 없게 됨을 알 수 있다. 따라서 지구촌시대를 살아야 하는 신인류에게 '존재의 삶'을 위한 탈자본주의적인 모계적 분배양식을 근간으로 하는 적극적 복지사회로 역사 발전해야 함을 알 수 있다. 즉 '상극의 삶'에서 '상생의 삶'을 위한 새로운 모민주의 체제가 세계화되어야 함을 말하는 것이다. 물론 태고부터 인류의 구심력으로서 변함없는 모성애는 복지주의의 근원이기 때문에 여성이 복지 주체가 되어야 할 것이다.

참고로 고대 중국의 어느 황제 이야기를 하고자 한다. 황제는 백성이 어떻게 하면 잘 살 수 있을까? 고민을 하여 유능한 대신들에게 답을 가져오라 하였더니, 책 10권 분량을 황제에게 바쳤지만, 황제가 대다수 백성들은 무지하니 더 많이 줄이라고 했다. 그래서 한 권으로 만들어 황제에게 제출을 하였다. 하지만 황제는 노발대발하면서 '먹고살기도 바쁜데 언제 책을 읽을 수 있느냐' 하고 한 장의 종이에 적어오라 했지만 아무도 제출하지 못하여 전부가 숙청을 당하였다. 이러한 와중에 평범한 농부가 '공짜는 없다'라고 적어 제출하였다. 이에 황제는 크게 기뻐하며 전국에 방을 부쳐 백성의 생활지침으로 삼으니 태평성대를 이룰 수 있었다고 하였다.

이러한 교훈에서 인간답게 살 수 있다는 것은 그냥 얻어지는 것이 아니라, 끝없는 노력과 인간다운 삶을 위한 사회협동으로 진보해야할 의무가 인간에게 있음을 이해할 수 있다. 즉 자연이 사람답게 살 수 있도록 돕고, 공존을 위해 아낌없이 주고 있는 햇빛, 공기, 물, 식물, 광물, 동물 등의 자원조차 결코 공짜일 수가 없음을 인식해야 하며, 먹이사슬의 최고의 위치에 있는 인간은 선의의 관리자로서 의무를 다해야 하는 것이다. 따라서 인간의 도리를 기망하거나 과잉경쟁으로 인한 과소비나, 탐욕과 태만 등으로 자연환경을 파괴한다면 비싼 대가를 치르게 됨을 이해할 수 있다. 또한 오늘날 과학기술의 발달로 모계유습을 이해할 수 있는 고고학적 가치가 있는 유물의 발견이나 무형문화나, 서책 등으로 전해진 모계신본주의사회의 모계유일신종교를 알 수 있게 됨에 따라, 오늘날 사람들의 의식을 지배하며 문화의 토대가 된 부계우월종교의 신들은 모계신본주의사회에서 믿었던 '중간 신'으로 추정할 수 있게 되었다. 또한 모계신본주의사회에서 여제사장이 사회를 이끌어가면서 모계와 부계의 조화를 이루게 한 복지사회로서 공유제사회였다는 점은 참고가 될 것이다.

물론 모계신본주의사회에서 모계유일신인 마고삼신(대모신)에 의해 여신과 남신이 만들어지고 이어서 영혼이 육화되어 순환 진보하는 것을 믿는다면 자연친화적인 존재의 삶을 살게 될 것이다. 이는 손익을 계산하지도 않으면서 부족한 것을 보완하며 인류의 끝없는 재창조와 선한목적을 이루는 기본 단위로서 가족이 자본주의가 발달할수록 가족의 의미는 약화되어 가고 있기 때문이다. 이는 창조주의 피조물로서 개인의 절대성을 중시한 자유주의가 무정부적인 경향이 있으며 가족의 연대를 약하게 하기 때문이다. 즉 자본주의는 인간을 '사회적 동물'이 아닌 이전투구를 하며 살아가는 '경제적 동물'로 만들어가고 있는 것이다.

아무튼 한정된 자원을 마음대로 사용하여 자원고갈과 원전개발로 인한 방사능오염, 환경오염, 생태계파괴, 먹이사슬의 붕괴 등을 유발케 하는 자본주의는 지구촌시대로 진보한 자체로 역할을 다했음을 알 수 있다. 하여 지구촌시대로 진보한 인류는 모성애를 근간으로 이루어지는 가사노동, 출산, 양육 등을 비용으로 환산하는 적극적 복지사회로 진보해야 함을 이해할 수 있다. 즉 여성이 인류의 한 축으로서 남성과 정치적 균형을 이루어 여성의 복지 본능이 발휘되는 생활정치시대를 되었음을 말하는 것이다. 이는 민주주의가 공고화되어 완전한 민주주의사회로 역사 발전해야 하기 때문이다. 즉 행복한 인생을 위해 '소유의 삶'을 벗어나 이상인 '존재의 삶'을 구현하는 모계적 분배양식을 근간으로 하는 정치경제제도로 진보해야 하는 것이다.

하여 모계신본주의사회가 비록 단순하지만 곡선적인 시간의 개념을 갖고 있었기 때문에 공유제로서 안정된 삶을 살았다고 추정할 수 있다. 물론 아인슈타인에 의해서 곡선적인 시간의 개념이 입증이 되었다. 하여 입체적이고 곡선적인 시간개념을 이해했던 모계신본주의사회의 여성을 상기해볼 때, 위험한 사회를 극복하기 위해 무소의 뿔처럼 혼자 가는 뜻있는 여성들과 함께 무리지어 새로운 세상을 열어갈 능력이 잠재되어 있음을 알 수 있다. 즉 여성들이 적극적 복지사회를 구현하기 위한 새로운 정치문화를 형성하여 인류의 위기를 극복해야 할 것이다. 이는 인류의 공동자산(자연환경, 공기, 물, 태양, 땅, 석유자원 등)의 고갈로 인한 극단적인 경쟁을 완화해야 하기 때문이다. 하여 인류의 지속가능한 삶을 위해 태고로부터 오늘날까지 인류의 생명을 재창조한 모계는 새로운 모계적 분배양식을 근간으로 하는 새로운 '모민주의' 정치경제제도를 결사적으로 요구할 자격이 있다.

참고문헌 (제4의 길 1권)

(1) (아우구스트 베벨, 이순예 역, 『여성론』, 까치, 1987, p.15)

(2) (같은 책 p.16)

(3) (같은 책 pp.23-25)

(4) (서진영, 『여자는 왜』, 동녘, 1991, p.15)

(5) (베벨, p.28)

(6) (같은 책 pp.28-29)

(7) (같은 책 p.31)

(8) (같은 책 pp.30-31)

(9) (서진영, 동녘 p.26)

(10) (베벨, p.31)

(11) (서진영, 『여자는 왜』, 동녘, p.35)

(12) (김철준, 동명왕편에 보이는 신모의 성격. 『한국고대사연구』, 지식산업사, 1975, p.37)

(13) (베벨, p.54)

(14) (서진영, p.27)

(15) (P.L 카모디, 강돈구 역, 『여성과 종교』, 서광사, 1992, p.25)

(16) (같은 책 p.26)

(17) (같은 책 p.27)

(18) (김태곤, 『무속과 영의 세계』, 한울, 1993, p.26)

(19) (카모디, p.31)

(20) (같은 책 p.32)

(21) (아리스토텔레스, 이병길 최옥수 역, 『정치학』, 박영사, 1977, p.44)

(22) (베벨, p.40)

(23) (카모디, pp.35-36)

(24) (같은 책 pp.36-37)

(25) (카모디, pp.37-38)

(26) (같은 책 p.41)

(27) (카모디, pp.41-42)

(28) (같은 책, p.45)

(29) (베벨, p.57)

(30) (베벨, p.59)

(31) (베벨, p.58)

(32) (카모디, 같은 책 p.26)

(33) (이명도, 최태영 공저, 『한국 상고사 입문』, 고려원, 1989, p.31)

(34) (『한국 상고사 입문』, 같은 책, p.32)

(35) (카모디, p.37)

(36) (조동윤, 『한국문화론』, 동문선, 2002)

(37) (이병도, 최태영, 『한국 상고사 입문』, p.35)

(38) (베벨, p.34)

(39) (베벨, p.36)

(40) (베벨, p.36)

(41) (서진영, pp.38-39)

(43) (서진영, p.40)

(44) (베벨, p.39)

(45) (서진영, p.40)

(46) (베벨, p.36)

(47) (베벨, p.38)

(48) (베벨, p.39)

(49) (베벨, p.32)

(50) (베벨, p.39)

(51) (베벨, p.44)

(52) (베벨, p.45)

(53) (베벨, p.45)

(54) (베벨, p.40)

(55) (카모디, p.38)

(56) (베벨, p.46)

(57) (베벨, p.49)

(58) (베벨, p.47)

(59) (베벨, p.49)

(60) (베벨, p.49)

(61) (아리스토텔레스, 이병길, 최옥수 공역 『정치학』,박영문고, 1977, p.26)

(62) (베벨, p.51)

(63) (베벨, p.52)

(64) (베벨, p.53)

(65) (베벨, p.53)

(66) (베벨, p.50)

(67) (카모디, p.38)

(68) (카모디, p.38)

(69) (베벨, p.40)

(70) (베벨, p.61)

(72) (베벨, p.60)

(73) (권영성, 『헌법학원론』, 법문사, 1992, p.240)

(74) (한상범, 『기본적 인권』, 정음사, 1985, p.4)

(75) (베벨, p.105)

(76) (김철수, 『법과 사회정의』, 서울대학교 출판부, 1991. p.87)

(77) (한상범, 정음사, p.13)

(78) (김철수, 『법과 사회정의』, 서울대 출판부, p.24)

(79) (김철수, p.36)

(80) (김철수, p.37)

(81) (한상범, 『기본적 인권』, pp.76-77)

(82) (이영애, 『성, 권력, 정치』, 법문사, 1995, p.145)

(83) (베벨, p.109)

(84) (이영애, p.52)

(85) (2008년 9월 연합뉴스)

(86) (서진영, p.267)

(87) (서진영, p.282)

(88) (서진영, 『여자는 왜』, 동녘, pp.250-251)

(89) (서진영, p.251)